KB263826

SOCIAL WELFARE
LITERATURE REVIEW

사회복지 문헌고찰

SOCIAL WELFARE
LITERATURE REVIEW

사회복지 문헌고찰

김경호 지음

머리말

　연구자라면 누구나 논문작성에 있어서 선행연구 고찰의 중요성을 잘 알고 있을 것이다. 이 책은 논문작성의 주요 단계 가운데 하나인 '문헌고찰(literature review)'의 절차와 방법을 다루고 있는데, 여기에서 문헌고찰은 '선행연구 고찰'과 같은 의미이다. 한마디로 말해, 문헌고찰은 반드시 거쳐야 할 필수 과업이면서 동시에 상당히 어려운 과업이다. 석·박사 학위논문 심사장에서 흔히 들을 수 있는 코멘트, 예를 들면 문헌고찰의 내용이 부실하다거나 기술방식에 문제가 있다는 지적은 문헌고찰의 어려움을 웅변으로 말하고 있다. 그렇다면 어떻게 하면 문헌고찰을 잘할 수 있을까? 이 책은 문헌고찰의 알파와 오메가에 관한 것이다.

　이 책의 예상 독자는 사회과학을 공부하는 학생이나 새내기 연구자들이다. 비록 사회복지학 분야의 선행연구로부터 많은 사례를 인용하였지만, 이 책에 담긴 문헌고찰의 모형, 전략, 도구는 사회복지학을 위시한 사회과학 전반에 두루 적용될 수 있을 것이다.

　문헌고찰은 많은 선행연구를 체계적으로 검색하고, 논증을 분석하며, 선행연구의 논리를 비판적으로 평가하고, 그러한 결과를 문서로 논리정연하게 기록해 놓은 일종의 로드맵이다. 문헌고찰은 시행

착오(trial and error)를 반복하면서 차츰 배워 나가는 과정이 아니
며, 그렇다고 개별 연구자의 통찰력에 크게 의존하여 일순간에 마
무리 짓는 매우 독창성을 필요로 하는 과업도 아니다. 오히려 문헌
고찰은 '점진적으로 형성되는 하나의 정형화된 과정'으로 이해되어
야 마땅하다. 학계에는 문헌고찰의 핵심 내용과 수행 절차에 관한
합의(consensus)가 어느 정도 이루어져 있다. 이 책에는 선학(先學)
들이 개발한 선행연구고찰의 과정과 기법이 비교적 소상하게 소개
되어 있다. 논문을 작성하는 연구자는 이 책에 소개된 과정과 기술
을 그대로 따라 함으로써 문헌고찰이라는 중차대한 과업을 큰 무리
없이 순차적으로 진행할 수 있을 것이다.

　문헌고찰은 '연구논제와 연구문제의 선정', '선행연구의 검색',
'논증의 분석 및 이해', '선행연구의 분류와 정리', '선행연구의 비
판과 해석', '문헌고찰 결과의 기술'이라는 6개 단계로 이루어졌으
며, 따라서 이 책의 각 장에서는 이와 같은 6개 과업이 각각 상세
하게 다루어진다. 이와 같은 단계적인 접근은 논문작성에서 시행착

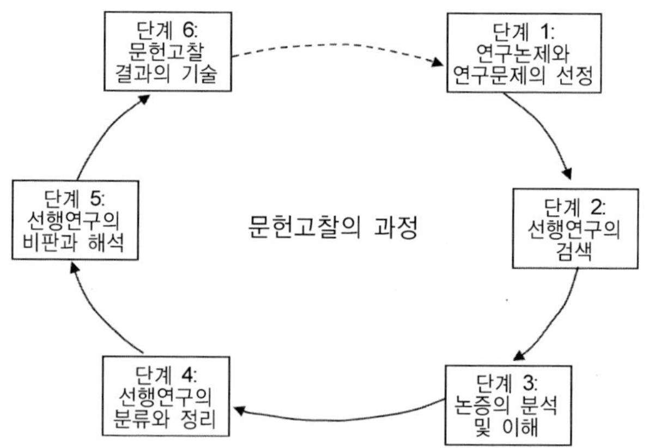

오를 줄이고 시간을 절약할 뿐만 아니라 보다 좋은 결실을 맺게 하는 가장 효율적인 방법이다.

이 책을 집필하면서 교과서, 참고도서, 연구논문 등과 같은 선행 연구로부터 많은 아이디어를 얻을 수 있었다. 그중에서 필자에게 깊은 통찰력을 준 몇몇 저작(著作)을 소개하면 다음과 같다.

- ◆ Garrard, J. (2007). *Health Sciences Literature Review Made Easy: The Matrix Method*(2nd. ed.). Boston: Jones and Bartlett Publishers.
- ◆ Hart, C. (2001). *Doing a Literature Review: Releasing the Social Science Research Imagination*. London: Sage Publications.
- ◆ Machi, L. A. and McEvoy, B. T. (2009). *The Literature Review*. Thousand Oaks: Corwin Press.
- ◆ Ridley, D. (2008). *The Literature Review: A Step by Step Guide for Students*. Los Angeles: Sage Publications.

책을 내는 일에 뒤따르는 나름의 책임 때문에 이 책의 출간 결정은 그만큼 어려운 선택이었다. 많이 주저하였으나 여러 학기 동안 모아 놓은 강의 자료를 그냥 묵혀 두기가 아까워 한껏 용기를 내다 보니 책 한 권이 되었다. 이제 다시 훑어보니 부족한 점이 한둘이 아니다. 기회가 되면 이 책의 오류나 미흡한 부분을 수정·보완할 계획이다.

2012년 11월
김경호

차 례

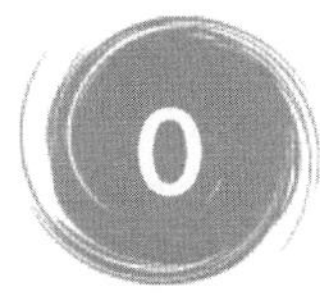

0

문헌고찰의 기본개념

 학습 목적

문헌고찰, 즉 선행연구 고찰은 연구자의 연구주제와 관련 있는 문헌자료를 검색하여 비판적으로 평가하고 종합하여 체계적으로 기술하는 과정이다. 이 과업을 잘 수행하기 위해서는 먼저 문헌고찰의 본질을 이해하여야 한다. 이 장에서는 문헌고찰의 기본개념과 논리구조를 학습한다.

다룰 내용

○ 문헌고찰의 정의(definition)와 목적
○ 문헌고찰의 6단계 과정과 성격
○ 논문작성에 있어서 문헌고찰의 장과 다른 장과의 관계

1. 문헌고찰의 정의

문헌고찰(literature review), 즉 선행연구 고찰은 글로 표현된 논증 (written argument)이다. 연구자는 문헌고찰을 통해 찾아낸 신뢰할 만한 증거를 사용하여 연구자 나름의 논거를 확립함으로써 자신이 선택한 연구주제의 입장을 강화하고 정당화한다. 즉, 연구자는 문헌고찰이라는 일련의 과정을 수행함으로써 연구논제(research topic)에 관한 현재의 지식수준과 배경을 이해할 수 있으며, 그로부터 자신이 선택한 연구주제의 정당성을 주장할 수 있는 논리적 근거를 얻을 수 있다.

문헌고찰을 '결과(product)로서의 문헌고찰'과 '과정(process)으로서의 문헌고찰'로 나누어 보는 것이 문헌고찰의 정의를 올바르게 이해하는 데 도움이 된다(Ridley, 2008, pp. 2-3). 결과로서의 문헌고찰은 연구자가 자신의 연구논문에 하나의 장(chapter)으로 편성하는 이론적 고찰과 선행연구 검토의 결과, 즉 문헌고찰의 최종 산물을 말한다. 과정으로서의 문헌고찰은 연구자가 일련의 정해진 과정에 따라 다른 사람들의 저작(著作)을 체계적으로 분석하고 비판하며 종합하는 활동을 의미한다.

첫째, 결과로서의 문헌고찰은 연구자가 자신의 연구영역과 관련 있는 선행연구와 이론을 광범위하게 참조하고 그 결과를 정리하여 놓은 문서이다. 즉 연구자는 문헌고찰을 통해 자신이 선택한 다양한 출처의 자료들을 서로 연결한다. 또한 연구자는 자신 그리고 자신의 연구가 선행연구들 사이의 어느 자리에 위치하고 있는지를 자리매김해 볼 필요가 있는데, 연구논문의 이론적 배경의 장은 바로 그러한 과업의 결과물이다. 연구자는 문헌고찰의 과정에서 자신의 연구 영역 안의 학자 또는 전문가들과 서면 대화(written dialogue)를 할 수 있는 기회를 갖게 되며, 자신의 연구를 지지하는 기존의 지식을 찾아내고 비판적으로 평가하며 이해하게 된다. 그러므로 연구논문 속의 문헌고찰의 장(chapter)은 연구자가 어떤 이론이나 선행연구에 근거하여 연구논제와 연구방법을 선택하였는가를 설명하는 장(場)이다. 한마디로 말해, 문헌고찰은 연구조사(research investigation)를 발진시키는 힘이자 시발점이라고 할 수 있다.

둘째, 문헌고찰은 연구논문 속의 이론적 배경의 장을 작성하는 일련의 체계적인 과정을 의미한다. 문헌고찰은 연구자가 자신의 연구주제와 관련 있는 첫 번째 단행본이나 논문을 찾을 때부터 최종 원고초안을 마칠 때까지 끊임없이 진행되는 연속적 활동이다. 연구의 초기 단계에서 연구자는 문헌고찰을 통해 자신의 연구문제를 찾아내려고 노력하며, 동시에 연구자는 이 과정에서 자신의 연구주제와 관련 있는 이론이나 선행연구 그리고 자신이 채택할 수 있는 연구방법을 찾으려고 한다. 문헌고찰의 단계에서 검색된 문헌자료는 나중에 자료의 분석 및 해석 단계에서 유용하게 활용된다.

문헌고찰의 역할과 목적이 무엇이냐에 따라 문헌고찰의 정의가 달라진다. 여러 학자들은 문헌고찰을 다음과 같이 서로 다르게 정의하거나 그 의미를 달리 강조하고 있다.

- 문헌고찰은 연구의 논제(a topic of study)에 관한 현재의 지식수준을 종합적으로 이해한 결과를 바탕으로 논리적으로 주장된 논거(logically argued case)를 글로 적은 문서이다. 이 논거가 연구질문에 대답할 수 있는 설득력 있는 주제를 만든다(Machi & McEvoy, 2009, p. 4).
- 문헌고찰은 간명하여야(succinct) 하며… 연구자가 선택한 연구논제와 관련된 영역의 지식 상태와 주요 문제를 묘사한 그림이다(Bell, 2005, p. 110).
- 일반적으로 문헌고찰은 연구논문의 하나의 중요한 장(chapter)을 이루는데, 선행연구 고찰의 목적은 수행되고 있는 연구의 배경(background)을 설명하고 연구의 정당성(justification)을 제공하는 것이다(Bruce, 1994, p. 218).
- 문헌고찰의 목적은 연구 프로젝트의 위치를 결정하고(locate), 연구의 맥락이나 배경을 이루며, 선행연구에 대한 통찰력을 기록하는 것이다(Blaxter, Hughes & Tight, 2006, p. 122).
- 연구자는 문헌고찰을 통해 자신이 전문가로서 배경 이론을 완벽하게 이해하고 있다는 사실을 증명하여야 한다(Phillips & Pugh, 2005, p. 57).
- 연구자는 여러 선행연구를 비판적으로 고찰하여 주요 의미, 논점, 연구결과, 연구방법을 추출하고 종합한 다음 그 결과를 선행연구 고찰의 장에 담아야 한다(Nunan, 1992, p. 217).
- 문헌고찰은 통일성 있는 논증인데, 연구자는 이를 통해 자신이 제안하고 있는 연구를 설명한다(Rudestam & Newton, 2001, p. 57).

결론적으로, 문헌고찰의 목적은 매우 다양하며, 그 목적을 달성하기 위해서는 다양한 활동을 수행하여야 한다. 그러므로 문헌고찰이 만만찮은 과업임은 분명한데, 특히 연구과정의 초기 단계에서는 더욱 그렇다. 한마디로 말해, 문헌고찰은 그 자체로서 매우 도전적이고 의욕적인 활동일 뿐만 아니라 연구과정의 후반부(특히 '논의'의 단계)에서 큰 보상을 기대할 수 있는 일종의 학문적 투자라고 할 수 있다.

2. 문헌고찰의 목적

연구논문 속의 문헌고찰의 장에 무엇을 담을까 결정하기 위해서는 먼저 연구자가 문헌고찰을 통해 다른 연구자들의 연구 성과를 고찰하는 목적이 무엇인가를 따져 보아야 한다. 문헌고찰의 목적과 기능은 매우 다양하지만, 사회과학의 영역에는 학자들 사이에 문헌고찰의 목적에 관하여 어느 정도 합의가 이루어져 있다. 일반적으로 연구자는 다음과 같은 목적을 달성하기 위하여 문헌고찰을 실시한다(Ridley, 2008, pp. 16-28).

- 연구자는 문헌고찰을 통해 자신이 다루고 있는 연구주제의 역사적 배경(historical background)과 발달과정을 이해하는 기회를 갖는다.
- 문헌고찰은 연구의 시대적 배경과 맥락을 알려 주는 역할을 수행한다. 즉, 연구자는 문헌고찰의 장에 연구주제와 관련된 당대의 논쟁, 논점, 문제 등을 체계적으로 정리함으로써 자신이 수행하는 연구의 시대적 배경과 맥락을 논리적으로 설명한다.
- 연구자는 문헌고찰을 통해 자신의 연구주제와 관련된 주요 이론과 개념에 대하여 논의하는 기회를 마련할 수 있다. 즉, 연구자는 자신의 연구를 이론적으로 뒷받침하려는 목적으로 선행연구 고찰을 실시한다.
- 문헌고찰의 장은 연구자가 자신의 연구와 관련된 용어를 소개하고 그러한 용어를 명확하게 정의하는 자리이기도 하다. 즉, 연구자는 자신의 연구 안에서 주요 용어가 어떻게 정의되고 사용되는가에 관하여 설명하기 위하여 선행연구 고찰의 장을 활용한다.
- 연구자는 문헌고찰의 장에서 자신의 연구주제 및 연구분야와 관련된

선행연구를 소개하고, 자신의 연구가 그러한 선행연구들과 어떠한 연결
고리를 갖고 있는가를 설명한다. 즉, 연구자는 자신의 연구와 관련된
연구분야에는 어떤 지식의 괴리(gap)가 존재하는 것인지에 대하여 설
명하고, 이 괴리를 사용하여 자신이 수행하려는 연구의 정당성을 주장
하는 것이 바람직하다.
- 문헌고찰을 통해 연구자가 다루고 있는 실용적인 문제나 논점에 대한 보강
증거(supporting evidence)를 제시한다. 즉, 연구자는 선행연구 고찰의 장
에서 자신이 수행하는 연구의 중요성과 의의를 강조하는 기회를 갖는다.

이와 같은 문헌고찰의 주요 목적을 시각적으로 정리하면 다음
<그림 0.1>과 같다.

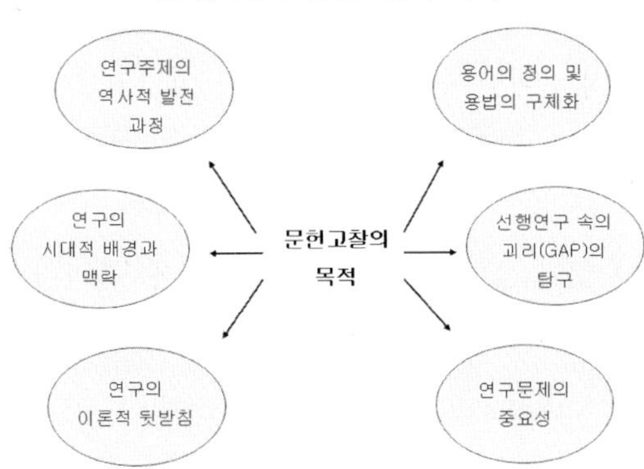

〈그림 0.1〉 문헌고찰의 목적

이처럼 문헌고찰의 목적은 매우 다양하다. 연구자는 자신이 수행
하는 연구의 목적과 성격에 맞게 다양한 문헌고찰의 목적 가운데
특정 목적을 특히 강조한다.

위에 제시된 문헌고찰의 목적이나 기능 가운데 몇몇은 연구논문
의 이론적 고찰의 장 대신에 서론의 장에서 다루어지는 경우도 있
다. 간혹 연구자는 서론의 장과 이론적 고찰의 장에 모두 문헌고찰

의 결과를 담기도 한다. 이 경우 두 개 장 사이에 고찰의 깊이와 기술의 분량에 있어서 어느 정도의 차이가 존재하기 마련이다.

또한 연구자는 문헌고찰의 결과에 근거하여 자신이 선택한 특정한 접근법과 연구방법의 정당성을 주장하기도 한다. 또한 문헌고찰의 결과는 연구자가 선택한 표본추출의 방법, 표본의 크기, 자료수집의 장소 등을 정당화시켜 주는 근거가 된다. 이러한 목적으로 수행되는 문헌고찰은 논문의 방법론의 장에 기술되는 경우가 일반적이다. 그러므로 연구자는 문헌고찰의 결과를 기술하는 위치에 대하여 어느 정도 신축적인 입장을 취하는 것이 바람직하다. 요컨대 연구자는 문헌고찰의 결과를 때로는 서론의 장에, 때로는 이론적 고찰의 장에, 그리고 때로는 방법론의 장에 정리할 수 있다.

연구자는 자신이 다루고 있는 연구주제와 연구분야를 완벽하게 이해하고 있을 뿐만 아니라 자신이 수행한 문헌고찰이 다른 학자들의 연구를 단순하게 정리한 표(laundry list)에 불과한 것이 아니라 그 이상의 의미를 함축하고 있다는 점을 독자들에게 각인시켜야 한다(Rudestam & Newton, 2007). 연구자는 선행연구로부터 자신의 연구로 이어지는 논증을 구축하고 있는 셈이며, 따라서 연구자는 자신의 주장을 뒷받침하기 위하여 여러 선행연구 가운데 자신의 입장과 일치하는 일부의 연구결과에 주로 의존하기 마련이다. 이것은 선택의 문제이다. 연구자는 논증을 통해 자신이 연구분야에 대하여 많은 지식을 갖고 있을 뿐만 아니라 연구분야의 다른 학자들과 함께 하는 '대화의 광장'에 진입하였다는 것을 알리게 된다. 다시 말해, 연구자는 해당 연구분야에서 활동하는 연구자들의 공동체(community)에 가입하게 된 것이다. 문헌고찰에 있어서의 논증의 특징 가운데 하나는 연구자가 어떤 선행연구와 다른 선행연구 사이의 연관성을 찾아내고, 더 나아가 연구자 자신의 연구와 여러 선행연구들 사이의 관계를 명확하게 제시한다는 점이다(Ridley, 2008, p. 17).

일반적으로 연구자는 문헌고찰의 여러 목적 가운데 가장 중요한 목적을 염두에 두기 마련이며, 바로 그 목적을 달성하기 위하여 특별한 노력을 경주한다고 볼 수 있다. 그러나 문헌고찰의 여러 가지 목적은 서로 배타적이지 않다. 따라서 연구자가 하나의 문헌고찰에서 두 개 이상의 목적을 동시에 충족시키기 위하여 노력하는 경우도 있다.

이제 문헌고찰의 목적에 대하여 구체적인 실례를 들어가며 검토해 보자. 아래의 초록은 여러 학문분야의 연구논문에서 발췌한 것인데, 문헌고찰의 목적에 따라 논증을 구축하는 방법을 학습할 수 있는 좋은 소재라고 생각된다.

1) 연구주제의 역사적 발전과정

연구자가 다루는 어떤 연구라도 거의 예외 없이 역사적 배경이나 맥락을 갖고 있을 것이다. 연구자는 문헌고찰 결과의 기술을 통해 연구주제와 관련 있는 사건이나 정책이 어떤 변화의 과정을 겪어 현재의 상황에 이르렀으며, 연구자가 다루고 있는 현행 연구주제가 그러한 상황조건과 어떤 관련성을 맺고 있는가에 대하여 설명하는 것이 중요하다. 또는 연구자가 연구분야의 학문적 발달과정에 대하여 일목요연하게 설명하는 방식으로 문헌고찰의 결과를 기술하는 일도 가능하다. 이 경우 연구자의 연구논제(research topic)와 관련된 지식과 관점(perspectives)이 어떻게 발전하였거나 변화하였는가에 관한 내용이 문헌고찰의 주요 논점이 된다. 또한 역사적 배경의 일부분으로서 사건(events), 정책(policies), 연구결과(research findings)의 다양한 해석을 소개하고 논의하는 것도 매우 중요하다.

아래 <사례 0.1>은 노인학대의 한 유형으로서의 자기 방임에 대한 탐색적 연구(우국희, 2008)에서 발췌한 문헌고찰의 일부분이다. 여기서 필자는 문헌고찰의 결과를 근거로 미국 성인보호서비스의 역사적 발전과정을 정리하고 있다.

> ◇ 사례 0.1: 미국의 성인보호서비스의 역사적 배경 및 발전과정
>
> 　　미국에서는 우리나라와는 달리 노인학대보다 성인보호서비스(adult protective service)에 대한 관심이 먼저 일어났다. 노인학대에 대한 관심이 1980년대 본격적으로 시작되었다면, 성인보호서비스는 그보다 훨씬 앞서 1958년에 출발했다. 1950년대 탈시설화 이후 가족의 지지 없이 지역사회에서 혼자 살아가는 정신질환자가 급증하자, 스스로를 돌볼 수 없는 이들 취약 계층의 잠재적 유기와 착취를 다루기 위한 성인보호서비스가 시작되었다. 성인보호서비스는 주로 그들 스스로를 보호할 수 없는, 그리고 그들을 도와줄 사람이 아무도 없는, 그래서 자신의 일을 관리할 수 없는 노인과 성인장애인을 위한 프로그램을 언급했다(Teaster, 2000: 4). 1970년대는 성인보호서비스의 도약기로서 그 계기는 사회서비스 전달을 강화시키기 위해 1975년 개정된 사회보장법 Title XX이었다. Title XX은 성인보호서비스에 대한 정부의 재정지원을 가능하게 하였을 뿐만 아니라 그 대상을 성인에서 노인으로 보다 집중하게 하였다.
> 　　1980년대는 성인보호서비스의 쇠퇴기로서, 홀로 살아가는 취약 성인에 대한 보호서비스보다 가정폭력의 유형으로서의 노인학대에 대한 사회적 관심이 증가하고, 1990년대 시작된 인플레이션과 정부지원금(SSBG)의 삭감은 성인보호서비스 전문가들에게 위기감을 불러일으켰다. 이러한 위기의식은 성인보호서비스 실천가들로 하여금 협회(NAAPSA)를 구성하여 전문적 힘을 결집케 하였으며 1995년 미공공복지협회(APWA)에 압력을 가해 자기 방임보다 늦게 사회적 관심사로 부상된 노인학대에 자기 방임을 하나의 합법적인 범주로 포함시키도록 하였다(Otto, 2000: 35). 이때부터 성인보호서비스 기관은 미 노인청의 지원을 받는 국립노인학대센터(National Center on Elder Abuse)

요컨대, 연구에 관한 역사적 맥락 또는 발전과정에 대한 설명은 문헌고찰의 중요한 목적 가운데 하나이다. 연구의 역사적 발달과정은 주로 서론의 장에서 다루어진다는 점에 주목할 필요가 있다.

2) 연구의 시대적 배경과 맥락

연구자의 연구가 기반을 두고 있는 시대적 맥락이 때로는 문헌고찰의 중심 논점이 될 수 있다. 이 경우 연구자는 연구분야에서 진행되고 있는 논쟁이나 연구의 동향 등을 중심으로 선행연구를 고찰하고 그 결과를 서론의 장이나 문헌고찰의 장(즉, 이론적 배경의 장)에 기술한다. 이 부분은 연구자가 수행하는 연구의 중요성, 즉 연구의 정당성과 밀접한 관련이 있다.

<사례 0.2>는 우리나라 노인들의 성생활에 관한 연구동향을 간략하게 정리하는 내용의 선행연구 고찰이다. 밑줄 친 부분을 보면, 우리나라의 노인 성생활 관련 연구는 노인의 성실태에 관한 연구와 노인의 성만족에 관한 연구로 대별되며, 특히 후자의 경우에는 재가노인을 대상으

로 하는 연구와 시설노인을 대상으로 하는 연구로 나뉨을 알 수 있다.

아래 <사례 0.3>은 노인장기요양보험 재가서비스의 문제점과 개선방안(이준우, 서문진희, 2009)에 관한 연구논문의 일부분을 발췌한 것인데, 2008년 7월 1일부터 시행되고 있는 노인장기요양보험 제도와 관련된 연구동향을 설명하고 있다.

　한마디로 말해, 연구의 시대적 배경 및 맥락에 대한 설명은 연구자가 선행연구의 연구결과를 인용하여 자신이 수행하는 연구를 보다 넓은 상황(context)의 맥락에서 설명하는 일이다. 이와 같은 목적의 문헌고찰은 주로 서론의 장에서 다루어지는 것이 일반적이다.

3) 연구의 이론적 뒷받침

　　문헌고찰의 중요한 목적 가운데 하나는 연구에 대한 이론적 뒷받침(theoretical underpinnings)이다. 즉, 연구자에게 있어 문헌고찰은 연구방향을 제시하거나 자료를 분석하고 해석할 때 도움이 될 것으로 여겨지는 기존의 이론이나 개념을 소개하고 그에 대하여 심층적으로 논의하는 일이다. 이론과 개념에 대한 연구자의 해석은 명료하여야 한다. 이를 위해서는 먼저 다른 학자들이 그러한 이론이나 개념을 어떻게 정의하고 어떤 논쟁을 벌였는가에 대하여 비교하고 대조하는 과정을 거쳐야 하며, 이어서 그 이론이나 개념에 관한 연구자의 입장을 분명하게 진술하여야 한다.

　　학문분야에 따라 이론(theory)과 개념(concept) 등 용어가 달리 해석되고 있으며, 또한 다양한 방식으로 사용되고 있다. 일반적으로 이론은 종종 범주(categories)나 관계(relationships)의 형식을 띤 설명의 도구를 제공하는 틀이라고 할 수 있다(Ridley, 2008, p. 20). 자연과학적인 의미에서 보면, 이론은 여러 현상(phenomena) 사이의 관계를 설명하고 예측하는 진술(proposition)이다. 그러나 사회과학에서의 이론의 의미는 그리 명확하지 않은 편인데, 그것은 인간의 행동이 사물의 행동보다 예측하기 더 어렵고 획일성이 더 낮기 때문이다. 개념은 보다 구체적인 사례로부터 도출된 일반적인 또는 추상적인 생각을 나타내는 단어나 표현이다(Ridley, 2008, p. 21). 예를 들면, 민주주의, 사회계층, 스트레스 등이 개념의 예이다. 다시 말해, 개념은 하나의 단어나 어구로 어떤 생각을 표현하는 것이다. 개념은 우리가 세상을 이해하기 위하여 사용하는 도구의 일종이다.

아래 <사례 0.4>는 기업들이 직무순환(job rotation)을 도입하는 이유를 설명하는 여러 이론을 소개하고 있는 연구(Eriksson & Ortega, 2006)에서 인용한 이론적 고찰의 일부분이다. 연구자들은 직무순환의 필요성에 관한 세 가지 이론을 설명하면서 자신의 연구와 이러한 이론들과의 관련성에 대하여 암시하고 있다.

◇ 사례 0.4: 직무순환(job rotation) 이론의 소개

(…전략…) 우리는 직무순환의 세 가지 이론에 초점을 맞추었다. 근로자 학습 이론의 주장에 의하면, 순환 근무하는 근로자는 다른 근로자보다 더 넓은 범위의 경험에 노출되기 때문에 상대적으로 더 많은 인적자본을 축적하게 된다. 사용자 학습 이론에 의하면, 회사는 직무순환제도의 운영을 통해 근로자가 여러 가지 직무를 수행하는 것을 관찰할 수 있기 때문에 근로자에 관해서 더 많은 것을 알 수 있게 된다. 끝으로, 근로자 동기부여 이론은 동일한 일을 끊임없이 반복하게 되어 싫증을 느끼게 될 근로자에게 직무순환제도를 적용하면 그들의 동기부여가 가능하다는 이론이다.

(…중략…)

근로자의 학습 이론에 따르면, 직무순환은 근로자의 능력을 개발하는 효과적인 방법 가운데 하나이다. 예를 들면, 여러 기능 사이의 직무순환은 신임 근로자들이 최고관리자가 되기 위한 준비를 하는 것을 돕는다. 근로자들이 보다 넓은 범위의 직무로 이동함에 따라 그들은 업무의 더 많은 측면에 대하여 더 깊게 이해할 필요가 있는데 직무순환은 그 과정에서 도움이 된다. (…중략…)

사용자의 학습 이론은 직무순환이 직무의 할당을 향상시키지만 그 방법이 다르다는 것을 지적한다. 이론에 의하면, 사용자는 직무순환을 통해 근로자의 능력에 관한 정보를 얻을 수 있다. (…중략…)

근로자의 동기부여 이론은 직무순환이 근로자들이 보다 관심을 갖도록 돕는다는 것이다. 이 주장은 1970년대 말에 이른바 경력이 정체된 근로자들, 즉 승진의 가능성이 매우 제한적인 근로자들에 관한 문헌에서 언급된 것이며(Ference, Stoner, and Warren, 1977을 참조할 것), 또한 이 이론은 Cosgel and Miceli(1999)에 의해서도 분석되었다. (…후략…)

자료: Eriksson & Ortega, 2006, p. 654; 이탤릭체는 원래 원문에 있는 것이지만, 밑줄은 설명의 편의를 위하여 저자가 추가한 것임.

연구자는 이론적 고찰을 통해 자신의 학문적 능력(scholarly competence) 과 전문적 원숙함(professional maturity)을 보여 주어야 한다. 또한 연구자는 이론적 고찰을 통해 자신이 연구분야를 완전하게 이해하고 있으며, 다른 학자들의 연구를 비판적으로 평가하는 방법론적 정교함(methodological sophistication)을 갖추고 있다는 점을 증명하여야 한다(Krathwohl & Smith, 2005, p. 49). 이러한 어려운 과업은 모두 문헌고찰이라는 중요한 활동을 통해 달성할 수 있다.

4) 용어의 정의 및 용법에 관한 논의

간혹 연구자는 동료 학자들 사이에 다양한 의미로 정의되고 다양한 방식으로 사용되고 있는 다수의 전문용어(terminology)를 자신의 연구에서 사용할 수밖에 없는 상황에 직면하기도 한다. 이러한 전문용어의 범주에는 앞에서 거론한 '민주주의', '사회계층', '스트레스'와 같이 이론이나 개념과 관련 깊은 것들이 포함되기도 하지만, '사회복지사', '당뇨병' 등과 같이 보다 구체적인 뜻을 갖고 있는 명사들이 포함될 수도 있다.

연구자는 자신이 사용하는 모든 단어와 어구가 모든 사람들에게 동일한 의미를 가질 것이라고 속단해서는 안 된다. 일반적으로 전문용어의 의미에 대한 합의는 거의 이루어져 있지 않은 경우가 대부분이다. 예컨대, 노인학대 및 방임(elder abuse and neglect)의 정의와 유형은 나라에 따라 그리고 학자에 따라 상당히 다르다. 따라서 연구자는 어떤 용어가 학계에서 어떻게 정의되고 사용되고 해석되고 있는가를 독자들에게 설명하여야 하며, 더 나아가 자신은 그 용어를 어떻게 사용할 것인가에 대하여 명확하게 밝혀야 한다.

아래 <사례 0.5>에서 연구자는 다양한 학자들의 의견을 빌려 '미혼 양육모'라는 용어를 정의하고 있다. 여기서 밑줄 친 용어는 모두 미혼 양육모와 관련된 용어들이다. 이러한 배경지식을 바탕으로 연구자는 어떤 용어를 어떤 의미로 사용할 것인가에 대하여 언급하고 있다.

◇ 사례 0.5: 미혼 양육모의 개념 정의

'미혼모(unwed mother 또는 unmarried mother)'의 사전적 정의는 "합법적이고 정당한 결혼 절차 없이 아기를 임신 중이거나 분만한 여성"(NASW, 1965: 797)으로 혼전 임신 중이거나 사실혼 관계에서 자녀를 가진 여성들 모두를 포함한다. 정부는 미혼모 보호시설에 입소하여 도움을 받을 수 있는 대상으로 규정한 미혼모의 개념을 아기를 임신하게 한 남자와 법적으로 결혼하지 않은 여자를 말하는 것으로 별거, 이혼, 과부로서 본 남편 이외의 아기를 가진 여성, 즉 미혼은 물론 기혼까지 미혼모라 정의하고 있다(한인영, 1998).

그러나 미혼모의 개념이나 용어는 시대와 사회에 따라 혹은 보는 관점에 따라 다양하게 정의되고 있다. 최근 여성단체들을 중심으로 기·미혼의 이분법적인 결혼제도에 따라 정의되고 있고, 복지 서비스의 대상으로서 부정적 어감이 드는 '미혼모'라는 명칭보다, 결혼과 무관한 삶의 방식을 지향해 혼인할 의사 없이 자발적으로 출산을 선택한 여성들까지 포괄해 '비혼모'라는 새 명칭을 사용하고 있다. 미국의 경우도 미혼모라는 말이 갖는 부정적 의미를 줄이기 위한 운동이 일어나서, 사회사업연합회가 발행한 1995년도 『사회사업사전』에서는 미혼모라는 용어를 배제하고 single mother라 호칭을 개정하였다. 특별히 십대모들의 경우는 young single mother 또는 teen mother 또는 mother adolescent로 분리하여 칭하고 있다(최경화, 2006: 7~8).

우리나라의 경우 1999년 미혼모 생활시설인 애란원에서 아동을 양육하는 미혼 엄마들이 증가함에 따라 친권을 포기하는 미혼모들과 차별화된 사회복지 서비스를 제공할 필요성을 느껴 전국공동모금회 사업에 제출한 '미혼 양육모를 위한 자조지지공동체 사업'에서 처음 '미혼 양육모'라는 용어가 사용되었다. '미혼 양육모'란 용어는 혼전에 임신했다는 미혼모라는 개념과 아기를 양육하는 엄마라는 개념을 포함한다(김혜선·김은하, 2006: 376). 이러한

'미혼 양육모'라는 용어는 '양육 미혼모'라는 용어와도 혼용해서 사용한다. 예컨대, 한국보건사회연구원(김유경 외, 2006: 86~87)의 「미혼모의 출산·양육환경 개선을 위한 사회적 지원방안」에 대한 연구보고서에서도 '양육 미혼모'라는 용어를 사용하고 있다.

　본 연구에서는 '미혼모'가 아이를 출산하여 입양을 선택하지 않고 양육을 결정하여 어머니로서 겪어야 하는 양육경험을 이해하고 그 체험의 본질을 심층적으로 탐색하기 위해 '미혼 양육모'라는 용어를 사용하고자 한다.

자료: 김윤아, 이형하, 김혜선, 2008, pp. 3-4; 원문에는 밑줄이 없으나 저자가 밑줄을 추가하였음.

　<사례 0.6>은 문헌고찰의 결과에 근거하여 연구자가 자신의 연구에서 사용하는 주요 용어의 의미를 정의하는 예이다. 아래의 연구에서 연구자는 미국 고혈압 합동위원회의 보고서와 다른 전문기관의 자료를 바탕으로 고혈압과 체력에 대한 개념정의를 시도하고 있다.

◇ 사례 0.6: 고혈압과 체력의 정의

　1. 혈압의 정의와 기준
　뇌졸중, 심혈관계 질환의 주요한 위험인자인 고혈압은 심장에 비정상적인 심부하로 인한 좌심실 비대 등의 원인(Sullivan et al., 1993)으로 심장출력의 증가 및 말초저항의 증가를 초래하고, 그로 인하여 혈압이 지속적으로 상승되는 상태를 말한다. 미국 고혈압 합동위원회의 제7차 보고서(JNC7, 2003)의 기준에 의하면 수축기 혈압이 120mmHg 미만, 그리고 이완기 혈압이 80mmHg 미만일 때 정상으로 판정하고 있으며, 수축기 혈압이 120mmHg~139mmHg 또는 이완기 혈압이 80mmHg~89mmHg일 때 조기 고혈압으로 판정하고 있다. 또한 수축기 혈압이 140mmHg 이상 또는 이완기 혈압이 90mmHg 이상일 때 고혈압 1기(stage Ⅰ)로 판정하고 있으며, 수축기 혈압이 160mmHg 이상 또는 이완기 혈압이 100mmHg 이상일 때 고혈압 2기(stage Ⅱ)로 판정하고 있다.

2. 고혈압과 생활습관요인
(…중략…)

3. 체력의 정의
체력은 심폐지구력(cardiorespiratory endurance), 근력(muscular strength),
근지구력(muscular endurance), 유연성(flexibility) 등의 건강 관련 체력
(health-related physical fitness)과 순발력(power), 민첩성(agility), 평형성
(balance) 등의 운동수행관련 체력(motor-related fitness)으로 구분된다
(Vivian, 2006).
건강 관련 체력 중 심폐지구력은 중강도와 고강도 수준에서 장시간 동안
부피가 큰 근육군을 사용하면서 동적인 운동을 실행하는 능력으로 정의되며,
근지구력은 근육이 일정 시간 동안 최대부하 힘으로 반복할 수 있는 능력으
로 정의된다. 근력은 저항에 대해 발휘할 수 있는 힘으로 정의되며, 유연성은
완전한 가동범위를 통해 관절을 움직일 수 있는 능력으로 정의된다(ACSM,
2006). (…후략…)

자료: 소위영, 최대혁, 2009, pp. 136-137; 원문에는 밑줄이 없으나 저자가 밑줄을
      추가하였음.

요컨대, 연구자는 문헌고찰의 결과를 활용하여 자신의 연구에서 중
요하게 다루어지는 용어의 의미를 명확하게 정의하여야 한다. 즉, 연
구자는 주요 개념을 과학적인 정의(scientific definition)의 관점에서 정
의하고(define), 다른 사람들이 연구자의 측정 개념을 정확하게 이해할
수 있도록 변수들을 조작적으로 정의하여야(operationally define) 한다.

5) 선행연구 속의 괴리(gap)의 탐지 및 연구의 정당성

일반적으로 연구자는 자신의 연구를 통해 선행연구들이 안고 있는
괴리(gap)를 채우려는 노력을 경주하게 된다. 따라서 연구자는 여러
선행연구가 어떤 괴리를 갖고 있는가를 설명하고, 자신의 연구가 그

러한 격차를 제거하거나 좁히는 데 일정 부분 기여할 수 있을 것이라는 점을 밝혀야 한다. 이것은 연구자가 문헌고찰을 통해 자신이 수행하는 연구의 정당성을 주장하는 근거자료를 찾아내는 일에 다름 아니다.

<사례 0.7>은 연구자가 문헌고찰의 결과를 인용하면서 자신의 연구의 필요성과 정당성을 주장하는 예이다. 아래의 연구에서 연구자들은 지금까지 재가노인복지 서비스에 대한 연구가 부족하였다는 점을 지적하고 따라서 자신들의 연구가 꼭 필요하다는 점을 강조하고 있다.

◇ 사례 0.7: 노인장기요양보험의 재가노인서비스에 대한 연구의 필요성

노인장기요양보험의 경우 제도 시행 4개월째를 맞는 2008년 10월 현재 서비스 이용자 중 55% 이상이 재가서비스를 이용하고 있는 점을 고려한다면 (차흥봉, 2008) 재가서비스에 대한 지속적인 연구와 이를 통한 문제점 보완은 성공적인 제도 정착의 중요한 과제라 할 수 있다. 그럼에도 불구하고 <u>선행연구들은 재가서비스 영역에 대한 심도 있는 연구는 부족한 것으로 보인다</u>. 이러한 상황에서 최성재(2008)는 노인장기요양보험제도 시행 전후의 문제점과 대책을 논하면서 가입대상 및 서비스 대상 관련 문제, 서비스 관련 문제, 재정 관련 문제, 전달체계(관리기구, 시설 및 인력 인프라) 관련 문제로 구분하고 폭넓게 논의하고 있으나 <u>재가시설의 문제점은 폭넓게 다루지 않고 있으며</u>, 제도 시행 전인 6월에 실시된 제한점으로 인해 2008년 7월 제도 시행 이후의 재가장기요양기관의 남설로 인한 문제 등 실제적인 문제점을 지적하지 못하고 있다.

자료: 이준우, 서문진희, 2009, p. 155; 원문에는 밑줄이 없으나 저자가 밑줄을 추가하였음.

<사례 0.8> 역시 연구자들이 문헌고찰의 결과에 근거하여 자신들의 연구의 필요성과 정당성을 주장하는 예이다. 이 연구에서 연구자들은 문헌고찰을 실시한 결과 노인유사체험에 관한 연구가 매

우 제한적으로 이루어졌으며, 따라서 간호사를 대상으로 수행되는 자신들의 연구가 노인유사체험의 효과성을 규명하기 위해 필요하다는 점을 밝히고 있다.

연구의 정당성을 주장하기 위하여 연구자는 "왜 이 연구가 수행되어야 하는가?"라는 질문에 대한 구체적인 답변을 제시하여야 한다. 이 부분은 연구의 목적과 연구질문과 밀접한 관련을 맺고 있다.

6) 연구문제의 중요성

　선행연구 안에 존재하고 있는 지식의 괴리를 찾아내는 일뿐만 아니라 연구자가 자신이 수행하는 연구의 중요성을 강력하게 피력하는 일도 문헌고찰의 중요한 목적 가운데 하나이다. 선행연구들 안에 괴리가 존재한다는 사실만으로 연구자가 수행하려는 연구의 정당성이 자명해지는 것은 아니다. 연구자는 자신의 연구가 왜 중요하고 어떤 가치를 지니고 있는가에 대하여 설득력 있는 이유와 근거를 제시할 수 있어야 한다. 문헌고찰의 장에 포함된 연구의 필요성이나 동기에 대한 설명이나 논의는 바로 이러한 목적을 충족시키기 위한 것이다.

　<사례 0.9>는 연구자가 문헌고찰의 결과로부터 자신의 연구의 중요성과 정당성을 주장하는 논리를 이끌어 내는 예이다. 이 연구에서 연구자는 노인유사체험을 통해 청소년 세대가 갖고 있는 노인에 대한 부정적 고정관념을 긍정적으로 변화시켜야 한다고 주장하고 있으며, 이런 맥락에서 자신이 선택한 연구문제의 중요성을 강조하고 있다.

◇ 사례 0.9: 노인유사체험(aging simulation) 관련 연구의 필요성

　유년인구, 생산층 인구, 그리고 노인인구 등 3세대를 포함하는 우리나라 전체 사회에서 자원의 분배나 기회제공의 측면을 생각해 볼 때 증가하고 있는 노인에 대한 태도는 생산적이며 성공적인 노화를 반영한 새로운 가치가 요구되고 있다(김윤정·강인·이창식, 2004). 그런데 미래 고령사회에서 팽창된 노인세대를 책임져야 할 청소년들은 노인에 대하여 의존적이고 무력하다는 고정관념과 편견하에 부정적인 태도를 보이는 경우가 많다(김수영 등, 2002;

유수정 등, 2004; 김윤정 등, 2004). 이는 고령화 사회에서 장차 노인 환자 간호를 담당하게 될 간호학생에게도 예외일 수 없다(이윤정·유수정·김신미, 2003). 실제로 국내외 선행연구를 살펴보면 간호학생들은 노인에 대해 부정적인 태도를 가지고 있으며(이윤정 등, 2003; 양경미 등, 2002; Haight, Christ & Dias, 1994), 보건복지분야에 종사하는 인력들의 노인에 대한 태도 또한 부정적이고, 노인분야에서 일하는 것을 선호하지 않아(이혜원, 2001; Ward, 2000; Courtney et al., 2000) 노인 관련 분야는 인력을 채용하는 데 어려움을 겪고 있는 것으로 보고되고 있다(이혜원, 2001).

　(…중략…)

　노인에 관한 교육을 위한 여러 가지 의도적인 노력으로는 노인과의 간접 및 직접적인 접촉, 노인에 대한 학습 및 정보 제공, 노인유사체험 등이 활용될 수 있다(강인, 2003). 특히 일반적인 생애과정에서 누구나 경험하게 될 신체적 노화에 관한 노인유사체험은 노인이 되었을 때의 신체적 변화와 이에 동반되는 문제를 가상적으로 체험함으로써 노인에 대한 편견에서 벗어나, 노인을 이해하고 노인에 대한 태도를 긍정적으로 변화시킬 수 있는 기회를 제공해 주는 것으로 보고되고 있다(강인, 2003; 유수정 등 2003; 장수사회문화협회, 2003; Schwalbach & Kiernan, 2002). 노인에 대한 부정적인 태도는 노인대상자들이 받는 서비스의 질을 저하시킬 수 있고, 더 나아가 최근 우리 사회에서 이슈가 되고 있는 종사자 혹은 직원에 의한 노인학대 문제까지를 유발시킬 수 있으므로 장차 고령사회에서 노인환자의 간호를 담당할 간호사로 활동하게 될 간호학생들로 하여금 노인에 대한 긍정적인 태도를 가질 수 있도록 교육하여야 한다.

　(…중략…)

　본 연구는 간호학생의 노인에 대한 태도를 알아보고, 노인유사체험이 노인에 대한 긍정적인 태도 변화에 미치는 영향을 알아보기 위하여 시도된 연구로, 구체적인 연구목적은 다음과 같다.

- 연구대상자의 일반적 특성 및 노인에 대한 지식정도를 조사한다.
- 연구대상자의 노인에 대한 태도를 조사한다.
- 연구대상자의 일반적 특성에 따른 노인에 대한 태도의 차이와 노인에 대한 지식 정도와 태도 간의 상관관계를 조사한다.
- 연구대상자의 노인유사체험 전·후의 노인에 대한 태도 변화를 비교한다.

자료: 백성희, 2007, pp. 5-6; 원문에는 밑줄이 없으나 저자가 밑줄을 추가하였음.

　요컨대, 연구자는 문헌고찰의 결과를 사용하여 연구문제의 중요성을 강조하여야 한다. 즉, 연구자는 자신이 수행하는 연구를 통해 연구분야의 기존 지식(existing knowledge)을 어떻게 다듬거나(refine) 수정하거나(revise) 확장할(extend) 것인가에 대하여 설명하여야 한다.

3. 문헌고찰의 과정

문헌고찰은 선택된 논제를 연구하는 체계화된 방법이다. 문헌고찰을 수행하는 과정 단계는 <그림 0.2>와 같이 정리할 수 있다. 문헌고찰의 결과를 기술하는 일은 일련의 단계를 연차적으로 밟아가는 발달과정이다. 이 과정은 모두 6개 단계로 이루어져 있는데, 각 단계를 간략하게 설명하면 다음과 같다.

<그림 0.2> 문헌고찰의 과정

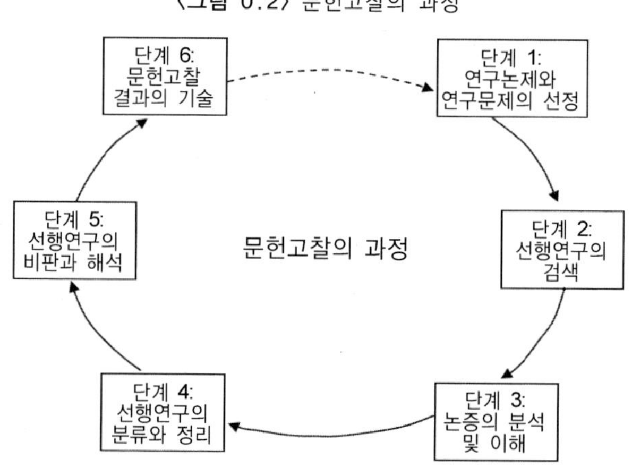

■ 제1단계: 연구논제와 연구문제의 선정

대개 실용적인 문제에 대한 관심은 좋은 연구논제(research topic)로 이어진다. 연구자의 관심은 '일상생활의 문제를 다룬 언어'로부터 '연구 가능한 논제를 구성하는 개념'으로 바뀐다. 연구논제는 연구자와 독자가 잘 이해할 수 있도록 잘 정의된 질문, 즉 연구문제의 형식으로 발전되어야 한다. 구체적인 용어를 사용하고, 관심의 초점을 정제하며, 학문적인 관점(academic vantage point)을 선택하는 일이 모두 연구논제를 창출하기 위하여 연구자가 수행하여야 할 임무이다. 이러한 임무의 결과로서 나타나는 것이 정의된 논제이며, 이것이 제2단계를 위한 방향을 제시한다.

■ 제2단계: 선행연구의 검색

문헌검색(literature search), 즉 선행연구 검색은 수많은 문헌자료 가운데 어떤 정보를 고찰의 대상으로 삼을 것인가를 결정하는 일이다. 이것은 연구주제를 지지하는 가장 강력한 증거를 제시하는 문헌자료를 골라내야 하는 일이다. 선행연구를 검색할 때 연구자는 정사(scan), 속독(skimming), 매핑(지도 작성, mapping) 등의 기술을 사용하여 자료를 예비 검사하고, 선택하고, 조직하여야 한다. 이 단계에서 연구자는 관련 자료를 분류하고 기록한다.

■ 제3단계: 논증의 분석 및 이해

논증의 분석 및 이해의 단계는 논증의 기본 개념에 대한 이해를 얻는 것을 목적으로 한다. 이 단계는 구체적인 문헌고찰에 앞서 논증의 분석과 이해에 대한 예비지식을 축적하는 과정이다. 다시 말해, 제4단계와 제5단계의 과업을 제대로 수행하기 위해서는 먼저 논증에 대한 기본적인 이해가 선행되어야 한다. 따라서 이 단계에서는 일반적인 논증의 구조 및 논리에 대하여 학습한다.

연구자는 자신의 연구주제(research thesis)를 주장하기 위하여 논거(case)를 형성하고 제시할 필요가 있다. 연구자는 선행연구로부터 자신의 연구주제를 뒷받침하는 경험적 증거를 수집하고 체계적으로 정리하여야 하는데, 이를 정당한 논거의 수립이라 한다. 정당한 논거 수립의 선결조건은 선행연구의 논증을 분석하고 평가하는 일이다. 선행연구의 논증을 분석을 하는 이유는 연구자가 문헌고찰의 결과를 바탕으로 자신의 주장(claims)을 제시하기 위한 논리적 기초를 확보하기 위함이다. 즉, 연구자는 선행연구의 논증분석을 바탕으로 삼아 현재의 지식수준을 설명하고 자신의 연구주제를 정당화하는 증거의 집단을 만들어 내야 한다.

■ 제4단계: 선행연구의 분류와 정리

선행연구의 분류와 정리 단계의 목적은 특정 선행연구를 대상으로 그 안의 논증을 찾아내고 이해하는 일이다. 즉, 연구자는 연구논제와 관련된 현재의 지식수준에 관한 논증을 형성하기 위하여 자료를 조립하고, 종합하고, 분석한다. 증거는 논리적이며 방어할 수 있는 일련의 결론이나 주장을 만들어 낸다. 이러한 결론은 연구질문(research question)을 다루는 토대를 제공한다. 이 단계에서는 이른바 '발견의 논증(argument of discovery)'을 통해 연구주제에 관한 기존의 지식체계를 파악하고 정리할 수 있다.

■ 제5단계: 선행연구의 비판과 해석

선행연구의 비판과 해석 단계의 목적은 선행연구의 논증으로부터 연구자의 논증을 정당화하는 강력한 논거(case)를 확보하는 데 있다. 즉, 연구자는 연구논제에 관한 현재의 이해 수준을 해석한다. 이 단계는 기존의 지식이 어떻게 연구질문에 대답하고 있는가를 분석한다. 이 단계에서는 발견의 논증과 더불어 '주장의 논증(argument of advocacy)'을 사용하여 선행연구의 논증을 비판적으로 해석하고 종합한다.

■ 제6단계: 문헌고찰 결과의 기술(記述)

논문작성은 연구 프로젝트를 다른 사람들이 읽어 볼 수 있는 문서로 전환시키는 작업이다. 글쓰기, 틀 잡기, 정제하기의 과정을 거쳐 문헌고찰의 내용을 적은 글은 연구결과를 정확하게 전달하는 작품으로 완성된다. 이 작품은 의도된 독자들에 의해 정확하게 이해되어야 한다. 연구주제에 관한 글쓰기가 세련된 수준의 최종 작품이 되려면 글쓰기, 검사하기, 편집하기라는 세 단계를 거쳐야 한다. 또한 문헌고찰은 저자 중심의 접근법을 지양하여야 하며, 개념 중

심으로 기술되어야 한다. 예를 들어, 문헌고찰의 장(chapter)은 역
(逆)피라미드 방식, 조각보 방식, 공통부분 찾아내기, 이론적 접근법
에 따라 정리하기, 연구방법론별로 정리하기, 주제별 또는 논제별로
정리하기, 연도순으로 정리하기 등 여러 가지 방식에 의해 조직화
된다. 한편, 문헌고찰의 결과는 후학들에게 새로운 연구논제를 선택
할 때 유용하게 활용할 수 있는 배경지식이나 아이디어원(源)으로
서의 기능을 수행한다.

4. 문헌고찰의 장과 다른 장과의 관계

연구논문은 조사연구의 결과물이다. 논문작성은 단 한 번의 작업
으로 마무리되는 일회성 과업이 아니라, 수없이 많은 수정과 보완을
반복하여야 하는 연속적 과업이다. 또한 연구논문은 앞뒤 단계의 과
정과 내용이 서로 영향을 미치는 상호작용의 산출물이다. 과정이야
여하튼 간에 산출물로서의 논문은 서론, 문헌고찰(이론적 배경), 연
구방법론, 분석결과, 논의, 결론으로 구성되어 있다(<그림 0.3>).

한 편의 논문을 구성하는 각 장은 모두 직간접적으로 선행연구
검토와 관련을 맺고 있으나 그중에서 가장 깊은 관련이 있는 장은
문헌고찰(이론적 배경)의 장과 더불어 서론, 연구방법론, 논의, 결론
등을 들 수 있다.

연구논문의 서론(introduction)은 연구의 필요성, 동기, 배경 등에
관한 이론적 설명, 해당 학문분야의 연구동향, 국내외의 연구초점

등을 소개하는 자리이다. 연구자는 논리적 근거에 기반을 두고 자신의 주장과 설명을 전개하기 위하여 문헌고찰의 결과를 활용하는 것이 바람직하다.

이론적 배경(literature review)의 장은 문헌고찰의 결과물 그 자체라고 말할 수 있다. 즉, 이 장에는 연구자의 연구주제 및 연구방법과 관련된 이론이나 선행연구를 체계적으로 고찰한 결과물이 담긴다. 연구자에 따라 연구가설을 이론적 배경에 넣는 경우도 있고 연구방법론 장에 넣는 경우도 있다. 전자의 경우, 연구가설이 이론적 배경의 장에 들어가는 이유는 연구가설이 연구자에 의해 창작되거나 개발되는 것이 아니라 기존 이론이나 선행연구로부터 도출되기 때문이다. 여하튼 연구가설은 선행연구 고찰과 밀접한 관련을 맺고 있으며, 그 때문에 연구가설이 이론적 배경의 장에 포함될 수 있음을 기억할 필요가 있다.

연구방법론(methodology) 장은 연구설계, 자료수집, 자료분석 등 내용을 담는 곳이다. 연구자는 자신이 채택한 연구방법, 특히 조사도구의 작성 및 자료분석의 방법 등에 관하여 문헌고찰의 결과를 활용하는 경우가 많다.

논의(discussion)의 장은 가설을 검증하고 분석결과를 해석하고 설명하는 자리이다. 논의의 장은 이론적 배경의 장 다음으로 문헌고찰의 결과를 많이 활용하는 장 가운데 하나이다. 연구자는 논의의 장에서 기존 이론의 지지 또는 보강, 선행연구와 자신의 연구결과의 비교, 선행연구의 결과에 근거한 자신의 연구결과의 설명, 자신의 연구가 기존의 지식체계에 기여한 공로, 문헌고찰에 근거한 자료의 해석, 예상외의 연구결과에 대한 설명 등 다양한 과업을 수행한다.

결론(conclusion)의 장은 연구결과를 요약하고 연구의 중요성, 시사점, 제한점, 후속연구의 필요성 등을 언급하는 자리이다. 연구자는 자신의 논증을 주장하기 위하여 객관적인 자료나 정보가 필요한 경우에 문헌고찰의 결과를 활용할 수 있다.

한편, 분석결과의 장은 연구자가 분석결과를 본문, 표, 그림 등을 사용하여 체계적으로 제시하는 자리이므로 문헌고찰의 결과를 직접 언급하지는 않는다. 그러나 연구자는 자신의 분석결과를 기술하면서 선행연구에서의 분석결과 기술의 방법을 참조할 수 있다는 점에서 이 장은 문헌고찰의 장과 간접적인 관련을 맺고 있다고 하겠다.

이와 같은 문헌고찰의 장과 다른 장들 사이의 관계는 <그림 0.4>

와 같이 정리할 수 있다. 이하에서는 이론적 고찰의 장과 분석결과의 장을 제외한 다른 장들 안에서 문헌고찰의 결과를 활용하는 방법에 대하여 실례를 들어 가면서 보다 자세하게 고찰한다.

〈그림 0.4〉 문헌고찰 내용의 할당

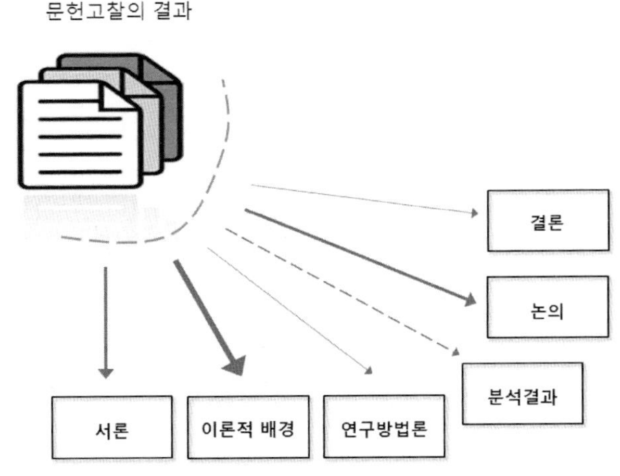

1) '서론'의 장에서의 문헌고찰 결과의 활용

연구자가 서론의 장에 이론적 배경에 관한 내용(즉, 문헌고찰 결과의 일부)을 포함시키는 경우가 간혹 있다. 의학, 심리학 분야를 비롯한 몇몇 학문영역의 논문에서는 이론적 배경의 장을 별도로 구성하는 경우가 매우 드물고, 일반적으로 서론의 장이 매우 길며 그 안에는 비교적 많은 분량의 이론적 고찰과 선행연구 검토의 결과가 담겨 있다. 그러나 사회과학 분야 등 다른 학문영역의 경우 서론의 장과 이론적 배경의 장(즉, 문헌고찰의 장)을 각각 별도의 장으로 분리하는 것이 일반적이다. 이 경우 먼저 서론의 장을 배치하고 이어서 문헌고찰(이론적 배경)의 장이 뒤따른다.

서론의 장을 작성하면서 문헌고찰 결과의 일부를 사용할 경우에도 문헌고찰의 목적에 주목하여야 한다(Ridley, 2008, p. 87). 즉, 서론의 장에서 문헌고찰 결과를 사용하는 목적은 다음 여섯 가지로 정리할 수 있다. 첫째, 연구자는 서론의 장에 문헌고찰 결과를 포함시킴으로써 독자들에게 자신이 다루고 있는 연구주제의 역사적 배경(historical background)과 발전과정을 알리는 기회를 갖게 된다.

둘째, 서론의 장에서의 문헌고찰은 연구의 시대적 배경과 맥락을 알려 주는 역할을 수행한다. 즉, 연구자는 서론의 장에 연구주제와 관련된 당대의 논쟁, 논점, 문제 등을 체계적으로 정리함으로써 자신이 수행하는 연구의 시대적 배경과 맥락을 논리적으로 설명할 수 있다.

셋째, 연구자는 서론의 장에 문헌고찰 결과를 제시함으로써 자신의 연구주제와 관련된 주요 이론과 개념에 대하여 논의하는 기회를 만든다. 즉, 연구자가 자신의 연구를 이론적으로 뒷받침하려는 목적으로 서론의 장에 문헌고찰 결과를 넣는 경우가 있다.

넷째, 서론의 장은 연구자가 자신의 연구와 관련된 용어를 소개하고 그러한 용어를 명확하게 정의하는 자리가 되는 경우도 있는데, 이 경우 문헌고찰의 결과물이 활용된다. 즉, 연구자는 자신의 연구 안에서 주요 용어가 어떻게 정의되고 사용되는가에 관하여 설명하기 위하여 서론의 장에서 문헌고찰의 결과를 활용한다.

다섯째, 연구자는 서론의 장에서 자신의 연구주제 및 연구분야에 관한 관련된 선행연구를 소개하고, 자신의 연구가 그러한 선행연구들과 어떠한 연결고리를 갖고 있는가를 설명할 수 있다. 즉, 연구자는 자신의 연구와 관련된 연구분야에는 어떤 괴리(gap)가 존재하는 것인지에 대하여 설명하고, 이 괴리를 사용하여 자신이 수행하려는 연구의 정당성을 주장하는 것이 바람직하다.

끝으로, 연구자는 서론의 장에서 문헌고찰의 결과를 사용하여 자신이 다루고 있는 실용적인 문제나 논점에 대한 보강 증거(supporting evidence)를 제시할 수 있다. 즉, 연구자는 서론의 장에서 문헌고찰의 결과물을 통해 자신이 수행하는 연구의 중요성과 의의를 강조하는 기회를 갖게 된다.

연구자는 문헌고찰의 결과 가운데 어떤 것은 서론의 장에 담고 다른 어떤 것은 이론적 배경의 장에 담을 것인가에 대하여 심사숙고하여야 한다. 또한 연구자는 문헌고찰을 통해 얻은 정보를 사용하여 서론의 장과 이론적 배경의 장을 어떻게 구성할 것인가에 대해서도 나름의 결정을 내려야 한다. 그런데 논문의 서론의 장과 문헌고찰(즉, 이론적 배경)의 장에서 각각 어떤 목적을 달성하는 것이 올바른가를 설명하는 다음과 같은 일반적인 원칙이 있다(Ridley, 2008, p. 88).

첫째, 서론의 장은 문헌고찰의 장과 비교할 때 상대적으로 간결하여야 한다. 분량 면에서 서론은 전체 논문의 10% 정도를, 이론적 배경은 전체 논문의 20% 정도를 차지하는 것이 바람직하다는 선학(先學)들의 견해는 참고할 만하다(Blaxter, Hughes & Tight, 2006).

둘째, 서론의 장에는 문헌고찰의 결과 가운데서 다음과 같은 내용을 간추려 담는 것이 일반적이다(Ridley, 2008, p. 88). 이를 보면 논문의 서론의 장에 담는 문헌고찰의 내용은 앞에서 다룬 문헌고찰의 목적과 상당히 비슷하다는 것을 알 수 있을 것이다.

<서론의 장에서의 문헌고찰 결과의 활용>
- 연구의 역사적 맥락 또는 당대의 배경
- 해당 학문영역에서 이미 수행된 연구에 대한 소개 및 연구동향의 설명
- 선행연구가 남겨 놓은 괴리(gap) 또는 해결하여야 할 논점을 다루기 위해 연구자가 설정한 연구문제에 대한 개략적인 설명
- 연구의 정당성 또는 필요성에 대한 언급
- 연구논문의 내용 및 조직(장 편성)에 대한 설명

물론, 위에 언급한 내용들은 서론의 장에서 다루어지기도 하지만, 뒤이어 문헌고찰(이론적 배경)의 장에서 더욱 자세하게 반복적으로 다루어지는 경우도 있다. 예를 들어, 서론의 장에서 선행연구의 결과에 근거하여 연구의 역사적 배경과 현재의 맥락에 대하여 간략하게 소개한 다음에 문헌고찰(이론적 배경)의 장에서 더 많은 문헌고찰의 결과를 인용하여 연구의 역사적 맥락과 배경에 대하여 더 상세하게 설명할 수 있다.

아래 <사례 0.10>은 서론의 장에서 연구동향을 설명하기 위하여 문헌고찰의 결과를 인용한 예이다. 구체적으로, "노인학대 유형화 및 유형결정요인 연구"(이윤경, 김미혜, 2008)에서 연구자들은 우리나라 노인학대 발생률의 추정에 관한 연구동향을 체계적으로 설명하면서 구체적인 증거자료로서 여러 선행연구를 인용하고 있다.

◇ 사례 0.10: 노인학대 발생률의 추정에 관한 연구동향 설명

(…전략…) 우리 사회에서 노인학대에 대한 관심은 노인인구의 증가, 노인부양에 대한 인식 및 형태 변화, 가족구조의 변화 등과 같은 사회문화적 변화와 함께 2004년 노인복지법에서 노인학대를 법규화하고, 노인보호전문기관이 운영되면서 본격화되었다. 그러나 노인학대에 대한 적극적 관심과 정책적 대응의 역사가 짧으며, 전통적으로 부모에 대한 효를 중시하는 문화적 특

성으로 인하여 노인학대가 사회문제로 드러나지 못하고 은폐되는 경향을 보이고 있다.

우리나라의 노인학대 발생률의 추정은 연구에 따라 큰 차이를 보이고 있다. <u>한국형사정책연구원(1995)이 서울시의 60세 이상 노인을 대상으로 실시한 노인범죄에 관한 조사</u>에서는 노인학대의 8가지 항목별로 경험빈도를 제시하였다. (…중략…) <u>김한곤(1997)의 연구</u>에서는 성인의 30.4%가 노인학대를 직접 목격한 것으로 나타났으며, <u>조애저 외(1999)의 연구</u>에서는 노인학대 발생률을 9.9%로 추정하고 있다. 노인학대의 발생률이 연구에 따라 차이를 보이는 것은 활용된 학대의 정의와 범위, 연구방법에 따른 차이임을 발견할 수 있다. <u>전국노인보호전문기관에 신고된 노인학대 사례는 2005년 2,038건에서 2007년 2,312건으로 점차 증가하고 있다(보건복지부·중앙노인보호전문기관, 2008).</u> 이와 같은 결과가 실제로 노인학대가 증가한 것인지 또는 노인학대에 대한 인지율의 향상으로 인한 결과인가에 대한 정확한 원인은 알 수 없으나, 노인학대가 점차 사회문제로서 주목받고 있음을 반영하는 것이다.

자료: 이윤경, 김미혜, 2008, p. 1166; 원문에는 밑줄이 없으나 설명의 편의를 위하여 저자가 밑줄을 추가하였음.

아래 <사례 0.11>은 연구자가 자신의 주장의 정당성을 강화하기 위하여 서론의 장에 문헌고찰의 결과를 인용한 예이다. 즉, 연구자는 문헌고찰의 결과를 사용하여 기존연구에 존재하는 괴리(gap)를 언급하고 이를 바탕으로 자신이 수행하고자 하는 연구의 필요성과 중요성을 강조하고 있다.

◇ 사례 0.11: 노인여가복지시설의 이용자 만족도 조사의 필요성 주장

현재 우리나라에서 운영되고 있는 노인여가복지시설로는 경로당, 노인교실, 노인복지회관 그리고 노인휴양소 등이 있다. (…중략…) 이러한 노인여가복지시설은 우리나라 노인인구에 비해 여전히 부족하며, 더욱이 대부분 시설이 대도시 지역에 편중되어 있는 관계로, 중소도시 이하 농촌지역의 경우 경로당이 유일한 노인여가복지시설 역할을 수행하고 있다. <u>무엇보다도 기존 노인복지</u>

시설설비의 열악함, 운영재원의 부족, 건전한 여가활동 및 소득보완 프로
그램 운영의 태부족 및 비실효성과 같은 문제점이 드러나고 있다(강홍구,
2000; 이인수, 2003; 오현숙, 2003).
(…중략…)
한편 기존의 노인복지시설에 대한 연구에서는 주로 경로당을 중심으로 한
이용실태조사(박태룡, 1995; 임춘식, 1999; 오현숙, 2003)가 주를 이루었
으며, 단지 노인교육기관의 운영프로그램 성과평가에 관한 연구 측면에서도
프로그램 만족도라는 단일 측정항목 중심의 연구(허춘강, 1997; 이상윤·이
종수, 2001/2004)만 이루어져 종합적인 연구가 미흡한 실정이다. 이에 본
연구에서는 서브퀄 결정요인을 적용하여 지역사회 노인여가복지시설(경로당,
노인교실, 노인복지회관)의 이용자 만족도에 영향을 미치는 중요 요인을 파악
하고자 한다. 그리고 이러한 연구분석의 결과를 토대로, 노인여가복지시설 이
용자 만족도를 높일 수 있는 노인복지정책적 대응방안을 모색함은 매우 중요
한 의미를 가질 것으로 판단된다.

자료: 이환범, 이수창, 임중한, 2005, pp. 138-139; 원문에는 밑줄이 없었으나 저자
　　　가 밑줄을 추가하였음.

<사례 0.12>는 문헌고찰의 목적 가운데 하나인 연구주제의 역
사적 발달과정을 소개하는 예이다. 즉, 연구자는 문헌고찰을 통해
영국에서의 노인학대 대응의 역사적 변천과정을 다루고 있다.

◇ 사례 0.12: 영국에서의 노인학대 대응의 역사적 변천과정

노인학대와 방임은 새로 나타난 현상이 아니었다(Stearns, 1986). 이 문
제가 영국에서 조사되기 시작한 것은 사실 1988년 이후의 일이다. 비록 이
현상이 영국인 의사들에 의해 1970년대 중반에 최초로 인식되기 시작하였지
만(Baker, 1977; Burston, 1975를 참조할 것), 1980년대 말에 이르러 비
로소 이 문제는 영국 사회의 논점으로 대두되었다. 이것은 1988년 런던에서
개최된 영국노인병학회의 전국 회의에 기인하는 바가 크다. 영국인들이 노인
학대 문제에 일관된 관심을 보인 것은 1990년대 중반 이후의 일이다. 그러
나 미국에서는 이 문제가 1970년 중반부터 확인되었으며, 그때부터 문제를

2) '연구방법론'의 장에서의 문헌고찰 결과의 활용

연구방법론의 장은 연구자가 자신의 연구설계에 관한 제반 내용을 설명하는 자리이다. 연구자는 자신이 채택한 연구방법의 타당성을 주장하기 위해 선행연구를 인용하는 경우가 많은데, 주로 연구모형, 변수의 조작적 정의, 측정도구의 출처 등과 관련하여 선행연구를 인용하는 것이 일반적이다.

〈연구방법론의 장에서의 문헌고찰 결과의 활용〉
- 연구모형의 설정의 근거
- 연구모형의 검증 방법
- 독립변수와 종속변수의 출처
- 자료분석방법의 소개 및 활용

<사례 0.13>은 문헌고찰의 결과에 근거하여 연구모형을 설정한 예이다. 이 사례는 사회복지사의 경력정체감이 직무태도 및 경력변경 의도에 미치는 영향을 탐구하는 실증연구(강종수, 2008) 연구방법론의 일부이다. 이 사례의 경우 연구자는 연구방법론의 장에서 자신의 연구모형의 정당성을 주장하기 위하여 문헌고찰의 결과를 인용하고 있음을 알 수 있다.

　　〈사례 0.14〉는 문헌고찰의 결과에 근거하여 연구모형의 검증방법을 제시하는 예이다. 즉, 연구자가 왜 특정 연구모형의 검증방법을 선택하였는가를 문헌고찰의 맥락에서 설명하고 있다.

◇ 사례 0.14: 선행연구에 근거한 연구모형의 검증방법 제시

<사례 0.15>는 연구자가 사용한 다양한 척도들의 출처를 밝히고 있는 문헌고찰의 예이다. 연구자는 종속변수와 독립변수를 측정하기 위하여 사용한 여러 측정도구의 출처가 어디인지 구체적으로 설명하고 있다. 즉, 이 연구에서는 척도의 출처를 알리기 위해 연구방법론의 장에 문헌고찰의 결과가 인용되고 있다.

◇ 사례 0.15: 연구의 종속변수와 독립변수의 출처

가. 종속변수

본 조사에서 설문지를 통해 측정하고자 하는 종속변수는 사회복지사의 소진이다. 김미숙(2004)의 연구는 22개로 구성된 Maslach(1981)의 MBI(Maslach Burnout Inventory) 척도 중 8문항을 선택하여 사용하였다. 이 연구에서 정서적 고갈 요인(3문항)의 신뢰도는 $\alpha=0.77$, 비인격화 요인(2문항)의 신뢰도는 $\alpha=.68$, 성취감 감소 요인(3문항)의 신뢰도는 $\alpha=.75$로 조사되었으며, 각 요인의 타당도는 언급되지 않았다. 본 조사연구에서는 김미숙(2004)이 사용한 8개의 소진문항을 그대로 사용하여 사회복지사의 소진 점수를 측정하였다. 각 문항은 리커트 5점 척도인데, '1점: 전혀 그렇지 않다~5점: 매우 그렇다'로 구성하였으므로 점수가 높을수록 소진의 정도가 심하다.

나. 독립변수

(…중략…)

둘째, 사회복지사의 직업만족도를 측정하기 위해 8문항(업무만족: 3문항, 인간관계 만족: 2문항, 복리후생 만족: 3문항)을 구성하였다. 직업만족도 측정문항은 김미숙(2004)이 사회복지인력의 소진과 이직의사와의 관계를 파악하기 위해 사용한 8문항을 그대로 사용하였다. 김미숙(2004)의 연구에서 업무만족 관련 문항들의 신뢰도는 $\alpha=.52$, 인간관계 만족 관련 문항들의 신뢰도는 $\alpha=.70$, 복리후생 관련 문항들의 신뢰도는 $\alpha=.71$로 나타났으며, 타당도는 언급되지 않았다. 본 연구에서 직업만족도를 측정하는 문항은 리커트 5점 척도로 구성하였는데, '1점: 전혀 그렇지 않다~5점: 매우 그렇다'이므로 점수가 높을수록 직업만족도가 높다.

셋째, 사회복지사의 역할 특성은 역할모호와 역할과다로 구분하여 문항을 구성하였다. 사회복지사의 역할 특성을 묻는 문항은 김미숙(2004)의 연구에서 사용된 문항을 그대로 인용하였다. 김미숙(2004)의 연구에서는 Rizzo(1970)의 측정도구 가운데 사회복지인력에 맞는 3문항을 사용하여 역할모호를 측정하였으며, Beehr(1976)의 업무량과 관련된 5문항을 사용하여 역할과다를 측정하였다. 김미숙(2004)의 연구에서 역할모호를 묻는 문항들의 신뢰도 계수는 $\alpha=.51$, 역할과다를 묻는 문항들의 신뢰도 계수는 $\alpha=.80$으로 나타났으며, 타당도는 언급되지 않았다. 본 조사에서는 사회복지사의 역할 특성을 측정하는 문항을 리커트 5점 척도로 구성하였으며, 점수가 높을수록 역할이 모호하거나 역할이 과다하다는 것을 나타낸다. 설문지에 포함된 문항 가운데 역할모호에 관한 3문항과 역할과다에 관한 1문항은 역코딩을 통해 역점수화할 수 있도록 설계하였다.

넷째, 클라이언트 폭력에 관한 문항은 서울복지재단(2005)의 조사연구에서 사용된 27문항(신체적 폭력: 16문항, 정서적 폭력: 3문항, 재산상 피해: 3문항, 감염 피해: 2문항, 기타 피해: 3문항)을 그대로 사용하였다. 서울복지재단(2005)의 연구에서는 클라이언트 폭력을 묻는 문항들의 신뢰도 계수가 $\alpha = .836$으로 비교적 높게 나타났다. 본 조사연구에서 클라이언트 폭력에 관한 문항은 리커트 5점 척도로 설계하였으며, '1점: 전혀 없음~5점: 매우 자주 있음'이므로 점수가 높을수록 사회복지사가 클라이언트 폭력에의 노출 빈도가 높다는 의미이다.

자료: 이은희, 김경호, 2008, pp. 176-178; 밑줄은 저자가 추가한 것임.

<사례 0.16>은 연구방법론의 장에서 선행연구의 자료분석방법을 소개하고 있는 예이다. 즉, 연구자는 선행연구에서 다루고 있는 구조방정식모형 분석에서의 결측 값의 대체방법 등에 관하여 소상하게 설명하고 있다.

◇ 사례 0.16: 선행연구의 자료분석방법의 소개 및 활용

성별을 제외한 모든 연구변수에는 결측 값이 나타났으며, 특히 이직의도 척도의 경우는 결측 값의 비율(3.8%)이 가장 높았다. 결측 값은 Windows의 프리웨어 소프트웨어인 NORM을 사용한 multiple imputation method에 의해 적절한 값으로 대체되었다(Schafer, 1999). multiple imputations는 결측 값을 부여하기 위하여 회귀분석방법과 자료 확대 알고리듬을 사용하는 방법이다. Olsen and Schafer(1998)가 언급한 방법에 따라, 우리들은 결측 값을 대체한 세 개 자료 세트를 제작하였으며, 자료 세트들의 추정치를 평균하여 단일한 값의 추정치를 얻을 수 있었다. 일련의 산포도를 통해 이변수 이상점을 점검하였으며, 그 결과 이변수 이상점처럼 보이는 두 개의 사례를 찾아냈다. 그러나 이 사례들은 squared mahalanobis distances 방법의 0.001 수준에서는 통계적으로 유의한 다변수 이상점이 아닌 것으로 확인되었다(Kline, 1998). (…중략…)
자료를 점검한 다음에, AMOS 프로그램을 이용하여 maximum likelihood estimation 방법으로 구조방정식 분석을 실행하였다(Arbuckle, 1997). 다중

3) '논의'의 장에서의 문헌고찰 결과의 활용

논문을 작성할 때 문헌고찰의 장(즉, 이론적 배경의 장) 다음으로 문헌고찰의 결과를 많이 활용하는 곳은 뭐니 뭐니 해도 논의의 장이다. 논의의 장에서 연구자는 자신이 직접 생산한 분석결과를 재료로 삼아 풍부한 논의를 전개하여야 하는데, 여기에 문헌고찰의 결과를 가미하면 더욱 깊이 있고 타당성 높은 고찰이 된다(Ridley, 2008, pp. 151-159).

〈논의의 장에서의 문헌고찰 결과의 활용〉
- 기존 이론의 지지 또는 보강
- 새로운 이론과 기존 이론의 비교
- 선행연구 고찰에 근거한 연구결과의 설명
- 기존 이론에 대한 현행 연구의 기여도 언급
- 선행연구 고찰에 근거한 자료의 해석
- 예상외의 연구결과에 대한 강조

① 기존 이론의 지지 또는 보강

연구자의 연구결과(혹은 분석결과)가 문헌고찰의 장에 언급된 기존의 이론과 일맥상통하는 경우가 있다. 이 경우 연구자는 자신의 연구결과가 선행연구의 결과를 어떤 측면에서 어느 정도 지지하고 있는가에 대하여 설명하는 방식으로 논의를 전개하는 것이 좋다.

　<사례 0.17>은 사회복지사의 소진과 이직의도에 관한 실증 연구(Kim & Stoner, 2008)의 일부분이다. 연구자들은 자신의 연구결과가 기존의 선행연구의 결과와 일맥상통한다는 점을 지적하면서 논의를 전개하고 있다.

◇ 사례 0.17: 역할 스트레스, 직무 자율성, 사회적 지지가 소진과 이직
　의도에 미치는 효과

　본 연구는 사회복지사를 대상으로 역할 스트레스, 직무 자율성, 사회적 지지가 소진과 이직의도에 미치는 주요 효과와 상호작용 효과를 조사한 것이다. 주요 효과에 관한 본 연구결과는 소진의 이론적 틀과 일치한다(예: Cordes & Dougherty, 1993; Demerouti et al., 2001). 이 연구결과에 의하면, 소진은 사회복지사가 인지하는 역할 스트레스와 현재의 직장을 그만두려는 의도라는 두 변수를 중재하는 것으로 나타났다. 구체적으로, 높은 수준의 역할 스트레스를 가진 사회복지사는 비교적 높은 수준의 소진을 경험하며, 높은 수준의 소진은 이직의도의 가능성을 높인다. 직무 자율성과 사회적 지지는 소진에 대하여 직접적인 효과를 갖고 있지 않은 것으로 나타났지만, 이직의도에는 직접적인 음(−)의 효과를 갖고 있는 것으로 확인되었다. 이것은 사회복지사가 인지하는 소진의 수준과는 무관하게 사회복지사의 직무 자율성과 사회적 지지의 결여가 이들의 이직의도를 높인다는 것을 시사한다.

자료: Kim & Stoner, 2008, p. 20; 밑줄은 저자가 추가한 것임.

　<사례 0.18>은 연구자의 연구결과가 선행연구의 연구결과와 일치하거나 비슷할 경우 연구자가 그러한 문헌고찰의 결과를 근거 삼아 논의를 전개하는 예이다. 이 연구에서 연구자들은 자신들의 연구결과가 국내에서 보고된 다른 연구결과와 일치하고 있음을 명문으로 언급하고 있다.

◇ 사례 0.18: 간호사의 노인유사체험이 노인에 대한 태도에 미치는 영향

　　본 연구결과 간호사의 실험 전 노인에 대한 전반적인 태도는 4.36점으로 중립적이었으며, 항목별로는 긍정적 항목 5항목, 중립적 항목 5항목, 부정적 항목 10항목으로 부정적 태도가 다른 두 유목의 태도보다 흔하게 나타났다. 이러한 본 연구의 결과는 국내에서 보고된 연구결과(Lim et al., 2002)와 일치하는데 Lim 등(2002)은 간호사의 노인에 대한 부정적 편견이 긍정적 편견보다 심하다고 보고하며 그 근거로 부정적 문항이 더 많은 것을 제시하였다. 그러나 이는 외국의 연구결과와는 상이한데 Myers, Nikoletti와 Hill(2001)의 보고에 의하면 간호사들의 노인에 대한 태도는 중간보다 약간 긍정적(3.61점)으로 보고하였다. 이와 비교하면 본 연구결과인 4.36점은 상대적으로 부정적 점수라 할 수 있다. 또한 본 연구결과 점수인 4.36점은 중립적 태도 범위의 상한선에 해당하는 점수임을 감안한다면 본 연구대상자들의 노인에 대한 태도는 중립적이되 부정적 태도에 가깝다고 말할 수 있다. (…후략…)

자료: 유수정, 김신미, 이윤정, 2004, p. 980; 밑줄은 저자가 추가한 것임.

② 새로운 이론과 기존 이론의 비교

　논의의 장에서 연구자는 자신이 발견한 새로운 이론과 기존 이론을 비교하려는 목적으로 문헌고찰의 결과를 사용하는 경우가 종종 있다. 즉, 연구자는 논의의 장에서 자신의 자료분석으로부터 도출된 새로운 이론에 대하여 설명하고, 이 이론을 앞서 선행연구의 고찰(이론적 배경) 편에서 다룬 기존 이론과 비교한다.

　<사례 0.19>는 논의의 장에서 새로운 이론과 기존 이론을 비교하고 있는 예이다. 구체적으로, 연구자들은 문헌고찰의 맥락에서 간호학과 학생들의 노인에 대한 태도에 관한 연구결과와 관련 이론을 비교하거나 설명하고 있다.

③ 문헌고찰에 근거한 연구결과의 설명

논의의 장에서 연구자는 자신의 연구결과에 대하여 설명하는데, 이때 자신이 이미 다룬 문헌고찰의 결과 가운데 적절한 소재를 끌어오는 것이 효과적인 경우가 있다. 즉, 연구자는 자신의 연구결과를 풍부하게 설명하고 해석하기 위하여 이와 관련 있는 선행연구를 사용한다.

<사례 0.20>은 사회복지사의 소진에 영향을 미치는 요인에 관한 연구(이은희, 김경호, 2008)의 일부분이다. 연구자들이 분석결과를 논의하면서 문헌고찰의 결과를 활용하고 있음에 주목하기 바란다.

◇ 사례 0.20: 사회복지사의 소진의 영향요인

　　사회인구학적 변수 가운데 소진에 영향을 미치는 유의한 변수는 연령과 기관유형으로 나타났다. 사회복지사의 연령이 높을수록 소진이 감소하지만, 그 정도는 매우 미미한 것으로 확인되었다. 또한 기관유형을 보면 행정기관에서 근무하는 사회복지전담공무원의 소진 정도가 가장 높았다. 이상의 분석결과를 종합하면, 가설 H-1(사회복지사의 사회인구학적 특성에 따라 사회복지사가 경험하는 소진의 정도에는 차이가 있을 것이다)은 매우 부분적으로만 지지된다고 결론 내릴 수 있다. 이는 사회복지사의 연령이 높을수록 소진이 감소한다는 선행연구(이영미·성규탁, 1991; 공계순, 2005)와 일치한다. 또한 본 연구는 실천 현장의 사회복지사들의 소진의 정도가 심하지 않다는 김미숙(2004)의 연구결과와도 일치한다. 다만 본 연구에서는 소진의 세 가지 하위요소에 있어서 모두 김미숙(2004)의 연구보다 소진의 정도가 더 크게 나타났는데, 그 이유는 단순히 표본 자체가 다르기 때문이거나 또는 상대적으로 소진이 심한 행정기관의 사회복지사들이 본 연구에 포함되었기 때문이라고 판단된다.

　　(…중략…)

　　전반적으로 보아, 클라이언트 폭력의 세부 유형과 소진(정서적 고갈, 성취감 감소, 비인격화) 사이에는 통계적으로 유의한 상관관계가 존재하는 경우가 확인되었으나, 상관관계의 정도는 그리 높지 않았다. 회귀분석 결과에 의하면 클라이언트 폭력은 사회복지사의 소진에 유의한 영향을 미치지 않는 변수로 확인되었다. 즉, 클라이언트 폭력의 세부 유형 가운데 어느 변수도 소진에 유의한 영향을 미치지 않는 것으로 확인되었다. 이상의 결과를 종합하면, 가설 H-4(클라이언트 폭력을 경험한 사회복지사는 그렇지 않은 사회복지사보다 더 높은 수준의 소진을 경험할 것이다)는 이 조사연구의 분석결과에 의해 지지되지 않는다고 결론지을 수 있다. 선행연구(이명신, 2004)에서는 클라이언트 폭력이 사회복지사의 소진에 부정적인 영향을 미치는 것으로 나타났으며 논리적으로도 그 인과관계의 타당성이 인정되지만, 본 조사연구에서 두 변수 간에는 매우 약한 관계가 존재하는 것만이 확인되었다. 정서적 공격을 당한 사회복지사의 정서적 고갈이 심한 것은 어느 정도 수긍할 수 있는 결과이지만, 신체적 공격이 소진에 유의한 영향을 미치지 않은 것으로 나타난 결과에 대해서는 추가적인 후속연구가 필요하다고 생각된다.

자료: 이은희, 김경호, 2008, pp. 187-189; 밑줄은 저자가 추가한 것임.

　　<사례 0.21>은 연구자가 논의의 장에서 문헌고찰의 결과를 사용하여 자신의 연구결과를 설명하고 있는 예이다. 이 연구에서 연

구자들은 문헌고찰의 결과를 근거 삼아 남녀 노인 간에 성만족도의 차이가 발생하는 이유를 설명하고 있다.

④ 기존 이론에 대한 현행 연구의 기여도 언급

　논의의 장에서 연구자는 자신의 연구결과가 기존의 지식체계 또는 이론에 얼마나 중요한 기여를 할 수 있을 것인가에 대하여 논의할 수 있다. 즉, 연구자는 자신의 연구가 기존의 지식체계의 영역을 확장하고, 이론적 논의와 학문적 담론을 풍부하게 만들며, 해당 학문영역에 대한 이해의 지평을 넓히기 위해 어떤 기여를 하고 있는가를 언급한다.

　<사례 0.22>는 사회복지학 전공 대학생의 노인복지분야 종사의사에 관한 연구의 논의의 장의 일부이다. 이 글에서 연구자는 자신의 연구결과가 이론적인 측면에서 기존의 지식체계에 기여하는 바

에 대하여 설명하고 있다.

본 연구에서 확인된 바에 의하며, 대학생의 문화적 성향 가운데 개인주의는 노화불안과 노인에 대한 태도에 유의한 영향을 미치며 결과적으로 노인복지분야 종사의사에 부(−)의 영향을 미친다. 즉, 개인주의 성향이 강할수록 노인복지분야 종사의사가 더 낮아지는 간접적인 효과가 존재함을 추론할 수 있다. 반면에, 대학생의 문화적 성향 가운데 집단주의는 노화불안, 효도에 대한 태도, 노인에 대한 태도를 경유하여 노인복지분야 종사의사에 이르는 3개의 경로를 확인할 수 있는데, 효도에 대한 태도가 포함되느냐에 따라 집단주의 성향이 노인복지분야 종사의사에 미치는 영향력의 방향은 달라진다. 본 연구의 연구결과를 대학생의 문화적 성향, 노화불안, 효도에 대한 태도, 노인에 대한 태도, 노인복지분야 종사의사에 관한 이론 및 선행연구와 비교할 때 몇 가지 이론적인 시사점을 얻을 수 있다.

첫째, 대학생의 문화적 성향에 따라 노화불안이 차이를 보인다는 본 연구의 결과는 이론적인 면에서 노화불안에 대한 이해의 지평을 넓혀 주었다는 의의를 갖는다. 본 연구에서 사용된 척도에 의하면, 노화불안의 점수가 높을수록 노화불안의 정도는 낮아진다. 본 연구에서는 개인주의 성향은 노화불안과 부(−)의 상관관계를 갖고 있는 반면, 집단주의 성향은 노화불안과 정(＋)의 상관관계를 갖고 있었다. 즉, 개인주의 성향이 강할수록 노화불안의 점수는 낮아지는(즉, 노화불안의 정도는 높아지는) 반면, 집단주의 성향이 강할수록 노화불안의 점수는 높아진다(즉, 노화불안의 정도는 낮아진다). 이로써 문화적 성향과 노화불안의 인과관계를 보다 명확하게 이해할 수 있게 되었다고 결론지을 수 있다.

한편, 본 연구에서는 노화불안은 노인에 대한 태도에 정(＋)의 영향을 미치고 있음을 확인할 수 있었다. 이것은 노화불안의 점수가 높을수록(즉, 노화불안의 정도가 낮을수록) 노인에 대하여 긍정적인 태도를 갖게 된다는 의미이다. 본 연구결과는 노화불안의 정도가 높을수록 노인에 대한 태도가 부정적으로 변화한다는 선행연구(박현숙, 2009; Allan & Johnson, 2009)와 일맥상통하는 결과를 보이고 있다.

둘째, 문화적 성향 가운데 집단주의 성향은 효도 태도에 유의한 영향을 미치는 것으로 확인된 반면, 개인주의 성향은 그와 같은 유의한 영향을 확인할 수 없었다. (…중략…)

셋째, 대학생의 노인에 대한 태도가 졸업 후 노인복지분야 종사의사에 정

(＋)의 영향을 미친다는 연구결과는 노인에 대한 태도가 긍정적일수록 졸업 후 노인복지분야에서 일하기를 원하는 정도가 높아진다는 의미이다. 이 연구결과는 노인에 대한 태도가 노인복지분야 종사의사에 긍정적인 영향을 미친다는 여러 선행연구(Carmel, Cwikel & Galinsky, 1992; Cummings et al., 2003; Gorelik et al., 2000; Hughes & Heycox, 2006; Cummings & Galambos, 2002; Krout & McKernan, 2007; Olson, 2002; Robert & Mosher-Ashley; 2000; Tan et al., 2001; Wilderom et al., 1990)의 결과와 일치하고 있다. <u>따라서 본 연구결과는 기존의 이론체계에도 어느 정도 기여하고 있다고 결론지을 수 있다.</u>

자료: 박중순, 2010, pp. 160-161; 밑줄은 저자가 추가한 것임.

⑤ 문헌고찰에 근거한 자료의 해석

문헌고찰의 단계에서 연구자가 중요하게 다루었던 기존 이론이 장차 연구자의 자료분석이나 연구결과의 해석에 중요한 영향을 미치는 경우가 있다. 이 경우 연구자는 논의의 장에서 선행연구의 이론이나 자료분석방법에 대하여 다시 한번 간략하게 언급하고, 문헌고찰의 결과를 활용하여 자신의 연구결과를 해석하는 것이 좋다.

<사례 0.23>은 간질아동을 둔 부모의 스트레스 수준과 그에 영향을 미치는 요인을 고찰하는 연구(김보영, 조성민, 2002)에서 '고찰'의 장 일부를 발췌한 것이다. 여기서 연구자들은 선행연구에서 보고된 경험적 증거를 참고하면서 자신들의 연구결과를 설명하거나 해석하고 있다.

◇ 사례 0.23: 간질아동 부모의 스트레스 비교 설명

미국의 국가아동발달연구(National Child Development Study)[18][19]에서는 실제적인 목적에서 간질아동을 두 집단으로 나누었는데, 첫 집단은 간질이 아동의 주된 문제이며 나중에 정상적인 생활을 하게 되는 집단이며 이들이 약 3분의 2를 차지하고, 둘째 집단은 정신지체나 신체적 장애를 동반하거나 매우 난치성인 간질을 가진 아동들로 전체 간질아동의 3분의 1을 차지한다. 전자를 'epilepsy—only'라 하고 후자를 'epilepsy—plus'라 부르는데,[20] 'epilepsy—only' 집단은 당뇨나 천식 등의 다른 만성질환아동 집단과 유사하게 질환의 조절 정도에 따라 의학적 및 정신사회적 측면들이 감소되며 질환의 심한 정도에 따라 다양해지지만,[21][22] 'epilepsy—plus' 집단에서는 간질 자체의 문제 외에도 신체 또는 지체 장애나 심하고 빈번한 경련으로 인해서 일관된 기능상의 제한을 가지게 된다.[20] 본 연구에 포함된 간질아동들의 경련의 빈도를 살펴보면 매일 수회의 경련이 9.3%, 한 달에 수회의 경련이 16.7%로 Huttenlocher와 Hapke23)가 정의한 난치성 간질에 해당하는 경우가 26.0%에 해당하였고(Table 2), 동반된 장애가 있는 경우는 총 40.9%로 'epilepsy—plus' 집단이 약 40% 이상인 것으로 보인다.

간질아동 부모에 관한 연구들을 살펴보면, 어떤 연구[24]에서는 간질아동의 부모에서 정신적 문제가 증가되지 않았다고 하였고, 다른 연구들에서는 'epilepsy—only' 간질아동의 부모들도 대처를 잘 하며,[25] 특히 부모가 아동의 상황에 대해 긍정적인 태도를 가진 경우에 대처를 잘 한다고 하였다.[26][27] 또 Laybourn과 Hill[20]은 'epilepsy—plus' 간질아동의 부모들에 대한 연구가 별로 없지만, 일반 장애아동 부모들의 연구결과들[28][29]을 보면, 'epilepsy—plus' 간질아동의 부모들에 있어서 스트레스 수준이 높을 것이라는 것을 간접적으로 알 수 있다고 하였다. 이와 유사하게 최근의 국내 연구[15]에서는 간질아동 가족의 가족기능을 조사하여 경련의 빈도가 증가하거나 다른 장애가 동반된 경우에 만족도가 떨어진다고 하였다. 한편, 간질아동의 가족 중 형제자매들에 관한 연구를 살펴보면, Ward와 Bower[25]는 형제자매들이 간질아동에 대해서 지지적이라고 하였으나, 형제자매들도 간질아동으로 인해 스트레스를 받고 있다는 보고가 있으며,[24] Goldin 등[30]은 'epilepsy—plus' 간질아동 형제자매가 스트레스가 가장 많다고 하였다. 본 연구에서 상관관계 분석결과(Table 7), 부와 모 모두에서 항경련제 종류의 수와 스트레스 간에 유의한 순상관관계를 나타내었고(P<0.01), 모의 경우에는 간질아동 양육시간과 스트레스 간에도 유의한 순상관관계를 나타내었으며(P<0.01), 환아의 나이와 스트레스 간에는 유의한 역상관관계를 나타내었는데(P<0.05), 이 결과를 해석해 보면 항경련제를 여러 가지 복용하는 경우에 난치성 간질이거나 장애가 동반되어 있을 가능성이 있

<u>으므로 부모의 스트레스가 증가하는 것은 쉽게 추측 가능한 것이며, 또한 모의 경우에 간질아동을 양육하는 시간이 많을수록 스트레스가 증가하는 것도 이해가 가능하고, 아동의 나이가 어릴수록 모가 느끼는 스트레스가 높은 것을 의미하고 있다.</u> 한편 가족의 월수입과 스트레스 간에 유의한 상관관계가 없는 것으로 나타난 점은 김보영의 연구15)에서 간질아동 가족의 월수입과 가족기능 간에 유의한 상관관계가 없다고 한 것과 같은 결과이다.

자료: 김보영, 조성민, 2002, pp. 1259-1260; 밑줄은 저자가 추가한 것임.

<사례 0.24>는 노년기 유배우자의 성생활 인식, 성생활 실태와 부부관계와의 관계성을 탐구하는 선행연구(김혜선, 2007)에서 발췌한 예이다. 이 사례에서 연구자는 조사대상자인 노인들이 '성기구나 정력제 등'의 사용을 묻는 문항에 대하여 낮은 응답률을 보인 이유를 특정 선행연구의 연구결과에 근거하여 설명하고 있다. 이것은 연구자가 선행연구를 고찰한 결과를 논의의 장에 끌어들여 자신의 주장을 전개하는 데 활용하는 전형적인 방식이라고 할 수 있다.

◇ 사례 0.24: 특정 문항에 대한 응답률이 낮은 이유의 설명

(…전략…)

둘째, 성생활을 방해하는 요소가 대부분 '나이가 들어감에 따라 성기능이 약화'되고 있지만 53.5%가 성생활을 즐기는 것으로 나타났고 그들의 75.5%는 배우자와 성관계를 맺거나 이성친구와 또는 자위행위 등, 여전히 성생활을 즐기고 있었다. 하지만 '성기구나 정력제' 등의 사용에서는 매우 낮은 응답률을 보여 적극적으로 대처하는 자세가 미흡하였다. <u>현재의 노인들은 출판이나 통신이 발달하지 못해 정보의 유통경로가 한정되어 있던 당시의 상황에서 친구나 친척을 통해 성에 대한 지식을 얻었기 때문에 성에 대한 공식적인 학습 기회를 받지 못한 세대(박부진, 2004)로 이들이 사용하는 성에 대한 지식은 은밀하게 떠돌아다니는 묵시적인 이야기로 성별에 대한 성생활 편견, 노화에 대한 성생활 편견을 가지고 있을 가능성이 높다.</u> 실제 성기능 장애의 발생은

⑥ 예상외의 연구결과에 대한 강조

문헌고찰의 결과와 비교할 때 의외의 연구결과(unexpected results)가 나오는 경우도 드물지 않을 것이다. 논의의 장에서 연구자는 문헌고찰의 내용을 간략하게 설명하면서 자신의 연구가 선행연구들과 여러 면에서 차이가 난다는 점을 언급한다.

<사례 0.25>는 논의의 장에서 문헌고찰의 결과를 근거 삼아 연구자가 생산한 예상 밖의 연구결과를 해석하거나 설명하는 예이다. 이 연구에서 연구자는 선행연구의 연구결과와 대조적인 자신의 연구결과에 대하여 문헌고찰의 맥락에서 언급하고 있다.

<사례 0.26>은 가족주의 유형의 효와 개인주의 유형의 효를 경험적으로 연구하기 위해 자녀들의 부모님과의 동거 의사를 측정한 선행연구(이성용, 2006)에서 발췌한 예이다. 저자는 선행연구 결과와 비교할 때 자신의 연구에서 예상 밖의 연구결과가 도출되었다는 점을 인정하면서 나름대로 그 이유를 추론하고 있으며 아울러 추가적인 연구의 필요성을 제기하고 있다.

4) '결론'의 장에서의 문헌고찰 결과의 활용

결론의 장은 연구결과의 요약뿐만 아니라 연구의 기여도, 중요성, 시사점, 정책제언 등을 담는 장소이다. 물론 정책제언 등은 연구자가 수행한 연구결과에 바탕을 두어야 하겠지만 연구자는 논문의 앞부분에서 이미 언급한 문헌고찰의 내용을 다시 한번 인용하여 자신의 주장이 정당하다는 근거로 삼을 수 있다.

〈결론의 장에서의 선행연구 고찰 결과의 활용〉
- 정책제언
- 연구의 제한점
- 연구의 기여도
- 연구의 시사점

<사례 0.27>은 "지역사회 노인여가복지시설 이용자 만족도에 미치는 영향요인"이라는 제목의 연구논문(이환범, 이수창, 임중한, 2005)에서 발췌한 사례이다. 연구자들은 이 논문의 '결론 및 정책적 함의'의 장에서 정책제언을 제시하고 있는데, 자신들의 주장의 정당성을 높이기 위해 문헌고찰의 결과를 인용하고 있다.

◇ 사례 0.27: 노인여가복지시설의 이용자 만족도 향상을 위한 정책제언

이와 같은 연구의 분석결과를 토대로 노인여가복지시설 이용자 만족도를 향상시키기 위한 복지정책 방안을 제시하면 다음과 같다.
첫째, 대부분 노인복지시설은 저소득층 노인을 대상으로 운영되고 있기 때문에 다양한 계층의 노인들에 대한 욕구를 만족시키는 데 한계가 있다. 김경호(2004)·유성호(2004)의 연구결과에서도 나타나듯이 사회복지시설 이용

노인들 간의 사회경제적 수준 차이를 인식하여 차별화된 유료시설의 노인복지 제공도 중요하지만, 현재 노인복지시설의 질적 문제를 개선하기 위해서는 실버산업의 육성을 강구할 필요가 있다(전채근, 2003; 권정호, 2004). 이를 위해서 무엇보다도 민간기업이 실버산업에 참여할 수 있도록 관련 법규를 정비하고 개선해야 할 뿐만 아니라, 국가 또는 지방자치단체의 적극적인 지원이 필요한 것은 자명한 일이다. 이러한 실버산업의 활성화는 고령자의 다양화 및 고도화되어 가고 있는 욕구수준을 충족시킬 수 있는 시설확충 및 여가프로그램의 개발 그리고 서비스의 양·질적 개선을 효과적이고도 종합적으로 모색할 수 있다는 점에서 그 의미가 크다. (…중략…)_

　　셋째, 노인여가활동의 내실화를 도모할 필요가 있다(오현숙, 2003; 이재모, 2004). 예를 들어서 가내수공업 및 단순 작업(생산)활동 참여뿐만 아니라 지역사회 선도 및 각종 공공기관 또는 지역문화행사 프로그램의 조장자 역할 수행 등을 통하여, 경제적 수익추구 또는 지역사회 기여활동을 조장함으로써 노인 스스로 소득욕구와 삶의 보람을 충족할 수 있는 기회를 확대할 필요가 있다. (…중략…) 나아가서 지역사회와 네트워크 형성을 통하여 지방정부, 사회복지기관, 의료기관, 금융기관, 종교기관, 지역대학, 자선단체 등으로부터 지원적 연계지원망을 구축하고, 이들로부터 노인여가복지시설 운영에 필요한 재정적·행정적·정치적 후원을 받을 수 있도록 상호 협력체계를 형성할 필요가 있다(이재모, 2004). (…후략…)

자료: 이환범, 이수창, 임중한, 2005, pp. 154-155; 밑줄은 저자가 추가한 것임.

<사례 0.28>은 결론의 장에서 문헌고찰의 결과에 근거하여 정책제언을 제시하고 있는 하나의 예이다. 이 연구에서 연구자들은 선행연구의 연구결과에 근거하여 고위직 경찰공무원의 리더십 혁신을 위한 정책제언을 제시하고 있음을 알 수 있다.

◇ 사례 0.28: 선행연구 고찰의 결과에 근거한 경찰공무원의 리더십 혁신을 위한 정책제언

　　연구 결과를 종합하면 우리 경찰조직의 경우 상관의 변혁적 리더십이 낮게 평가되는 반면 변혁적 리더십에 대한 인식이 경찰공무원들의 임파워먼트에

긍정적으로 기여하고 있다는 것이다. <u>이에 고위직 경찰공무원의 리더십 혁신</u> <u>을 위한 몇 가지 방안들을 기존 연구 성과(백기복, 2006; Northouse,</u> <u>2007; Wuestewald and Steinheider, 2006b)를 빌려 제안하면 다음과 같</u> <u>다.</u> 우선, 무엇보다 리더 스스로의 인식 전환이 이루어져야 한다. 구성원들에 게 실질적으로 권한을 위임해 주고 스스로가 강력한 조직 내 역할모형이 되 기 위해 노력해야 하며, 변화담당자로서의 역할 수행과 함께 구성원들의 성장 촉진에도 관심을 기울여야 할 것이다.

다음으로, 고위직 경찰공무원에 대한 리더십 교육 강화 방안이 모색되어야 한다. 총경급을 대상으로 하는 교육훈련인 고위정책과정에 대하여 교육내용 및 체계와 관련된 여러 문제들이 지적되고 있으며(최종술, 2002), 이로 인해 <u>"현재의 교육체계와 교육내용이 창조적이고 혁신적인 지도자를 양성하고 있</u> <u>는 것은 아니다"(형사정책연구원, 2004: 91)라는 평가를 받고 있다. MLQ</u> <u>를 통한 리더십 실태 진단과 그에 따른 교육훈련 전반에 대한 체계적 개선</u> <u>노력이 경주되어야 할 것이다.</u> (…후략…)

자료: 임준태, 김상호, 2008, pp. 20-21; 밑줄은 저자가 추가한 것임.

<사례 0.29>는 결론의 장에서 문헌고찰의 결과에 근거하여 연구자 가 자신의 연구의 제한점을 제시하고 있는 예이다. 즉, 연구자는 연구 의 분석틀과 연구대상의 측면에서 한국의 비영리조직의 이사회가 일정 한 제한점을 갖고 있음을 선행연구 검토결과에 견주어 설명하고 있다.

◇ 사례 0.29: 연구의 분석틀과 연구대상의 측면에서의 연구의 제한점 제시

이렇게 한국의 이사회가 제대로 된 역할을 수행하고 있지 못하며 또한 조 직특성이나 조직효과성 등이 이사회와는 별다른 관련이 없다는 연구결과는 기본적으로 외국의 비영리 이사회에 관련된 이론을 한국의 상황에 직접적으 로 적용하는 것은 한계가 있다는 것을 보여 준다. 이 결과에 대해서 연구자 체의 한계와 한국 이사회 활동의 한계라는 측면에서 논의해 볼 수 있다.

우선 본 연구는 분석틀과 연구의 대상이라는 측면에서 한계를 지니고 있 다. 첫째, <u>본 연구는 비영리조직의 활동에 있어서 거시적 차원의 논의를 제외</u> <u>했다는 점에서 한계를 지닌다.</u> 외국의 비영리 이사회에 대한 기존의 연구들은

비영리조직의 지배구조에 있어서 이사회 구성의 민주성 및 대표성을 전제로 하는데(김준기 & 신정현, 2002), 본 연구는 이런 전제들을 제대로 반영하지 못하고 이사회에 대한 관점이 한국의 비영리 이사회에도 적용되는가를 살펴보았다. 따라서 거시적 차원에서 이사회가 실제로 조직을 대표하는지, 민주적 절차에 의해 선출되어 정당성을 지니는지 또는 정치사회적 환경이 비영리 이사회의 구성이나 활동에 영향을 미치는지에 대해서는 논의하지 못하였다. (…중략…) 둘째, 비영리조직에는 다양한 영역에서 활동하는 다양한 조직이 포함된다. 어떤 분야에서 활동하느냐에 따라서 조직의 존속이나 프로그램의 수행 등 조직 운영과 관련된 활동은 다르게 나타날 수밖에 없다(Gronbjerg, 1993). 그러나 본 연구는 매우 적은 수의 사회복지 서비스라는 특정 분야에서 활동하는 조직만을 대상으로 하고 있기 때문에 연구결과 또한 매우 제한적일 수밖에 없다. 또한 본 연구의 결과는 기본적으로 비모수 통계기법을 사용하여 분석하였기 때문에 이를 일반화하는 것은 엄격하게 제한되어야 한다. (…중략…)

마지막으로 한국 비영리 이사회 활동의 한계라는 측면에서 보면 지금까지 한국의 비영리 이사회는 중요한 역할을 수행하고 있지 못하기 때문에 비영리조직의 지배구조에 대한 연구는 다른 측면에 초점을 두어야 한다고 주장할 수도 있을 것이다. Cook & Brown(1990)은 비영리조직에 있어서 이사회가 수행하는 주요한 기능인 조직의 전략 형성은 주로 조직의 장이나 간부의 역할이며, 이사회는 이런 전략의 실행 이전에 제시된 전략에 대해 검토하고 평가하는 것이 주요한 역할이라고 주장하고, 오히려 조직의 장이나 간부의 특성이 비영리조직의 지배구조에 있어서 더 중요하다고 지적한다. 이들의 주장은 이사회가 법률상의 명목적인 기구로서 존재하는 현재의 한국적 상황에서 비영리 이사회의 역할을 설명하는 데 훨씬 더 설득력이 있을 수도 있다. 따라서 앞으로 이사회뿐만 아니라 비영리조직의 CEO의 활동이나 특성 그리고 이사회와 CEO의 관계유형이 조직의 활동에 어떤 영향을 미칠 수 있는지에 대한 연구도 필요할 것이다. (…후략…)

자료: 노연희, 2003, pp. 373-374; 밑줄은 저자가 추가한 것임.

I

연구논제와 연구문제의 선정

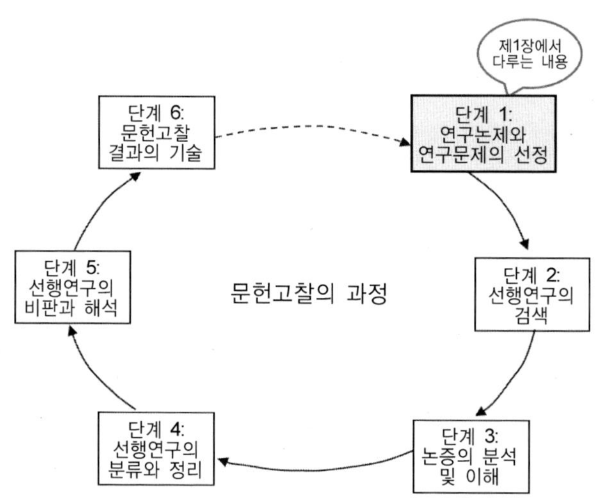

 학습 목적

연구논제(research topic)의 선택은 문헌고찰 과정의 첫 단추이다. 이 장에서는 연구논제의 개념 및 선택 과정에 대하여 학습한다. 구체적으로 '일상생활의 문제에 대한 관심' → '연구관심' → '연구논제'로 이어지는 일련의 단계를 고찰한다.

다룰 내용

○ 연구관심의 개념
○ 연구논제의 선택과정
○ 연구문제의 설정

1. 연구관심(research interest)

연구는 호기심(curiosity)으로부터 시작된다. 다시 말해, 대부분의 연구관심(research interest)은 일상생활의 업무와 관련 있는 갈등, 논점, 관심, 믿음에 관한 호기심으로부터 유래한다. 예를 들면, 다음과 같은 질문이 연구를 자극한다. "요양보호사가 비공식 돌봄의 가치인 효 의식으로 무장할 경우 정서적 지지 업무를 더 잘 수행할 수 있을까?" "표준화된 검사 점수가 학생들의 개인적 학업성취도를 얼마나 정확하게 측정할 수 있는가?"

먼저 연구관심(research interest)이라는 개념에 대하여 생각해 보자. 연구관심은 두 가지 의미를 지니고 있다. 첫째, 연구관심은 어떤 주제(subject)에 대한 열정(passion)이나 관심(concern)을 말한다. 둘째, 연구관심은 주제(subject) 그 자체를 의미한다.

연구관심의 첫 번째 의미인 열정이나 관심은 연구에 매진하도록 연구자를 몰아가는 원동력의 역할을 하며, 연구를 '왜' 수행하려고

하는지 그 이유를 알려 준다. 연구관심의 두 번째 의미인 연구주제
는 '무엇'을 연구하려고 하는지를 알려 주며, 연구의 세계로 들어가
는 데 필요한 정보를 제공한다. 연구자는 선행연구에서 자신의 연
구주제에 관한 정보를 검색하기 전에 먼저 자신의 연구주제가 무엇
인지, 즉 무엇을 연구할 것인가 결정하여야 한다. 다시 말해, 연구
자의 일상생활의 관심(everyday interest)은 반드시 연구 가능한 논제
(researchable topic)로 전환되어야 한다.

일상생활의 관심이 연구 가능한 논제로 발전하려면 다음과 같은 세
가지 변환(transformation)이 이루어져야 한다. 첫째, 구체성(specificity)
의 변환이다. 어떤 연구주제에 관심이 있느냐는 질문을 받을 때, 대
다수의 초보 연구자들은 '나는 학생들이 성공을 거두지 못하는 이
유에 관심이 있다'와 같은 매우 포괄적인 대답을 한다. 그러나 이
대답은 구체성과 명확성이 결여되어 있다. 이 진술만으로는 연구자
의 관심사가 무엇이고 무엇을 측정하려는 것인지 알 수 없다. 즉,
이 진술에서는 연구자의 관심이 너무 광범위할 뿐만 아니라 구체적
이지도 않다.

관심사항을 명확하게 표현하려면 연구자는 연구대상에 대하여
보다 상세하게 설명하여야 한다. 관심사항은 반드시 구체적이고 정
밀하여야 한다. '클라이언트 폭력은 사회복지사에게 어떤 영향을
미치는가?'는 신문·방송의 보도에서 간혹 접할 수 있는 우리 주변
의 문제를 설명하는 것이므로 이것은 일상생활의 관심의 예이다.
연구 가능한 관심은 '현재 민간과 공공영역에서 사회복지사를 겨냥
한 클라이언트 폭력이 어느 정도 일어나고 있으며, 클라이언트 폭
력은 직무만족에 어떤 영향을 미치는가?'로 표현할 수 있다. 이 두

개의 관심 가운데 전자는 일반적인 반면 후자는 구체적이다. 두말할 필요 없이, 후자가 전자보다 연구하기에 더 적합하다. 요컨대, 구체적인 연구관심만이 연구의 대상이 될 수 있다.

둘째, 초점(focus)의 변환이다. 복잡한 내용이나 여러 개의 주제가 뒤섞여 있는 관심은 초점이 맞지 않게 찍힌 사진과 같다. 연구자는 하나의 연구주제를 선택하여야 하는데, 이것은 명확하게 조사할 수 있는 하나의 연구주제를 골라야 한다는 의미이다. 연구자는 명확한 연구범위를 설정하여야 한다. 즉, 연구자가 명확하게 설명할 수 있고 한 가지 의미로 정의될 수 있는 주제를 선택하여야 한다. 요컨대, 연구관심은 하나의 연구주제에 초점을 맞추어야 한다. 하나의 연구주제에 초점을 맞춘 예로는 '구체적인 학문적 언어에 대한 이해가 ○○지역 초등학교 3학년 탐구생활 과목의 학업성취도에 어떠한 영향을 미치는가?'를 들 수 있다. 이것을 앞서 예로 든 '나는 학생들이 성공을 거두지 못하는 이유에 관심이 있다'와 비교하면 초점의 의미를 이해할 수 있을 것이다.

끝으로, 관점(perspective)의 변환이다. 이것은 연구의 관점이 개인적인 관점에서 특정 학문분야의 관점으로, 다시 구체적인 학문적 관점으로 변화한다는 뜻이다. 첫째, 일상생활의 관심(everyday interest)은 개인적 관점(personal vantage point)으로부터 나오는데, 이것은 특정 주제에 대하여 구체적으로 더 많이 알고자 하는 연구자의 개인적 욕구이다. 둘째, 연구 가능한 관심(researchable interest)은 특정 학술분야의 관점으로부터 나온다. 또한 연구 가능한 관심은 더 많이 알고자 하는 학술분야의 욕구로부터도 나온다. 셋째, 연구논제(research topic)는 해당 학문 영역의 학술적 글로부터 나오거나 학문적 대화와 논쟁에서 생산된 질문으로부터 유래한다. 연구자는 구체적인 학문적 관점(academic vantage point)을 사용하여 자신의 연구활동에 접근하여야 한다. 그렇게 함으로써 연구자의 논제와 관련 있는 구체적인 지식에 접근할 수 있는 직접적인 통로가 마련된다.

개인적인 관심이 반드시 학문 공동체(academic community)에게 의미 있는 것으로 받아들여지는 것은 아니다. 연구자의 개인적 관심이 곧 상위 집단인 학문 공동체의 관심이 되어야 한다. 연구관심은 학문 공동체가 더 많이 알고자 하는 욕구를 다루어야 하며, 전체 학문 공동체가 중요하게 고려하는 질문에 관한 것이어야 한다. 다시 말해, 연구자의 호기심, 즉 무엇에 대하여 더 많이 알고자 하는 욕구는 학문 공동체도 그러한 동일한 욕구를 가지고 있어야 한다는 것을 암시한다. 종종 더 많이 알고자 하는 개인적 욕구는 단순히 다른 사람의 연구결과를 읽음으로써 충족될 수 있다. 유용한 연구는 학문분야에 현재 축적되어 있는 지식을 종합할 뿐만 아니라 그 지식을 확장하는 독창적인 기여를 통해 학문분야의 현재 지식수준을 진전시키는 것이어야 한다. 비유하자면, 연구관심의 뼈대를 견고하게 갖추는 일은 곧 문헌고찰이라는 문을 열고 연구논제에 접근하기 위하여 그 문의 열쇠를 만드는 일이다.

2. 연구논제의 선택

연구논제(research topic)는 논문의 주요 개념(main idea) 이상의 그

무엇이다. 연구논제는 연구관심(research interest)을 중심으로 이루어
지는 학문적 논의에 진입하는 입구로서의 역할을 수행하며, 선행연
구 고찰의 배경(setting)을 설정하고, 연구의 주제(subject)를 알려 주
며, 논리적인 논증의 범위(boundary)를 정해준다. 연구자는 연구주
제에 관하여 현재 무엇이 알려져 있고 앞으로 연구하여야 할 것은
무엇인가를 논리 정연하게 주장하기 위하여 자신이 찾아낸 자료를
조직화하고 종합하여야 한다.

연구논제를 선택하는 과정은 다음과 같은 세 개의 단계로 구성되
어 있다(<그림 1.1>). 첫째, 연구논제 선택의 출발점은 일상생활의
문제에 대한 인식이다. 둘째, 일상생활의 문제(everyday problems)로
부터 연구관심(research interest)을 선택한다. 또한 연구관심(research
interest)의 범위를 좁힌다. 셋째, 연구관심(research interest)으로부터
연구논제(research topic)를 선택한다.

<그림 1.1> 논제의 선택

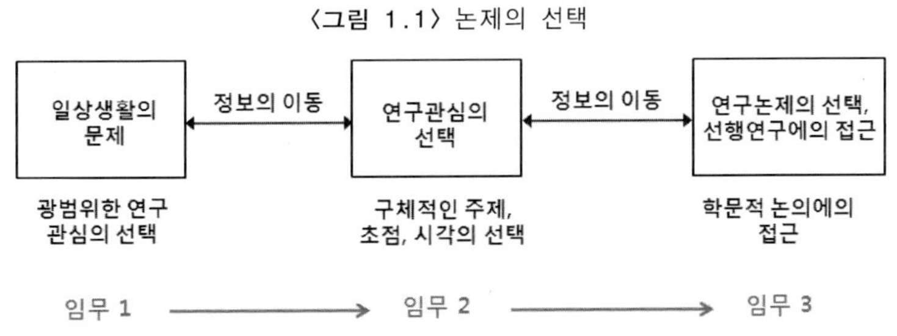

자료: Machi & McEvoy, 2009, p. 16.

1) 일상생활의 문제(연구관심의 출처)

대부분의 응용 연구는 연구자가 일상생활의 문제, 홍미, 관심을
연구의 대상으로 삼는 데서 출발한다. 연구관심을 선택하는 일은
많은 관심과 예상(forethought)을 필요로 한다. 일을 너무 서두르면
탈이 생길 수 있다. 적절한 연구관심의 선택은 연구 프로젝트를 성
공으로 이끄는 가장 중요한 일이다. 연구관심을 찾는 개인적인 심
사숙고로부터 일련의 과업이 시작된다.

연구관심은 주로 경험으로부터 시작된다. 여러 가지 전문직업적
그리고 공공의 환경이 이러한 경험의 배경을 제공하고, 연구논제로
이어질 수 있는 논점(issues)을 발견할 수 있는 좋은 기회를 제공한
다. 연구자들은 내면의 성찰을 통해 그들의 전문적인 경험에 관한
개인적인 논점을 밝힐 수 있다. 만약 개인의 고유한 논점이 떠오르
지 않는다면, 다른 방법을 사용할 수 있다. 연구자의 학문분야에서
정보통의 전문가로 알려져 있는 사람들 또는 실천 분야의 전문가들
에게 논제에 관한 의견이나 제언을 요청할 수도 있다. 아마도 여러
학문적 또는 전문적 학술지를 읽음으로써 추가적인 연구가 필요한
영역을 찾아낼 수도 있다. 종종 학술 논문의 말미에는 후속 연구가
필요한 영역을 제안하고 있다. 연구분야의 현행 논점을 다루고 있
는 언론이나 전문가 집단의 보고서를 읽어 연구논제에 관한 아이디
어를 얻을 수도 있다. 국가 또는 지역사회 차원에서 다루어지고 있
는 논쟁이나 논점도 연구관심을 제공할 수 있다. 끝으로, 연구자는
자신의 응용 연구분야에서 논점을 찾아내고, 이어서 관련 문제를

해결하기 위해 과학적인 원리나 이론을 발견한다.

예를 들면, 인지심리학(cognitive psychology) 이론들이 학생들의 발달적 학습능력을 잘 설명할 수 있으며, 사회학 이론들이 집단행동을 잘 설명할 수도 있고, 문화인류학 이론들이 작업공동체의 문화를 잘 설명할 수도 있을 것이다. 사회과학의 여러 이론 모형은 우리에게 언제나 새로운 통찰력을 준다. 사실, 우리가 연구관심을 찾을 수 있는 곳은 매우 다양하다. 다음은 연구관심의 출처를 예로 든 것이다.

- 전문직업적인 경험
- 전문가로부터의 제언
- 학술지
- 언론 매체

연구자들은 자신들의 학문 공동체 또는 작업공동체에 종사하는 사람들의 생활과 관련하여 중요한 성과를 도출할 수 있는 논점(issues)이나 관심사(concerns)에 대하여 연구한다. 이러한 논점과 관심사는 현재 제대로 작동되지 못하는 프로그램, 상호작용, 행동으로부터 유래한다. 연구자는 이러한 문제들을 주의 깊게 살펴보아야 한다. 얼핏 보면 이러한 문제들은 명확한 것처럼 보이지만, 정밀하게 조사해 보면 이러한 문제들은 인간의 상호작용에 관한 다양한 수준의 많은 부분들로 구성되어 있음을 알게 될 것이다. 이러한 관심사는 복잡하고 다차원적이다. 연구자는 이러한 중요한 논점에 대한 단순한 설명을 추구하여야 하지만, 그것은 용이한 과업이 아니다. 일반적으로 여러 관점과 시각에 근거한 사실적인 자료를 수집함으로써 이 문제를 해결할 수 있다.

연구 가능한 관심을 선택하는 비결은 특정 관점과 시각을 따로 분리해 내는 것이다. 다음은 연구자가 연구관심을 찾아낼 때 스스로에게 던지는 질문의 예이다.

- 나의 연구관심(research interest)이나 논점(issue)은 무엇인가?
- 그것은 어떤 부분들로 이루어져 있는가?
- 연구관심을 구성하는 연구논제(key ideas)는 무엇인가?

연구의 주제 및 논제를 선택하기 위한 일련의 활동을 수행하면서 연구자는 특정 논점에 대한 개인적 애착(personal attachment)과 견해를 갖기 마련이다. 연구자들은 자신들의 전공 분야의 문제점들에 대한 의견을 갖고 있으며, 자신들이 몰입하고 있는 분야에는 긍정적인 해결책을 내놓는다. 이러한 연구자의 선입관(preconceptions), 개인적 애착, 견해는 연구에 긍정적인 영향을 미칠 수도 있고 부정적인 영향을 미칠 수도 있다. 특정 관심에 대한 애착은 좋은 연구를 수행하는 데 필요한 열정과 헌신을 제공한다는 점에서 긍정적이라고 평가할 수 있다. 그러나 개인적 애착으로 인해 연구자는 엄밀한 방법론에 근거한 학문 활동을 통해 결론을 도출하기 어려운 상황에 놓이며, 결과적으로 자신에게 유리한 성급한 결론을 요구하는 편향(bias)과 견해로부터 자유로울 수 없게 된다. 연구자의 편향과 견해를 완전히 제거하는 일은 불가능하겠지만, 그것은 반드시 통제되어야 한다.

어떻게 하면 연구자가 편향과 견해를 통제할 수 있을까? 첫째, 연구자는 세심한 내면의 성찰(introspection)을 통해 개인의 견해와 애착을 외부로 드러내놓고 그에 대한 있는 그대로의 정당한 평가를 하여야 한다. 연구자는 자신의 입장을 합리적으로 드러내고 그에 대해 정면으로 응시함으로써 개인적 편향, 의견, 선호하는 성과를 통제할 수 있으며, 나아가 열린 마음을 갖고(open-minded) 회의적이며(skeptical) 연구자료를 중시하는(considerate of research data) 마음가짐을 갖게 된다. 만약 이와 같은 연구자의 애착이 마음속에 깊이 박힌 채 있는 그대로의 모습으로 겉으로 드러나지 않는다면, 해당 연구는 매우 심하게 왜곡되어 공정한 결과를 나타내지 못할 것이다. 편향된 연구자는 오로지 편향된 연구결과를 생산할 것이다. 연구관심을 선택하는 열쇠는 연구자가 특정한 연구 도정(道程)을 추구하고 싶은 개인적인 열정을 이겨 냄으로써 연구의 객관성을 유지하면서 실제적인 관심(practical interest)을 가시적인 연구주제(tangible research subject)로 좁히는 능력이다.

다음은 연구자가 개인적인 관점을 이해하기 위하여 스스로에게 던지는 질문의 예이다.

- 나의 관심과 관련하여 나는 어떤 사전지식을 갖고 있는가?
- 나의 어떤 개인적 경험이 이 논점 또는 관심과 관련하여 나에게 영향을 미치겠는가?
- 나는 이 관심 또는 논점에 관하여 어떤 믿음, 편향, 의견을 갖고 있는가?
- 나로 하여금 연구의 논점이나 관심사항에 관한 특정 결론을 쉽게 내리도록 만드는 것은 무엇인가?
- 나는 연구자로서의 중립적인 지위를 유지하기 위하여 나의 개인적 편향, 의견, 감정, 통찰력을 어떻게 찾아내어 드러낼 것인가?

이 질문을 통해 연구자는 몇 가지 잠재적인 위험을 들추어 낼 수 있을 것이다. 그 위험을 완전히 회피하기란 매우 어렵겠지만, 그렇다고 그 위험이 연구를 통제하거나 연구에 영향을 미치도록 만들어서는 안 될 것이다.

2) 연구관심의 선택 및 범위 좁히기

앞서 설명한 바와 같이, 연구자는 먼저 연구의 대상이 될 가능성이 있는 잠재적 논점, 즉 연구관심을 선택하여야 한다. 다음으로, 연구자는 선택된 연구관심의 범위를 한정하여 인지할 수 있고(identifiable), 중요성이 인정되며(significant), 연구할 수 있는(researchable) 연구관심으로 만들어야 한다. 한술 밥에 배부를 수 없듯이, 처음 만든 연구관심이 적절한 경우란 거의 없다. 종종 초기에는 너무 넓은 연구관심에 집중하다 보니 주제의 구체성, 초점, 시각 등을 올바르게 정의하지 못한다. 초기의 연구관심을 연구논제로 발전시키기 위해서는 해당 연구관심이 구체성을 갖추어야 하며 그러기 위해서는 일련의 후속 작업이 필요하다. 다음은 잠재적인 연구관심을 명확하게 정의하기 위하여 연구자가 자문자답하여야 할 질문의 예이다.

- 내가 실제로 연구하고 싶은 것은 무엇인가?
- 나는 그것을 제대로 정의하였는가?
- 나는 그것을 조사하기 위하여 어디에 초점을 맞출 것인가?
- 나는 어떤 관점이나 시각에서 이 연구를 잘 수행할 수 있는가?

연구자는 구체적인 초점과 시각을 선택하여야 한다. 넓은 연구관심(research interest) 안에는 많은 작은 연구주제들이 포함되어 있다.

비결은 그 가운데서 중요한 기여를 할 것으로 여겨지는 하나의 연구관심을 선택하는 일이다. 이하에서는 연구관심의 구체화, 연구관심에 초점 맞추기, 관점의 선택, 연구관심의 선택에 대하여 차례로 고찰한다.

(1) 연구관심의 구체화

연구자는 연구관심이 명확하게 정의되었는지 확인할 필요가 있다. 논제를 명확하게 정의하는 열쇠는 관심 진술(interest statement) 속에 들어 있는 주요 아이디어를 분리해 내는 연구자의 능력이다. 연구의 주제는 주요 아이디어에 의해 정의되는데, 주요 아이디어란 관심 진술을 구성하는 단어와 어구를 지칭한다. 광범위한 관심은 모호하며 연구에 적합하지 않다. 초기의 광범위한 관심 진술 안에는 명확하게 정의되지 못한 주요 아이디어가 많이 들어 있다. 그러므로 연구자는 논제를 정밀하게 정의할 필요가 있다.

‘표준화된 시험 점수가 학생들의 성취도를 어느 정도 예측하는가?’라는 연구관심을 예로 들어 보자. 이 질문의 대답은 교육 분야에 중요한 기여를 할 수 있을 것으로 기대되지만, 이 질문으로부터 쓸모 있는 연구논제를 만들어 내기 위해서는 이 질문이 보다 정제되어야 할 필요가 있다. 주요 아이디어가 구체성을 갖추기 위해서는 먼저 그 범위가 너무 넓지 말아야 하고 구체적인 명확한 설명이 수반되어야 한다.

주요 아이디어는 연구관심을 구체화하는 핵심적인 요소이다. 주요 아이디어들을 찾아내기 위해서는 먼저 주어, 동사, 목적어에 주목하는 것이 좋다. 위에 언급한 관심 진술의 예에서 주어는 '표준화된 시험 점수'이며, 동사는 '예측하다'이고, 목적어는 '학생들의 성취도'이다. 이 경우 검증되어야 할 주요 아이디어는 '표준화된 시험 점수가 학생들의 성취도를 예측하는 정도'이다. 이와 같은 초기의 관심 진술은 그 범위가 너무 넓다. 위의 관심 진술을 예로 들면, 연구자는 연구관심을 구체화하기 위하여 다음과 같은 질문에 자문자답할 수 있을 것이다.

- '표준화된 시험 점수가 학생들의 성취도를 어느 정도 예측하는가?'의 경우
  - '정도'는 무엇을 의미하는가?
  - '정도'를 어떻게 측정할 수 있는가?
  - '표준화된 시험'이 무엇을 평가하는가?
  - '표준화된 시험'을 어떤 방법으로 측정하는가?
  - 측정의 도구는 얼마나 정확한가?
  - 시험의 신뢰도와 타당도는 어떠한가?
  - '예측'의 의미는 무엇인가?
  - '예측'의 정도를 어떻게 측정할 수 있는가?
  - 외견상 '학생들의 성취도'는 어떻게 표현될까?

연구자는 정밀한 입장을 견지하여야 한다. 정제되지 않은 관심 진술을 가진 연구자는 출발선이 없는 경기장에 선 주자(走者)와 같다.

요컨대, 연구자가 수행하여야 할 첫 번째 임무는 관심 진술을 이루고 있는 개개의 주요 아이디어를 정확하게 정의하는 일이다. 관심 진술로부터 연구주제를 이끌어 내기 위해서는 관심 진술 안의 주요어(key terms)를 명확하게 정의하여야 한다. 이와 같은 정밀한 정의가 없다면 연구자가 논제를 형성하는 일 자체가 어려워진다.

(2) 연구관심에 초점 맞추기

연구관심에 초점을 맞춘다는 것은 연구의 범위를 좁혀 명확하게 정의된 하나의 주제를 만든다는 뜻이다. 만약 연구주제가 명확하지 않다면, 이것은 연구자가 아직 무엇을 조사할 것인가를 결정하지 않았다는 것을 의미한다. 대개 광범위한 연구관심 안에는 연구 가능한 여러 개의 주제가 섞여 있다.

연구관심의 대상은 개인, 집단, 조직으로 구분할 수 있다. 예를 들면, 연구관점이 학생 개인에게 초점을 맞출 수 있는데, 특히 학생 개인의 행동, 태도, 기술, 지식 등이 초점의 대상이다. 예를 들면, '수학능력검사에서 학생의 행동변화가 학업성취도에 어느 정도 영향을 미치는가?'와 '특정 검사에서 학생들의 태도는 학업성취도에 어느 정도 영향을 미치는가?'라는 연구관심은 모두 개인에게 초점을 맞추고 있다. 한편, 연구의 관점이 집단의 행동에 초점을 맞추는 경우도 있다. 예를 들면, '특정 집단이 어떤 시험 상황에서 어떻게 응답하는가?'와 '이러한 시험이 집단의 학업성취도에 미치는 영향은 무엇인가?'라는 연구관심은 모두 집단에 초점을 맞추고 있다.

연구관심의 범위가 매우 넓을 경우 그 초점을 좁힘으로써 보다 쓸모 있는 논제를 얻을 수 있다. 예를 들면, '수학능력시험에 있어서 표준화된 시험 점수가 학생들의 대학교 진학을 어느 정도 예측하는가?'와 '학생들의 시험 준비과정에서 발휘되는 교사들의 능력이 표준화된 시험의 점수에 어느 정도 영향을 미치는가?'는 초점이 좁혀진 연구관심의 예이다.

다음은 연구자가 연구의 초점을 선택하기 위하여 스스로에게 던지는 질문의 예이다.

- 나는 연구관심의 초점 대상이 무엇인지 명확히 확인하였는가?
- 나는 개인, 집단, 조직 가운데 누구를 주목하고 있는가?
- 개인, 집단, 조직 가운데 나의 연구대상은 누구인가?

위 질문은 연구자에게 연구의 초점을 선택할 수 있는 많은 가능성이 열려 있다는 것을 암시하고 있다. 다음 단계는 연구자가 관점, 즉 시점(視點)을 선택하는 일이다.

(3) 관점의 선택

연구자가 주제의 초점을 선택하고 나면, 관점(perspective), 즉 시점(視點, vantage point)을 선택하여야 한다. 관점 혹은 시점은 연구자가 주제를 바라보는 입장(place)을 뜻한다. 관점과 학문분야는 밀접한 관련을 맺고 있다. 관점은 연구자가 어떤 학문분야를 선택하는가에 따라 달라진다. 한편, 어떤 학문분야를 선택할 것인지는 연구자가 선택한 연구주제와 관점에 따라 달라진다. 앞서 언급한 예로 돌아가면, 연구자는 특정 학문분야의 지식을 염두에 두고 관점을 선택하여야 한다. 만약 연구자가 학생 개인의 관점에서의 성취도를 연구한다면, 심리학이 가장 좋은 관점을 제공할 것이다. 만약 연구자가 인종 집단의 관점에서의 성취도를 연구한다면, 문화인류학이 최상의 관점을 제공할 것이다. 만약 연구자가 집단의 반응과 상호작용의 관점에서의 성취도를 연구한다면, 사회학이 최선의 관점을 제공할 것이다. 연구자가 연구관심에 포함되어 있는 핵심 아이디어(core ideas)를 명확하게 정의하고 특정 초점과 관점을 명확하게 정의하였을 때, 비로소 연구자가 광범위한 일상생활의 관심으로부터 연구 가능한 관심으로 이동하였다고 말할 수 있다.

다음은 연구자가 연구의 시점(vantage point)을 선택하기 위하여 스스로에게 던지는 질문의 예이다.

- 나의 연구주제와 관점에 적합한 학문분야는 무엇인가? (연구자가 아직도 두 개의 이상의 관점을 고려하고 있다면, 각 관점별로 적절한 학문분야를 선택한다.)
- 이 학문분야에서 나의 연구주제를 탐구하고 정의하는 데 도움이 되는 구체적인 지식 영역은 무엇인가?
- 나는 이 학문분야에서 어떤 지식 역량(knowledge competency)을 갖고 있는가?
- 이 연구관심을 다룰 수 있는 확고한 기반을 갖추기 위하여 나는 이 학문분야에서 어떤 지식을 더 많이 습득하여야 하는가?

초점의 경우와 마찬가지로, 연구자는 관점을 좁혀야 한다. 위의 질문은 연구자에게 관점을 선택할 많은 가능성이 있음을 알려 주고 있다. 연구자는 연구관심에 관한 자료에 접근할 수 있는 최상의 견해(viewpoint)를 제시하는 관점(vantage point)을 선택하여야 한다.

(4) 연구관심의 선택

잠재적인 연구논제를 개발하는 성공의 열쇠는 연구자가 연구의 대상으로 선택한 일상생활의 관심, 염려, 문제 등을 조사할 수 있는 연구자의 능력이다. 이와 같은 중요한 조사를 위해서는 개인적인 내면의 성찰이 필요하다. 연구관심이 명확하고 구체적일수록 이러한 일상생활의 관심을 연구 가능한 논제와 연결하기가 더 쉬워진다.

초보 연구자는 실제로 무엇을 연구할 것인가에 대하여 심사숙고 하는 시간을 별로 갖지 않는 경향이 있다. 의도, 관점, 시각 등에 대한 신중한 고려 없이 성급하게 연구관심을 선택할 경우 서투르고 만족스럽지 못한 결과를 얻을 우려가 크다.

충분한 시간을 들여 일상생활의 문제 가운데서 연구관심을 신중 하게 선택하는 것은 모든 연구자에게 매우 중요한 일이다. 연구관 심을 너무 성급하게 고르는 일은 결코 바람직하지 않다. 너무 급하게 고른 연구관심은 대개 잘못 정의된 연구 프로젝트로 이어지는데, 이러 한 연구는 연구자의 연구범위와 연구능력을 벗어나는 경우가 흔하다.

일상생활의 문제 가운데서 관심 사항을 골라 연구 가능한 연구관 심으로 변형시키는 일은 사진을 찍는 일과 비슷하다. 연구주제를 선택하는 일을 풍경 사진을 찍는 일에 비유해 보자. 여러분이 지금 백두산 장군봉 아래 어느 바위 위에 서 있다고 가정하자. 여러분의 주변에는 수 킬로미터에 걸친 삼림이 있고, 빛과 그림자가 변화무 쌍한 모습을 보이고 있다. 아마도 여러분 곁에는 한 무리의 사람들, 포유류, 침엽수림, 고산식물, 기암괴석 들도 있을 것이다. 여러분은 오래된 침엽수 나무를 사진에 담고 싶은가, 아니면 가파른 산길을 오르는 등산객의 모습을 사진으로 찍고 싶은가? 여러분이 사진을 찍는 목적은 무엇인가? 만약 여러분의 목적이 계절별로 변화하는 백두산 장군봉의 모습을 사진에 담는 것이라면, 아마 여러분은 필 생의 사진 작품을 만들기 위해 노력할 것이다. 그러나 대개의 경우 등산객이 사진을 찍는 목적은 백두산 장군봉의 계절별 모습을 빠짐

없이 찍는 것이 아닐 것이다. 이처럼 연구자가 모든 관점에서 특정 주제에 관한 모든 것을 연구할 수는 없는 노릇이다. 일반적으로 연구자는 스스로 선택한 관점에서 하나의 가치 있는 관심의 주제를 선택하여 정확하게 처리한다.

사진사에게나 연구자에게나 주제에 대한 최초의 연구관심이 과업의 출발점이다. 초점, 의도, 관점에 대한 많은 탐색이 이루어진 후에 비로소 만족스러운 최종 산물이 나타난다. 연구자가 연구주제에 대하여 더 깊게 탐구해 나가는 동안 초점, 의도, 관점은 변하기 마련이다. 위 백두산 등산객의 경우, 아마도 최종 사진은 그가 처음에 구상하였던 것과는 많이 다를 것이다. 사진과 연구의 경우에 있어서 모두 무질서한 시행착오보다는 현실 인식에 바탕으로 둔 생산적인 경로를 찾는 일이 중요하다. 여러분의 최초 사진은 키가 큰 침엽수 나무이지만, 나중 사진은 그 나무 아래에 있는 작은 고산식물의 꽃일 수도 있다.

사진사와 마찬가지로, 연구자는 관심 주제를 갖는 일로부터 탐구의 여정을 시작하여야 하며, 차츰 정교한 연구의 형식을 갖추어 나가야 한다. 연구자는 단순히 최초의 의도를 고수하는 것이 아니라 일정한 경로를 거치면서 연구주제를 정의하는 방식을 취한다. 모름지기 눈의 증거 또는 마음의 증거가 길을 인도하여야 한다.

3) 연구관심으로부터 연구논제(research topic)의 선정

연구자의 개인적인 연구관심이 어떻게 하여 연구에 적합한 논제로 변환되는지를 명확하게 이해하는 것이 중요하다. <그림 1.2>는 일상생활의 문제가 연구의 논제로 정제되는 세 단계를 보여 준다.

<단계 1>에서 연구자는 중요한 일상생활의 문제(everyday problem)로 확인된 것을 연구관심으로 선택한다. 정의가 모호한 연구관심은 구체적인 정의를 통해 명확하게 되어야 한다.

<단계 2>에서 연구자는 내면의 성찰을 통해 연구관심의 범위를 좁힌다. 이 과정에서 특정 주제, 관점, 시각 등이 선택된다. 연구의 시각을 선택함으로써 구체적인 학문의 영역이 정해진다.

<단계 3>에서 연구자는 연구관심의 정제라는 개인적 영역을 떠나 학계(academia)라는 공식 세계로 들어간다. 연구자는 주제 정의(subject definition)에 의해 논제(topic)를 다시 구성하는데, 이것은 일상적인 언어를 특정 학문 영역에서 사용되는 기술적인 용어로 변환하는 것이다. 이 단계는 연구자가 일상의 조사로부터 공식적인 문헌고찰로 이동하는 단계이다. 이 중요한 단계에서 연구자는 관심 진술(interest statement)을 공식적인 연구의 잠재적 논제(potential topic)로 전환시켜야 한다. 앞서 언급한 바와 같이, 연구자는 자신의 연구관심을 외부의 관심이나 학문 공동체의 연구들과 비교해 보아야 한다. 연구자는 이것이 왜 중요한 것인지 설명할 수 있어야 한다. 개인적인 연구관심을 학문 공동체에서 다루어지고 있는 논제와 비교하지 않는 연구자는 적절한 학문 지식의 세계에 접근하고 진입하는 수단을 갖지 못하게 되는 것이다.

흔히 학생들은 도서관에 가서 자신들의 논제에 관한 정보를 얻기 위해 많은 노력을 하였지만 참고할 만한 자료를 별로 찾지 못하였다는 불만을 토로하는 경우가 많다. 그러나 학생들이 선행연구가

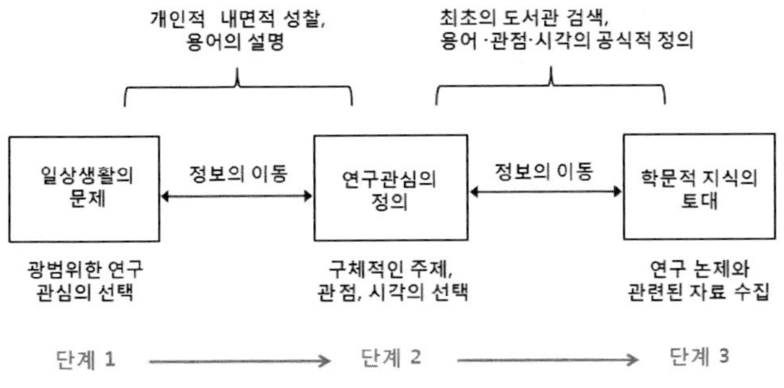

〈그림 1.2〉 관심으로부터 논제로의 이동

자료: Machi & McEvoy, 2009, p. 27.

다루지 않은 독특한 논제를 찾아내는 경우는 매우 드물다. 우리가 생각할 수 있는 거의 모든 연구 관심은 이미 누군가가 연구한 것이라고 보아도 큰 무리는 아니다. 일반적으로 연구논제를 선택할 때 맞닥뜨리는 어려움은 학문적 용어의 결핍이다. 학생들은 전문 분야의 언어와 담론에 접근하기 위하여 종종 일상의 어휘를 사용하는데, 이것은 옳지 않다.

단어의 사용과 의미는 상황에 따라 달라진다. 모든 학문분야에는 연구주제를 설명하는 데 사용되는 고유한 언어가 있다. 최악의 경우에는 이러한 언어가 전문용어(jargon)로 사용되기도 한다. 연구자가 일상적인 언어를 사용할 경우 이것은 학문분야에서 사용되는 기술적인 언어와 조화를 이루지 못한다.

연구자는 선택된 학문분야에서 사용되는 언어의 기술을 익혀야 하며, 잠재적인 연구논제를 찾아내는 어법에도 익숙하여야 한다. 기능적인 면에서 언어에 숙달하게 된 연구자는 주제의 정의와 논제의 발견을 위한 항해를 시작할 수 있다. 이어서 연구자는 연구논제를 정의하는 주요 아이디어를 다른 표현으로 나타낼 수 있다. 즉, 연구자의 다음 임무는 연구관심을 해당 주제에 관한 학술 용어로 전환시키는 것이다.

위 <그림 1.2>의 <단계 3>에는 두 개의 임무가 있는데, 하나는 학문적 용어에 익숙해지는 것이며, 다른 하나는 의도된 연구주제에 관한 담론(discourse)의 세계에 입장하는 것이다. 도서관에 가기 전에 연구자는 잠시 짬을 내어 도서관 이용에 관한 규칙을 검토하는 것이 좋다. 아래에 제시된 몇 개의 규칙에 주의를 기울이면 연구자는 자료 검색 단계에서 상당한 시간을 절약할 수 있을 뿐만 아니라 더 좋은 결과를 얻을 수 있을 것이다.

(1) 규칙 1: 도서관의 사서와 친한 관계를 유지하라

- 도서관의 연구사서(research librarian)는 연구자의 친구이고, 안내인이며, 멘토이다. 연구자는 자신의 연구관심에 관하여 연구사서와 상의하는 것이 좋다. 연구자는 자신의 주제, 관점, 시각(즉 학문적 영역)에 관한 분명한 입장을 밝혀야 한다. 연구자가 현재 문헌고찰의 과정 가운데 어느 단계에 머물러 있는지 설명하는 것도 바람직하다.
- 연구자가 연구사서와 긍정적인 관계를 유지하는 것이 매우 중요하다. 연구자는 연구 사서를 멘토(mentor), 지도자(coach), 막역한 친구(confidant)로 생각하고 문헌고찰과 관련하여 여러 가지 도움을 받아야 한다.

(2) 규칙 2: 목적을 가져라

- 명확한 목적과 계획을 갖고 도서관을 이용하는 것이 바람직하다. 서가 사이를 방황하거나 주제 목록을 이리저리 훑어보는 것은 결코 생산적인 학습방법이 아니다.

- 연구자는 도서관을 방문할 때마다 무엇을 찾는지 그리고 그것을 어디에서 찾을 것인지 알아야 한다.
- 연구자는 도서관 이용에 관한 전략을 가져야 한다. 기획은 시간 절약의 첩경이다. 도서관을 향한 첫걸음을 내딛기 전에 도서관에서 무슨 일을 하고 싶은지 명확하게 인식하고 있어야 한다. 어떤 유형의 정보가 필요한지, 그것을 어디에서 얻을 수 있는지, 연구논제를 정제하기 위하여 주제 카탈로그를 검색할 것인지, 주제와 관련된 용어의 의미를 파악하기 위하여 백과사전이나 사전을 참조할 것인지를 미리 결정하여야 한다.
- 작업일정과 구체적인 성과 계획을 세우는 것이 좋다. 목적을 설정하고 그것을 달성하기 위해 노력하여야 한다. 도서관에는 우리의 눈길을 끄는 유혹이 많은데, 한눈팔지 말고 예정된 임무의 수행에 매진하는 것이 바람직하다.
- 끝으로, 도서관을 나서기 전에 다음번 도서관을 방문할 때 할 일을 미리 계획하는 것이 바람직하다. 다음번 방문 때 도서관에서 무슨 일을 할 것인지, 시간 일정을 어떻게 짤 것인지, 어떤 새로운 자원을 이용할 것인지 미리 계획하여야 한다. 연구자가 도서관을 떠나기 전에 위 질문에 대한 대답을 구하여야 한다. 당장은 시간이 걸리는 일이지만 나중에 보면 이것이야말로 시간을 절약하는 방법으로 밝혀질 것이다.

(3) 규칙 3: 미리 준비하면 효율이 높아진다(Preparation equals efficiency)

- 연구자는 항상 준비하는 자세를 견지하여야 한다. 연구자는 도서관을 방문하기 전에 미리 자신이 수집한 자료를 '분류'하고 '기록'하는 도구를 마련해 두어야 한다.
- 자료의 분류(cataloging)는 도서관에서 얻은 자료를 나중에 쉽게 다시 찾아볼 수 있도록 정리하고 요약하는 것을 말한다. 분류의 도구는 종이로 된 작은 색인카드부터 *EndNote*, *Citation* 등과 같은 컴퓨터 소프트웨어에 이르기까지 상당히 다양하다.
- 기록(documentation)의 도구는 가치 있는 자료를 저장하는 창고의 기능을 수행한다. 여기에는 주제에 관한 메모, 인용문이나 초록, 앞으로 검토할 참고문헌, 주제 지도, 앞으로 수행할 일의 목록 등이 저장된다.

기록의 도구에는 연구에 필요한 도서관 자료를 보관한다. 기록의 도구
는 간단한 것에서부터 복잡하고 정교한 것까지 매우 다양하다. 가장 단
순한 것은 노트북 컴퓨터이며, 보다 복잡하고 통합적인 것은 *EndNote,
Citation, Microsoft OneNote, ISO Researchsoft Reference Manager*
등과 같은 컴퓨터 소프트웨어이다.
- 연구자는 충분한 시간을 갖고 자신의 욕구와 학습 유형에 맞는 자료의
  분류 체계와 기록 체계를 구축하는 것이 좋다. 일단 마련된 분류 및 기
  록 체계는 문헌고찰의 과정 내내 연구자의 연구활동에 큰 영향을 미칠
  것이다. 지금 잘 조직된 체계는 나중의 수고와 고통을 덜어 줄 것이다.

지금까지 앞에서 다룬 내용을 요약하면 다음과 같다. 연구자는
이제 연구를 수행하기 위한 예비 논제(preliminary topic)를 선정하였
다. 지금까지 연구자는 자신이 어떤 문제에 관심을 갖고 있는가를
구체적으로 규명하기 위하여 개인적인 내면의 성찰을 성공적으로
수행하였으며, 그 관심을 연구하기 적합한 잠재적인 주제로 정의하
였다. 이제 연구자는 선행연구 검색을 수행할 준비를 마쳤다. 이러
한 과업이 외견상으로는 선형적인 작업으로 보이지만, 사실은 그렇
지 않다. 앞서 <그림 1.2>(관심으로부터 논제로의 이동)에 제시된
바와 같이, 일상생활의 문제는 연구관심에 정보를 제공한다. 반대
로, 연구관심도 일상생활의 문제에 정보를 제공한다. 이처럼 문헌고
찰에 관련된 여러 아이디어는 서로 호혜적인 관계를 맺고 있다. 독
서를 통해 어떤 논제에 대하여 더 많이 알게 될수록 연구자는 그
논제를 점점 더 정제시킨다. 연구자가 주제를 탐색하고 논제를 정
의하는 과정에서 정제는 가장 필수적인 요소이다.

위에서는 먼저 일상생활의 관심을 연구논제로 전환시키는 방법
에 관하여 논의하였으며, 이러한 목적을 단계적으로 달성하는 방법

을 설명하는 모형을 소개하였다. 이어서 연구를 위한 최초의 관심 (initial interest)을 선택하고, 그것을 연구관심(research interest)으로 발전시키며, 연구논제(research topic)를 형성하는 방법에 대하여 다루었다. 이어서 선행연구에 접근하기 위한 구체적인 과업과 요령을 제시하였고, 끝으로 도서관과 사서의 효과적인 활용을 위한 전략에 대하여 논의하였다.

3. 연구문제(research question)의 설정[1]

1) 연구문제의 개념

연구문제의 설정은 연구의 시작단계에서 이루어지는데, 연구의 성패를 좌우하는 매우 중요한 단계이다. 연구문제는 단 한 번의 시도로 결정되는 성질의 것이 아니다. 아마도 여러분이 어느 날 갑자기 머릿속에 섬광처럼 떠오른 첫 번째 연구문제에 크게 만족하여 호들갑스럽게 유레카(Eureka)를 외치면서 벌거벗은 채 밖으로 뛰어나가는 일이 일어날 가능성은 크지 않다. 연구문제를 생각해 내고 가다듬는 일은 시간이 걸리는 과업이다. 궁극적으로 만족할 만한 수준의 연구문제를 도출해 내는 데는 대개 몇 날, 몇 주일, 아니면 몇 달의 시간과 노력이 필요하다.

연구문제를 서술하는 방법은 두 가지이다. 하나는 의문문(interrogative

---

1) 연구문제의 설정은 김경호, 2007, pp. 97-116의 내용을 수정·보완한 것임.

statement)의 형식이며, 다른 하나는 서술문(declarative statement)의 형식이다. 모든 연구문제는 이 두 가지 형태 가운데 어느 하나의 모습으로 나타난다.

의문문 형식의 연구문제는 지식의 괴리(gap in knowledge)에 관한 내용을 담고 있다. 예를 들면, '사회복지사의 소진(burnout)과 이직의사는 어떤 관계를 가지고 있는가?'는 현존하는 지식상의 괴리를 채우기 위한 연구의 필요성을 나타내는 연구문제이다.

서술문 형식의 연구문제는 특정 사건, 현상 또는 상황을 탐구하려는 의도에 관한 설명을 통해 연구의 목적을 정의하는 서술문이다. 예를 들면, "이 연구의 목적은 사회복지사의 소진(burnout)과 이직의사 사이의 관계를 조사하는 데 있다"라는 연구문제는 연구의 목적을 설명하고 있다. 서술문 형식의 연구문제는 연구의 목적으로 바꾸어 서술될 수 있다.

연구는 과학적·논리적 탐구과정이며, 연구의 영역 안에는 연구자들이 좇아야 할 특정한 탐구의 방향이 정해져 있다. 만약 연구자가 명확하게 정의된 연구문제를 가지고 있지 못한다면 계획적이고 효율적인 방법으로 여러분의 연구를 진행하지 못할 가능성이 크다.

본질적으로, 연구문제는 연구자가 찾아낸 지식상의 괴리(gap)를 설명하는 문장이며, 연구는 그 괴리를 채우기 위하여 진행된다. 연구문제는 연구자가 연구의 전체 과정 내내 자신을 안내하는 역할을 하는 연구의 기초구조(framework)를 개발할 수 있도록 도와주는 역할을 한다. 즉, 연구문제는 연구자가 생각과 노력을 집중시키는 데 도움을 준다고 할 수 있다. 한마디로 말해, 연구문제를 먼저 설정하지 않고는 과학적인 연구를 진행시킬 수가 없다.

대부분의 연구는 하나의 연구문제를 가지게 마련이지만, 연구에 따라서는 이차적인 또는 종속적인, 복수의 연구문제가 수반되는 경우도 있다. 이 경우에도 이차적인 연구문제는 반드시 일차적인 연구문제와 관련이 있어야 한다.

일반적으로 사회과학에서의 연구문제는 학문의 영역에 따라 구체성의 정도가 다르다(김영종, 1999, p. 65). 사회학이나 심리학 등과 같은 기초 사회과학에서는 연구문제들이 인간과 사회에 대한 매우 추상적이고 기본적인 내용을 담고 있다. 반면에, 사회복지와 같은 응용 사회과학에서의 연구문제는 직접적으로 실천현장에서 나타나는 문제를 다루며 따라서 상대적인 면에서 보다 실용적인 성격을 띠고 있다. 물론 응용 사회과학 분야에서도 기초지식을 탐구하기 위한 연구가 있으며, 기초 사회과학에서도 응용의 성격을 띤 연구를 수행할 수 있을 것이다. 다만 응용 사회과학의 한 축을 점하고 있는 사회복지분야 연구의 주된 관심은 사회복지 실천현장의 의문과 필요성을 보다 많이 그리고 집중적으로 다루는 데 있다는 점을 지적하고 싶다.

어떤 방식으로 연구문제를 서술하는 것이 올바른가에 관한 확고한 원칙은 없다. 연구문제의 서술은 앞서 고찰한 연구문제의 적절성과 매우 밀접한 관련이 있다. 연구문제의 서술은 연구문제의 적절성을 높이는 방향으로 이루어지는 것이 바람직하기 때문이다. 일반적으로 인정되고 있는 연구문제의 서술방식은 다음과 같다(김영종, 1999, pp. 72-73; Cormack & Benton, 2000, pp. 84-85).

〈연구문제의 서술 방식〉

- 의문문의 형식으로 기술될 것
- 문제를 단순 명료하게 지적할 것
- 복수의 변수들 사이의 관계를 설명할 것
- 경험적으로 검증이 가능할 것

첫째, 연구문제는 의문문의 형태로 서술되는 것이 좋다. 앞서 지적한 바와 같이, 서술문의 형식을 취하고 있는 연구문제가 없는 것은 아니지만, 대개 연구문제는 의문문으로 이루어져 있다. 연구문제는 연구목적과 밀접한 관련이 있지만 그렇다고 양자가 동일한 개념은 아니다. 즉, 연구문제는 직접적으로 연구의 대상이 되는 문제를 의문문의 형식으로 표현한 것인 반면, 연구의 목적은 연구의 계기와 결과를 둘러싼 함의에 초점을 맞춘 기술(記述)을 의미한다(김영종, 1999, p. 72).

둘째, 연구문제는 단순 명료하게 문제를 지적하는 것이 좋다. 명확하지 않은 연구문제는 만병의 근원이 될 우려가 있다. 그런데 간혹 단어나 어구가 두 가지 이상의 의미를 갖고 있는 경우가 있는데, 만약 연구문제가 다의적(多義的)인 용어로 구성된다면 해당 단어, 용어, 절차를 정확하게 정의하여야 할 필요가 있다(Cormack & Benton, 2000, p. 85). 예컨대, 특정 용어가 사전적인 의미로 사용되지 않는 경우가 드물지 않다. 이 경우 연구자는 불필요한 오해를 방지하기 위해 조작적 정의(operational definition)에 의존하여야 한다. 예를 들어, 환자의 사전적 정의는 "의료서비스를 받고 있는 사람"이지만, 특정 연구자는 환자를 "외과병동에 입원한 16세 이상 65세 미만의 남자로서 지난 24시간 이내에 외과수술을 받은 사람"이라고 정의할 수 있을 것이다.

셋째, 연구문제는 둘 또는 그보다 많은 변수들 간의 관계를 서술하여야 한다. 일반적으로 설명적 연구에서는 둘 또는 그보다 많은 변수들 간에 어떤 관계가 존재하는가가 관심의 초점이 된다. X와 Y 사이에는 어떤 관계가 있는가? X와 Y는 Z와 어떤 관련을 맺고 있는가? 설명적 연구에서는 이와 같은 의문문의 형식으로 연구문제를 표현하는 것이 전형적이다. 조사연구의 비용효과성을 고려한다면 연구문제는 변수들 간의 관계를 묻는 의문문의 형식을 취하는 것이 좋다. 왜냐하면, 관계를 탐구하는 연구는 동일한 노력으로 더 많은 정보를 제공하기 때문이다(김영종, 1999, p. 72). 그러나 탐색적 또는 기술적 연구에서는 변수들 간의 관계를 묻지 않는다. P는 어떠한가? Q는 어떠한가? 거기에 무엇이 있는가? 이와 같은 의문문이 탐색적 또는 기술적 연구에서의 전형적인 연구문제의 진술형식이다.

끝으로, 연구문제는 경험적으로 검증할 수 있어야 한다. 즉, 연구문제는 애초부터 경험적인 검증의 대상이 되도록 예정되어 있다. 검증이 불가능한 연구문제는 더 이상 연구문제라고 할 수 없다. 검증이 가능하려면 연구문제 안의 개념들이 변수로 전환될 수 있어야 하며, 그러한 변수들은 경험적으로 조작할 수 있어야 한다.

2) 연구문제의 원천

연구문제가 갑자기 머릿속에 떠오르는 일이 흔한 경험은 아닐 것이다. 다양한 원천으로부터 시작된 연구 아이디어는 일련의 과정을 거치면서 연구문제로 거듭나게 된다. 연구문제를 개발하는 과정은

체계적인 정제(精製, refinement)의 과정으로 이해할 수 있으며, 이
를 도식화하면 <그림 1.3>과 같다.

<그림 1.3> 연구문제의 원천 및 영향요인

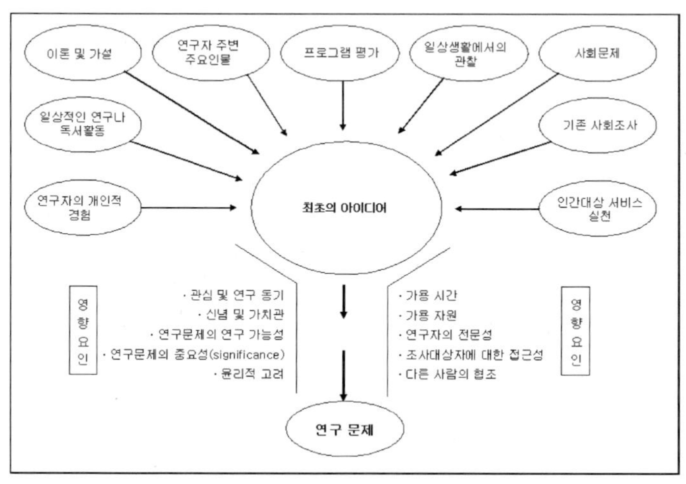

자료: Cormack & Benton, 2000, p. 78의 <그림 7.1>을 수정.

연구와 관련한 경험이 별로 없는 초보자들은 연구문제를 만드는
일이 매우 어렵다고 느낀다. 무엇을 연구할까 고심하면서 매우 막
연한 상태로 세월만 보내는 경우도 비일비재하다. 연구주제를 찾기
가 그야말로 하늘의 별 따기이다. 반면에, 한 가지 연구주제가 떠오
르면 이어서 연달아 다른 연구주제가 또 떠오르는 경우도 있다. 연
구할 것이 너무 많아서 과연 어떤 연구주제를 고르는 것이 좋을지
혼란스러울 때도 있다.

연구 초기에 연구자가 직면하는 불확실성과 혼란스러움은 어느
정도 불가피한 면이 있다. 좋은 연구문제를 찾아내려면 연구문제의

원천과 영향요인을 이해하는 것이 첩경이다.

(1) 연구문제의 주요 원천

<그림 1.3>에 구체적으로 제시된 바와 같이 연구문제의 원천은 매우 다양하다(김영종, 1999, p. 63; 최성재, 2005, p. 98; Rugg & Petre, 2004, p. 146; Cormack & Benton, 2000, pp. 79-81). 연구문제의 원천(source)에 대한 이해는 기존 지식기반의 괴리(gap)를 찾아내는 데 도움을 줄 수 있다.

첫째, 연구문제는 연구자의 개인적 경험으로부터 나오는 일이 많다. 연구자들이 어떤 상황이나 실천 또는 성과에 대하여 머릿속으로 의문을 품는다거나 동료들과 그 의문에 대해 토론하고 의견을 나누는 일이 드문 일은 아니다. 무슨 일이 발생하였는가? 왜 그러한 방식으로 일이 전개되었는가? 어떻게 하면 그 상태를 개선할 수 있는가? 이상의 질문은 모두 연구자의 개인적 경험을 연구문제로 발전시킬 수 있는 바탕이 되는 예이다. 개인적 경험으로부터 유래한 연구문제는 대부분 강한 동기유발 효과를 가지고 있으므로 개인들을 조사연구로 이끌고 가는 힘이 강하다는 장점이 있다(김영종, 1999, p. 67).

둘째, 일상적인 연구나 독서활동은 연구문제의 원천 가운데 하나이다. 반드시 연구문제를 찾아내고야 말겠다는 굳은 각오는 없었지만 일상적으로 연구활동이나 사회활동을 하면서 또는 일반서적이나 전공논문 등을 읽다가 우연히 연구문제를 발견하는 수도 있다(최성재, 2005, p. 100). 특정 사안에 대하여 의문을 품거나 비판적인 입장에서 문제를 제기할 수 있는데 이것이 바로 연구문제가 될 수 있다. 만약 연구자가 어떤 특정 주제에 관한 여러 편의 선행연구를 고찰한 결과 각각의 결과 사이에 모순이나 불일치를 발견하게 되었다면, 연구자는 이를 새로운 연구문제를 만들 수 있는 계기로 삼을 수 있다. 선행연구 간에 조사결과의 차이가 나타나는 경우는 매우 흔하다. 그만큼 새로운 연구문제를 만들 가능성도 많다고 보아야 한다. 왜 특정 집단이나 특정 지역을 대상으로 한 연구 또는 특정 방법론을 사용한 연구가 다른 연구결과와 차이가 나는지에 대해 의문을 품을 수 있을 것이다. 문헌검토로부터 연구문제를 도출하는 다른 하나의 수단은 기존 지식기반의 한계 또는 괴리(gap)를 인식하는 일이다. 새롭게 대두되는 문제를 해결하기 위해서는 그 문제가 어떻게 다루어져야 할 것인지를 분석해야 한다. 앞서 언급한 바와 같이, 연구문제는 지식의 괴리에 관한 내용을 담고 있는 문장이다.

셋째, 이론 및 가설은 연구문제의 또 다른 원천이다. 지금까지 사회복지분야에는 수많은 이론적 틀(theoretical framework)과 그에 기반을 둔 수많은 가설이 개발되어 발표된 바 있다. 이러한 이론 모델이나 선행연구에서 사용한 가설은 연구문제를 개발하기 위한 기초자료로 활용될 수 있다. 여러 가지 사회이론(거시적 이론, 중범위 이론, 미시적 이론)으로부터 논리적인 추론과정을 통해 연구문제를 도출할 수도 있고, 기존의 조사에서 충분하게 검증되지 못한 가설을 골라 여러분의 연구에서 다시 한번 검증할 수도 있을 것이다(최성재, 2005, p. 99). 하나의 기존 이론이나 가설에 주목할 수도 있지만, 여러 가지 이론이나 가설을 결합하거나 접목함으로써 새로운 연구문제를 도출할 수도 있다.

넷째, 연구자 주변의 주요 인물로부터 연구문제가 나오는 경우도 있다. 연구자가 평소에 자주 접하는 주변의 인물들은 특정주제에 관한 연구의 필요성을 일깨워 주는 역할을 할 수 있다(최성재, 2005, pp. 98-99). 대학교수, 연구기관의 연구원, 사회복지 실천현장의 전문가, 대학원생, 중앙정부 및 지방정부의 관료, 클라이언트, 후원기관의 관계자 등이 지적으로, 그리고 실용적으로, 연구문제에 관한 자극을 줄 수 있는 사람들이다. 연구자는 주변의 주요 인사들과 평소에 나누는 대화의 내용으로부터 연구문제를 찾아내는 기술과 능력을 갖추는 것이 바람직하다.

다섯째, 프로그램 평가의 과정 및 결과는 연구문제의 원천이 될 수 있다. 즉, 연구문제는 각종 휴먼서비스를 평가하는 과정(노력, 효과성, 효율성, 영향, 질, 과정, 공평성 등에 관한 평가)에서 만들어질 수 있다. 연구자 개인이 프로그램을 평가하기 위해 연구문제를 도출하는 경우가 있는가 하면, 조직이나 기관이 평가받고자 하는 프로그램의 범위와 수를 미리 정하여 주는 과정에서 연구문제가 생성되는 경우도 있다. 특히 후자의 경우에는 연구문제는 거의 확정적이라고 할 수 있으며 연구자는 주어진 연구문제를 보다 상세하게 정의하는 역할을 한다(최성재, 2005, p. 100).

여섯째, 연구자가 일상생활을 하면서 우연히 또는 주기적으로 관찰하는 현상은 훌륭한 연구문제로 이어질 수 있다(최성재, 2005, p. 101). 질적 연구에서는 일상적 관찰에서 연구문제를 이끌어 내는 경우가 적지 않다. 뿐만 아니라, 연구자가 학회에 참석하거나 기관 견학을 할 경우, 휴식시간 또는 식사시간에 종종 이루어지는 토론에서 귀중한 아이디어를 얻는 경우도 있다. 그러한 상호작용을 통해 특정 클라이언트 집단에게 서비스를 제공하는 다양한 방법에 관한 의견을 수렴할 수 있으며, 종종 그러한 의견은 연구문제의 개발에 도움을 주기도 한다.

일곱째, 새롭게 등장하는 사회문제나 아직 해결하지 못하고 있는 사회문제는 연구문제를 제공하는 원천이다(최성재, 2005, p. 99). 사회문제의 실태, 원인, 해결 또는 개선대안, 예상되는 진행경로, 관련 정책 등은 모두 연구문제로 발전시킬 수 있는 좋은 소재들이다. 간혹 정부나 공익기관에서는 정책연구를 수행하기 위해 구체적인 연구분야 및 연구문제를 지정하는 경우가 있다. 중앙정부, 지방정부, 그리고 공익 연구기관이 사회문제를 해결 또는 개선하기 위해 연구용역의 형태로 연구를 발주하는 경우가 그것인데, 구체성의 정도야 다르겠지만 이 모든 연구과업에는 연구문제가 내포되어 있으며, 연구자는 이를 바탕으로 보다 구체적인 연구문제를 도출할 수 있을 것이다.

여덟째, 기존의 사회조사 또는 선행연구는 가장 풍부한 연구문제의 원천이다(최성재, 2005, p. 99). 선행연구는 연구문제의 보고(寶庫)라고 해도 과언이 아니다. 먼저 연구할 분야 또는 연구주제를 정하고 해당 분야의 기존 사회조사 또는 선행연구를 고찰하면 적절한 연구문제를 찾아내는 일이 그리 어렵지만은 않을 것이다. 첫째, 선행연구의 한계에 주목하면 좋다. 대개의 연구는 방법과 내용 면에서 훌륭한 점이 많겠으나 비판적 평가의 대상이 되는 한계점도 가지고 있을 것이다. 이것이 바로 후학들이 연구문제로 발전시킬 수 있는 좋은 재료이다. 둘째, 선행연구에서 연구자가 밝히고 있는 후속 연구의 필요성에 주목하는 것도 하나의 대안이다. 일반적으로 선행연구의 결론부분에는 추후 연구과제가 있기 마련이다. 이것을 새로운 연구문제로 삼는 방안에 대하여 검토하여 볼 것을 권한다. 셋째, 선행연구에서 연구문제로 제시된 것을 더욱 확장하거나 특별한 측면으로 구체화시켜 새로운 연구문제로 발전시키는 방법도 있다.

끝으로, 휴먼서비스의 실천과 관련하여 발달요인, 문제의 원인, 해결방법, 관련이론 등 측면에서 많은 연구문제를 찾아낼 수 있다(최성재, 2005, p. 101). 학문적으로 연구하는 전문가 또는 관련 정책을 다루는 관료들도 사회복지 실천현장의 목소리에 귀를 기울이면 실천과 관련 있는 여러 가지 연구문제를 발견할 수 있다. 한편, 사회복지 실천현장의 전문가들도 단순히 실천가의 입장에만 머무르는 것은 바람직하지 않으며, 한 걸음 더 나아가 연구자의 입장에서 연구문제를 발견하는 능력과 기술을 갖추는 것이 좋다고 본다. 실천과 연구를 겸할 수 있는 전문가가 필요한 시대가 오고 있다.

(2) 연구문제 선택의 영향요인

적절한 연구주제를 찾기 위해 시행착오를 반복하는 경우도 없지 않지만, 대개는 연구주제가 너무 많아 선택의 어려움을 겪는 경우가 더 많다. 연구자가 마음속에 두고 있는 여러 연구주제는 서로 관련이 있을 수도 있지만 때로는 완전히 서로 다른 분야일 수도 있다. 문제는 여러 개의 연구주제 가운데 어느 것을 선택할 것이냐 하는 점이다. 연구문제 선택에 영향을 미치는 제반 요인을 이해하면 보다 쉽게 연구자에게 적절한 연구주제를 선택할 수 있다. 다음은 연구문제를 선택할 때 참고할 수 있는 원칙을 정리한 것이다

(Cormack & Benton, 2000, pp. 81-84).

첫째, 연구자의 연구에 대한 개인적 관심 및 동기는 연구문제의 선택에 영향을 미친다. 연구자의 개인적 관심은 그 자체가 연구문제의 원천이 될 수 있지만, 때로는 연구주제를 선택하는 판단기준이 되는 경우도 많다. 연구과정은 연구자에게 흥미와 자극을 함께 제공하는 면이 있지만 다른 한편으로는 연구자를 힘들고 울적하게 만들기도 한다. 연구가 순조로울 때는 모든 과업이 무난하게 진행되겠지만, 세상일이란 게 늘 그러하듯이 항상 좋은 시절만 있는 것이 아니라 때론 어려움에 직면하는 경우도 생긴다. 만약 연구문제가 연구자의 관심분야가 아니라면, 어려움에 직면하였을 때 연구자는 예전과 같은 연구수행의 열정을 유지하기가 어려울지도 모른다. 그러므로 연구문제가 지속 가능한 것이 되기 위해서는 연구자의 관심과 동기가 필요하다. 달리 말하면, 연구자는 특정 연구문제를 계속 유지하고 발전시키기 위해서 필요한 관심을 가져야 하며 스스로 동기부여되어야 한다.

둘째, 연구자가 가지고 있는 신념과 가치관은 그 자체가 조사문제의 원천이 될 수도 있지만(최성재, 2005, p. 101), 연구문제를 선택하는 데 영향을 미치는 요인이라고 보는 것이 더 좋다. 연구자가 특별한 신념과 가치관을 갖고 있는 경우 특정 사항에 보다 많은 관심을 갖게 되며, 따라서 그러한 가치체계는 특정 연구문제를 선택하게 만드는 동력이 될 것이다. 그런데 신념과 가치관의 적절성에 관하여 두 가지 상반된 입장이 존재하고 있다(최성재, 2005, p. 101; McKillup, 2006, pp. 12-13). 하나는 사회조사에서 가치관을 배제하는 것이 옳다는 입장으로서, 연구자의 가치관이 연구문제를 분석하고 해석하는 데 영향을 미치지 않도록 하는 것이 바람직하다는 주장이다. 다른 하나는 연구자의 가치관에 입각하여 연구문제를 선택하고 자료를 분석하며 그 결과를 해석하는 것이 바람직하다는 입장이다.

셋째, 연구문제의 연구 가능성은 연구문제의 선택에 일정한 영향을 미친다. 모든 질문이 다 과학적 탐구의 대상이 되는 것은 아니다. 연구문제의 원천 가운데 연구 가능성이 있는 질문만 살아남고 나머지 연구 가능성이 없는 질문은 모두 배제된다. 실증주의 시각에 의하면, 철학적 또는 윤리적 질문은 과학적 연구의 대상이 될 수 없다. 예를 들면, "태아의 조직세포를 대뇌에 이식하는 것이 윤리적인가?"와 같은 질문은 윤리적 논쟁을 제기하는 것이며, 비록 그것이 토론의 소재는 될 수 있을지언정 과학적인 연구를 통해 해답을 찾아낼 수는 없는 질문이다(Cormack & Benton, 2000, p. 82). 한마디로 말해, 이것은 연구대상이 될 수 없는 질문이다. 한편, 연구대상이 될 수 없는 윤리적 또는 철학적 딜레마에 관한 문제가 종종 연구 가능한 문제로 전환되기도 한다. 예를 들면, 위의 질문은 "태아조직을 대뇌에 이식하면 파킨슨병의 증상이 완화되는가?"로 바꾸어 연구문제로 삼을 수 있다. 비록 과학적인 연구에 의해 이 질문에 대한 답변이 가능하다고 할지라도 이 문제가 본래 안고 있는 윤리적인 문제가 근원적으로 해결되는 것은 아니다.

넷째, 연구문제의 중요성(significance)은 연구문제를 선택할 때 중요하게 고려되는 사안이다. 모든 연구문제는 클라이언트 집단에게 그리고 사회복지분야의 지식 기반에 대하여 뭔가 중요한 의미를 갖고 있어야 한다. 달리 말하면, 연구자는 클라이언트의 이익과 기존의 지식기반을 고려할 때 연구로서 다룰 가치와 의미가 있다고 생각되는 연구문제만을 간추려서 더욱 발전시켜야 한다. 여러 가지 기준에 의해 연구문제의 가치를 평가함으로써 연구문제의 중요성을 평가할 수 있다(Cormack & Benton, 2000, p. 82). 첫째, 연구문제가 많은 수의 클라이언트에게 영향을 미치는 문제를 다루고 있는가? 둘째, 연구로부터 예상되는 성과가 개인 또는 집단의 삶의 질을 유의하게 개선할 것으로 기대되는가? 셋째, 연구문제는 사회복지정책 또는 실천현장의 문제를 다루고 있는가? 끝으로, 연구결과는 실천현장에서 활용될 성질의 것인가?

다섯째, 특정 연구의 실현 가능성을 평가할 때는 언제나 연구의 수행에 뒤따르는 윤리적인 측면을 고려하여야 한다. 연구는 누구에게도 해로움이나 고통을 안겨 주어서는 안 된다. 연구제안서는 편견을 가지고 있지 않은 개인이나 집단에 의해 검토를 받아야 한다. 환자나 클라이언트를 연구대상자로 포함시키는 경우에는 본인 외에도 관련 당국이나 책임자의 승인을 받는 것이 바람직한 경우도 있다. 우리의 지식을 발전시킬 잠재력이 없는 연구는 수행되지 말아야 한다. 조사대상자에 관한 비밀유지와 익명성을 보장할 수 없는 연구는 부적절한 연구임을 명심하여야 한다. 윤리적 문제로부터 자유스러운 연구문제만이 진정한 의미에서 실현 가능성이 있는 연구문제라고 할 수 있다.

여섯째, 가용 시간은 연구문제 선택 단계에서 중요하게 고려되는 요소이다. 외견상 흥미진진하며 연구 가능한 것으로 보이는 연구문제라 할지라도 만약 그것이 실현 가능성이 없다면 연구문제로 살아남지 못한다. 연구의 실현 가능성을 제약하는 여러 가지 조건에는 가용 시간(time available)도 포함되어 있다. 처음으로 연구를 수행하는 연구자는 자신의 연구에 얼마나 많은 노력을 기울여야 할 것인지 그리고 그 연구를 완료하기까지 얼마나 많은 시간이 걸릴 것인가를 예측하기 어려울 것이다. 그러나 세부적인 시간사용계획서(timetable)를 작성한다면 특정 연구의 실현 가능성에 대해 보다 정확한 판단을 할 수 있다. 연구의 어떤 요소의 경우는 연구자가 직접 작업일정을 결정할 수 있는가 하면, 다른 요소는 외부 주체(즉, 연구를 지원하거나 정보를 제공하는 기관이나 개인)에 의해서 일정이 결정되는 경우도 있다. 유사한 연구를 수행한 경험이 있는 주변 사람으로부터 조언을 듣는 것이 좋다.

일곱째, 가용 자원(resources available)도 연구의 실현 가능성을 제약하는 여러 조건 가운데 하나이다. 일반적으로 말해, 학위논문작성 등 학위과정의 일환으로 수행되는 연구는 상대적으로 적은 자원을 필요로 하지만, 그와는 반대로 방대한 양의 물질적 자원과 금전적 비용이 소요되는 연구도 있다. 실현 가능성을 평가할 때, 연구를 마칠 때까지 들어갈 것으로 예상되는 모든 자원을 파악하는 일은 매우 중요하다. 연구설계를 어떻게 하느냐에 따라 소요되는 자원의 양이 달라진다. 세부적인 시간사용계획서를 만들게 되면 중요한 자원 항목을 빠뜨릴 위험성이 줄어든다. 항상 문헌검색에 소요되는 비용, 복사비용, 인쇄비용, 전화요금 및 우편요금, 컴퓨터 관련 소모품, 여비, 사무실 공간 등이 연구에 필요한 자원의 몇 가지 예이다. 자원 목록이 상세할수록 연구의 실현 가능성에 대한 평가 준비가 잘 되어 있다고 보아도 무방할 것이다.

여덟째, 연구자의 전문성(researcher expertise)도 연구의 실현 가능성을 제약하는 조건 가운데 하나이다. 연구자는 연구문제를 선택하기에 앞서, 그 연구문제를 다루기 위해서는 어느 정도의 전문성이 요구되는지 면밀히 파악하여야 한다. 만약 그런 판단을 하지 않고 무작정 달려든다면, 결국에는 연구자의 능력을 벗어나는 연구에 매달리는 결과를 초래하게 된다. 세부적인 시간사용계획서는 매우 유용하다. 만약 연구자가 특정 연구문제와 관련된 주요 요소에 대한 지식이 전혀 또는 거의 없는 경우라면 연구의 초기 단계에서 외부의 도움과 지원을 받을 수 있는 방안을 찾아야 한다. 당초에 실현성이 거의 없는 것으로 보였던 요소들이 적절한 조언과 슈퍼비전을 통해 실현 가능한 것으로 바뀌게 될 것이다.

아홉째, 조사대상자에 대한 접근성은 연구문제의 선택에 있어서 중요한 고려요인이다. 만약 여러분이 매우 드문 사회현상을 연구하려 한다면 그에 맞는 조사대상자를 구하기가 매우 어렵게 된다. 이 경우 연구자는 충분한 수의 조사대상자를 확보할 수 없는 문제에 직면하게 되거나, 조사대상자를 찾아 넓은 지역범위를 왕래하여야 한다. 결국, 연구문제를 선택함에 있어서 조사대상자의 확보가 중요한 판단기준이 됨을 알 수 있다. 연구대상자 없이는 연구 자체가 불가능하기 때문이다. 뿐만 아니라, 잠재적 조사대상자는 연구자만큼 연구에 대해 열정적이 아니라는 점을 늘 명심해야 한다. 잠재적 조사대상자 가운데 일부는 연구에 참여하기를 거부할 수 있으며, 따라서 이 점은 미리 신중히 고려하여야 할 문제이다.

끝으로, 다른 사람의 협조 여부는 연구문제 선택에 영향을 미치는 중요한 요인이다. 연구를 진행하는 과정에서 연구자인 여러분이 마주치게 될 사람이 누구인지 생각해 보는 것이 좋다. 그들의 적극적인 협조와 지원을 받을 수 있도록 연구의 초기단계에서 시간과 노력을 투자하는 일은 결코 낭비가 아니다. 연구에 직접 관여할 것으로 계획되어 있는 사람과는 개인적으로 직접 만나서 관심사항을 함께 논의하는 기회를 갖는 것이 좋다. 연구에 관여하게 될 모든 사람의 협조를 얻은 후에 연구는 시작되어야 한다.

3) 연구문제의 적절성

연구문제는 글자 그대로 연구하여야 할 문제이다. 달리 말하면, 연구문제는 연구 가능한 조건을 갖추어야 한다. 일반적으로 적절한 연구문제가 되기 위해서는 다음과 같은 조건들을 충족시켜야 한다 (김영종, 1999, pp. 71-72; Cormack & Benton, 2000, pp. 81-84).

(1) 연구범위의 적절성

연구논제의 선택에서와 마찬가지로, 연구문제(research question)를 도출함에 있어서도 적당한 범위를 갖고 있는 문제를 조사연구의 대상으로 선택하는 것이 현명하다. 연구과정이란 연구자의 생각을 보다 구체화해 나가는 일련의 의사결정 과정이다. 너무 광범위한 문제를 연구의 대상으로 하는 것은 적절하지 않다.

선행연구를 검토하여 기존의 연구에서 다루지 않았거나 미진하게 다루어진 분야를 찾아낸 다음에 그 분야를 구체적으로 한정하여 연구의 대상으로 삼는 것이 권장할 만한 방법이다.

애초에는 의욕이 넘쳐서 매우 큰 범위의 연구문제를 마음속으로 고려하였다 할지라도 연구논제의 선택과 연구문제의 설정이라는 심사숙고의 절차를 거치면서 연구자가 다루기에 적절한 범위의 연구문제로 축소되는 것이 보통이다.

(2) 조사의 현실적 여건

조사에 영향을 미치는 현실적 조건은 매우 다양하다. 조사연구를 수행하는 데는 적지 않은 현실적 제약이 있기 때문에 어떤 연구문제가 학문적 탐구가치가 있다고 하여 곧 그것을 연구문제로 확정하여서는 곤란하다(최성재, 2006, p. 123).

우선 연구자 자신의 능력과 상황조건을 고려하여 가장 연구하기 용이한 연구문제를 골라야 하며, 이어서 다른 실제적 조건을 감안하는 것이 필요하다. 연구에 영향을 미치는 현실적·실제적 조건으로는 연구에 소요되는 시간, 금전, 노력, 직장생활에의 영향, 가족과의 관계, 자료에의 접근성 등을 들 수 있다. 아무리 학문적·논리적으로 필요성이 인정되고 적절한 범위의 연구문제라 할지라도 현실적으로 제약조건이 많은 연구문제는 바람직한 연구문제라고 할 수 없을 것이다.[2]

---

[2] 조사연구의 현실적 제약사항으로 사회적 조건, 재정적 조건, 인적 조건, 시간적 조건을 드는 견해가 있다. 이에 대해서는 최성재(2005), 『사회복지조사방법론』, 서울: 나남출판, pp. 123-126을 참조할 것.

(3) 검증 가능성

실증주의 시각에서 보면, 연구문제는 과학적인 방법으로 검증이 가능하여야 비로소 연구의 대상이 될 수 있다. 경험적으로 측정하기 어려운 문제, 가치를 다루는 문제, 지나치게 추상적인 문제는 과학적 연구의 대상이 될 수 없다(김영종, 1999, p. 71). 따라서 검증할 수 없는 사안은 실증적 연구를 통해 검증할 수 없기 때문에 그것을 경험적 연구의 대상으로 삼아서는 안 된다. 즉, 그것은 바람직한 연구문제가 될 수 없다.

(4) 효용성

사회복지학은 실천 지향적인 실용학문이다. 사회복지 조사연구가 실용적이어야 함은 두말할 나위가 없을 것이다.

아무리 연구범위가 적절하고 현실적으로 연구를 수행하기 용이하며 과학적으로 검증이 가능하다고 할지라도 인간의 실생활과 무관하거나 삶의 질 향상에 아무런 도움을 주지 않는 연구는 그 필요성이 의문시된다. '왜 그런 연구를 수행하는가?'의 질문에 대답할 수 있는 연구가 진정으로 가치 있는 연구이다. 요컨대, 사회복지분야 조사연구에 있어서의 연구문제는 사회복지의 전 과정(정책, 계획, 행정, 실천 등)에서 필요한 의사결정을 하는 데 도움을 줄 수 있는 내용이어야 할 것이다(김영종, 1999, pp. 71-72).

선행연구의 검색

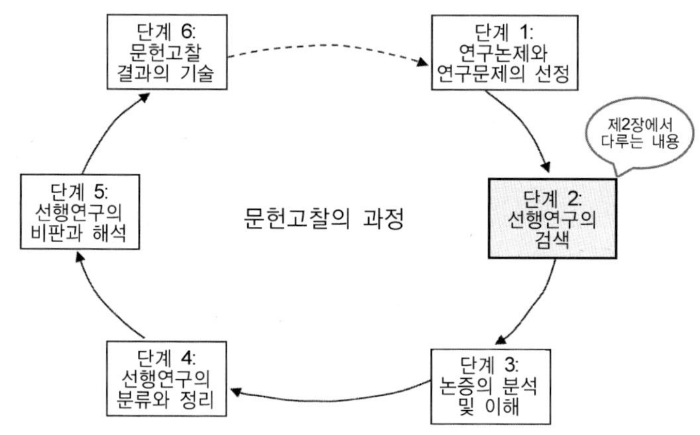

 ## 학습 목적

이 장에서는 선행연구 검색의 중요성과 과정 그리고 구체적인 방법을 이해하고 익히는 기회를 갖는다. 연구자는 고찰할 필요가 있다고 생각되는 선행연구를 선택하고, 나아가 문헌고찰의 결과에 근거하여 자신의 연구논제(research topic)를 정제한다(refine).

 ## 다룰 내용

○ 선행연구 검색의 중요성과 과정
○ 선행연구 검색의 종류(주요어 검색, 후방 검색, 전방 검색)
○ 인터넷 자료의 평가 및 주요 인터넷 사이트
○ 논제의 정제 및 확장

1. 선행연구 고찰과 연구논제의 정제

　연구자는 선행연구 검색의 단계에서 여러 선행연구 가운데 어떤 것을 고찰의 대상에 넣을 것인가를 결정하여야 한다. 선행연구 고찰의 대상을 결정할 때는 몇 가지 사항을 고려하여야 한다.

　가장 중요한 것은 연구자의 논제 진술(topic statement)에 포함되어 있는 주요 개념(key ideas)에 관한 정보를 수집하여야 한다는 사실이다. 한마디로 말해, 선행연구 고찰의 결과는 연구논제의 선정 및 정제의 밑거름이 된다.

　다른 고려사항도 있다. 예를 들면, 만약 연구자의 논제가 시간범위에 민감한 것이라면, 연구자는 정보를 이용하기 전에 먼저 출판일자부터 확인하여야 한다. 만약 논제의 제목이 "○○에 관한 최신이론"이라면 1940년대의 문헌을 고찰하는 것은 적절하지 않은 일이다.

　또한 연구자의 논제가 특정 주제와 관련된 주요 선행연구들을 종합하는 것이라면, 연구자는 출판연도에 관계없이 중요한 저자들과 이론들을 검색하여야 한다. 연구자의 논제 진술(topic statement)은 검색의 방향과 범위를 알려 주는 역할을 한다.

연구자는 논제 진술을 안내자로 삼아 스스로에게 다음과 같은 질문을 던질 필요가 있다.

- 내가 탐구하고자 하는 주제는 무엇인가?
- 그 주제에 관한 정보를 얻기 위하여 내가 고찰 대상에 반드시 포함시켜야 할 선행연구는 무엇인가?

이 단계에서 연구자가 수행하여야 할 두 번째 임무는 예비 논제(preliminary topic)를 정제하여(refine) 연구논제(research topic)로 발전시키는 일이다. 논제는 유동적이며 선행연구 고찰의 초기 단계에서는 얼마든지 바뀔 수 있다. 아직 선행연구 고찰이 이루어지지 않았기 때문에 연구자의 논제에 대한 이해는 기존의 지식체계에 의해 큰 영향을 받지 않았을 것이다.

선행연구를 검색하는 과정에서 획득된 자료는 연구자의 논제에 대한 지식수준에 영향을 미친다. 연구자가 주제에 대하여 더 깊게 이해할수록 연구자의 논제에 대한 관심도 변하기 마련이다. 검색과정에서 연구자가 선택한 문헌은 연구자의 논제 진술(topic statement)에 정당성을 부여하고 정제시키며, 따라서 논제 진술의 범위를 좁히고 보다 구체적으로 만든다.

연구자는 자신이 검색한 관련 문헌이 논제에 어떤 영향을 미치며, 그러한 문헌에 의해 어떻게 논제의 틀이 갖추어지는지 심사숙고할 필요가 있다. 예를 들면, 연구자는 자신이 처음에 정한 논제가 너무 광범위하여 그 주제에 관한 모든 정보를 다 다룬다는 것이 비현실적이라는 사실을 깨닫는 경우가 있을 수 있다. 반면에, 연구자가 처음에 선택한 논제의 범위가 너무 좁아 주제 질문(thesis question)이나 주제 진술(thesis statement)에 관한 정보를 얻기 어렵다는 사실을 깨닫는 경우도 있을 수 있다.

연구자는 검색된 문헌이 논제에 대한 이해와 관심에 어떤 영향을 미칠 것인가에 대하여 자각하여야 한다. 이러한 심사숙고를 통해 보다 간결한 논제 진술이 만들어진다. 연구자가 논제를 고려할 때 다음과 같은 세 가지 질문을 맨 먼저 생각하는 것이 바람직하다.

- 논제(topic)에 관한 정보를 얻기 위해서는 어떤 문헌을 검색하여야 하는가?
- 연구논제에 관한 나의 이해 수준은 어떻게 변하고 있는가?
- 지금 나의 논제 진술(topic statement)에 무슨 내용을 담아야 하는가?

한편, 연구논제의 설정 단계에서뿐만 아니라 문헌고찰의 결과를 기술하는 단계에서도 선행연구의 검색 정보를 제시하여야 할 필요가 있는 경우가 있다. 다시 말해, 연구자는 자신이 어떤 선행연구들을 어떤 절차와 방법에 따라 검색하였는지 구체적으로 설명하여야 하는 상황에 직면하기도 한다. 메타분석이나 개념적 논문의 경우에는 특히 그러하다. <사례 2.1>은 선행연구 검색 방법을 구체적으로 설명하고 있는 예이다.

◇ 사례 2.1: 선행연구 검색 방법을 설명하고 있는 예

Ⅲ. 연구방법

1. 연구대상 논문
　본 연구에서는 사회복지조직의 조직문화 연구경향을 영리·행정조직과 비교하여 분석하고자 한다. 영리조직과 행정조직의 경우, 1980년대 중반부터 조직문화 연구가 시작되어 1990년대와 2000년대에 이르기까지 많은 연구가 진행되어 왔지만, 사회복지조직에서의 조직문화 연구는 그보다 늦은 2000년대에 들어서면서 본격적으로 시도되기 시작하였다.
　본 연구에서는 이들 세 분야 중 본 연구에서 가장 중심이 되는 조직인 사회복지조직을 기준으로 하여 조직문화 연구경향을 살펴볼 것이다. 따라서 사회복지조직의 조직문화 연구가 2000년대부터 시작하였기 때문에 영리·행정조직의 조직문화 연구대상 또한 2000년 이후의 연구로 한정하기로 한다.
　각 분야별 연구대상 논문 추출방법은 다음과 같다. 세 분야 모두 공통적으로 DBpia, Riss, Kiss, 뉴논문, 교보문고 스콜라 등 국내 학회지 검색엔진 5곳을 이용하여 연구제목에 '조직문화'를 포함하고 있는 논문들을 추출하였다. 사회복지조직의 경우 조직문화 연구 시기가 그리 길지 않기 때문에 지금까지 사회복지분야 학회지를 통해 발간된 모든 논문들을 대상으로 하였다. 그러나 영리·행정조직의 경우, 조직문화 연구논문 양이 사회복지조직에 비해 상대적으로 많기 때문에 이들 분야를 대표하는 등재 학회지를 통해 발표된 논문으로 한정하였다. 구체적으로 영리조직에서는 경영학연구, 경영연구, 대한경영학회지, 인사관리연구(조직과 인사관리연구), 인사·조직연구를 검색 대상으로 하여 이들 학술지 중 '조직문화'를 키워드로 하는 논문을 추출하였다. 행정조직에서는 한국사회와 행정연구, 한국행정연구, 한국행정학보, 행정논총을 검색 대상 학술지로 하여 해당 논문을 추출하였다.
　이렇게 추출된 연구대상 논문 중에서 제목에 '조직문화'가 포함되기는 하지만 본 연구의 선정기준에 적합하지 않아 대상에서 제외된 논문은 총 4편으로, 영리조직으로 분류된 학술지에서 병원조직과 공공부문의 조직문화를 다룬 논문들이다. 병원조직과 공공부문의 경우 본 연구에서 분류한 영리조직 논문의 성격에 적합하지 않은 것으로 판단하여 연구대상에서 제외시켰다.
　반면, 영리조직 논문 중에서 연구제목에 '조직문화'가 포함되지는 않았지만 '기업문화'가 포함된 논문의 경우는 연구대상에 포함하였다. 기업문화는 기업의 문화만을 한정하는 의미를 지니기 때문에 조직문화가 보다 포괄적인 의미를 지니고 있으며(장용선·문형구, 2008), 본 연구의 분석대상 논문에서도 조직문화와 기업문화를 혼용하여 사용하고 있기 때문이다.

2. 선행연구 검색의 과정

선행연구 고찰이 논제의 형성에 중대한 영향을 미친다는 사실을 이해하는 것이 중요하지만, 선행연구를 체계적으로 검색하는 방법 또한 매우 중요하다. 연구자는 무엇을 찾고 있는지, 왜 그것을 찾아야 하는지 자각하여야 한다. 특히 어떤 방법을 사용하여 관련 문헌을 검색할 것인가에 대한 명확한 입장을 견지하여야 한다.

선행연구의 검색 단계에서 연구자는 자료를 수집하고 선별하는 일을 수행한다. 이 단계는 세 개의 독립된 임무로 구성되어 있는데, 예비 검사하기(previewing), 선택하기(selecting), 체계화하기(organizing)가 그것이다(<표 2.1>). 먼저 연구에 포함될 가능성이 있는 문헌자료를 예비 검사하는 일로부터 검색이 시작된다. 이어서 선행연구 고찰에 포함시킬 최종 문헌자료를 선택하는데, 이것은 해당 문헌자료를 대상으로 연구자의 연구에 대한 기여도, 적시성, 정확성 등을 구체적으로 판단하는 일이다. 끝으로, 고찰 대상으로 선택된 각 문헌자료로부터 얻은 구체적인 아이디어를 체계적으로 조직한다.

이와 같은 임무를 수행하는 세 가지 과정이 있다. 이 과정은 ① 선행연구들의 제목, 초록, 주요어, 색인 등을 정사하고(scan), ② 고찰의 가능성이 있는 문헌들의 내용을 확인하기 위해 속독하고(skim), ③ 연구의 주요내용을 지도로 그리는(map) 연구자의 능력에 관한 것이다. 이 세 개의 과정은 서로 독립적이다. 연구자는 자신의 능력과 선택된 논제에 따라 다양한 방법으로 이 세 개의 과정을 수행할 수 있다(<표 2.1>).

<표 2.1> 문헌검색의 임무와 검색과정

검색 임무	검색 과정
문헌의 예비 검사(literature preview)	정사(scan)
내용의 선택(content selection)	속독(skim)
자료의 체계화(data organization)	지도(map)

문헌을 검색하는 일은 조각 퍼즐(jigsaw puzzle)을 맞추는 것에 비유된다. 퍼즐 조각을 맞추는 전략은 아주 단순하다. 먼저 전체 조각을 모두 늘어놓을 수 있는 공간(예: 책상)을 확보하고 좋은 조명 상태를 갖춘다. 이때 퍼즐 상자의 그림을 보면서 퍼즐이 조립되었을 때의 모습을 미리 상상한다. 우선 외견상 다른 퍼즐 세트의 조각으로 보이는 조각을 미리 골라내어 제거한다. 이어서 퍼즐 그림의 외부 테두리에 해당하는 조각부터 조립하기 시작하는데, 특히 조각들의 색깔과 모양에 주목한다. 끝으로, 밑그림의 남의 부분을 대상으로 한 조각씩 퍼즐을 조립해 나간다.

선행연구의 검색은 퍼즐 맞추기와 비슷한 점이 많다. 연구자가 선행연구 고찰의 대상에 포함될 가능성이 높은 문헌들의 주제 색인(subject index)과 저자 색인(author index)을 확인하는 일은 퍼즐 맞추기에서 책상 위에 퍼즐 조각을 늘어놓는 것과 비슷하다. 예비 논제 진술(preliminary topic statement)의 주요 용어와 연구논제가 무엇이냐에 따라 검색의 범위가 달라진다. 즉, 도서관의 문헌 자료를 훑어보면서 연구라는 이름의 퍼즐을 구성하는 조각을 수집한다. 또한 다음 임무인 속독하기(skimming)의 단계에서 활용할 수 있도록 자료를 분류한다.

빨리 훑어 읽기(skimming)는 퍼즐의 조각을 처음으로 분류하는 일과 비슷하다. 퍼즐 맞추기와 마찬가지로, 문헌의 정사(scan of the literature)에 의해 찾아낸 자료는 그 유용성을 검증받아야 한다. 어떤 자료를 고찰 대상에 포함시키고 어떤 자료를 버릴 것인가는 연구자가 결정하여야 할 사안이다. 연구자는 자료의 적합성을 평가하기 위하여 훑어 읽기 방식으로 자료를 속독한다. 예비 논제 진술은 고찰 대상에 어떤 것을 포함시킬 것인가를 결정하는 틀을 제시한다. 어떤 퍼즐 조각은 현재 맞추고 있는 퍼즐과 관련 없는 다른 세트의 퍼즐 조각이듯이, 어떤 문헌은 연구자의 논제와 전혀 관련이 없는 경우가 있는데, 이러한 문헌을 가장 먼저 제외시켜야 한다. 이제 남아 있는 문헌을 가지런하게 배열하는 일이 남아 있다. 연구에 필요한 문헌만을 골라낸 다음에는 선행연구 검색의 마지막 임무인 지도 그리기(mapping) 작업을 진행한다.

퍼즐 맞추기에서처럼, 특정 문헌이 선행연구 고찰이라는 퍼즐 속에서 제자리를 차지하는 것이 중요하다. 해당 자료가 연구논제를 얼마나 설명하고 있으며, 그 자료가 논제 진술(topic statement)의 주요어를 얼마나 더 상세히 정의하는지 따져 볼 필요가 있다. 논제 진술을 형성할 때 검색된 문헌들이 차지하는 위치를 기록하는 과정이 곧 선행연구 고찰이라는 이름의 퍼즐을 체계적으로 조립하는 일이다. 문헌검색을 마친 다음에는 연구자는 고찰과정에 포함시킬 자료를 모은다. 먼저 논제를 직접적으로 다루지 않는 자료를 제외하고, 이어서 선택된 자료를 주요 개념에 따라 체계적으로 조직한다. 이때 각 문헌이 논제를 설명하는 구체적인 기여도에 주목한다.

그렇다면 실제로 어디서부터 선행연구 검색을 시작할 것인가? 일반적으로 정보 출처의 역(逆)피라미드(reverse pyramid of information sources) 형식에 주목하는 선행연구 검색 방법이 가장 많이 사용되고 있다(<그림 2.1>). 이것은 먼저 가장 일반적인 정보를 먼저 검색하고 이어 점점 더 구체적인 자료를 찾아나가는 방식이다. 따라서 연구자는 먼저 일반 교과서, 단행본, 백과사전(예: Wikipedia)과 같은 일반적인 자료를 검색하여 연구논제에 관한 개략적인 지식을 얻는 것이 좋으며, 이어서 연구 분야의 고전적인 논문이나 유명한 학자의 저작을 검색하고, 끝으로 학술지 논문 등에서 보다 구체적이고 기술적인 정보를 찾아내야 한다. 이 과정에서 웹사이트는 보충적인 자료 검색의 수단이다.

지금부터 선행연구 4단계 검색과정에 대하여 보다 상세히 살펴본다. 구체적으로, 선행연구의 검색의 과정은 선행연구의 정사(scan) 단계, 선행연구의 속독(skimming) 단계, 검색된 자료의 매핑(mapping) 단계, 자료의 관리 단계로 이루어져 있다.

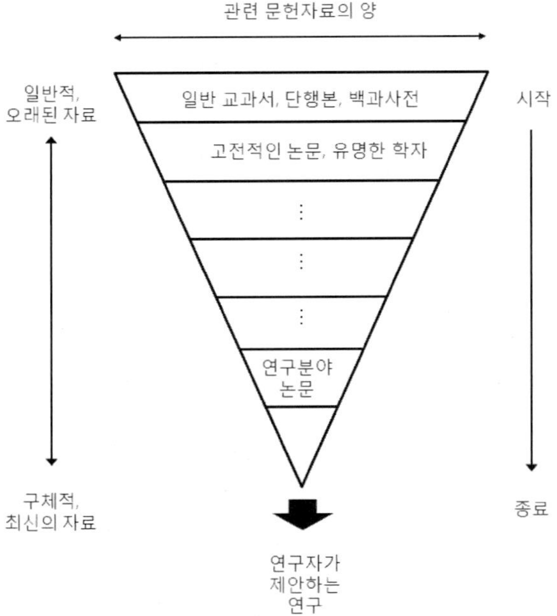

〈그림 2.1〉 정보 출처의 역(逆)피라미드

1) 선행연구의 정사(scan)

선행연구의 검색은 문헌 목록의 정사(scan, 精査), 즉 문헌 목록을 자세히 조사하는 일로부터 시작된다. 문헌 목록의 정사는 도서관의 색인 목록, 온라인 색인 목록, 백과사전의 주제 목록, 정기간행물의 색인, 논문 초록 등을 체계적으로 자세히 조사하는 것이다. 정사의 목적은 유용한 선행연구로서의 가능성이 있는 문헌을 찾아내는 것이다.

주로 단행본, 학술지 논문, 학위논문, 보고서, 학회의 회보 등이 정사의 대상이 된다. 문헌을 정사할 때, 연구자는 참고문헌 목록이나 안내서를 신속하게 읽어 보면서 선행연구 검색의 대상에 넣고자 하는 선행연구를 구별해 낸다. 연구자는 선행연구의 정사를 통해 논제의 줄거리를 구성하는 데 쓸모 있을 것으로 여겨지는 문헌을 찾아낸다.

연구자는 선행연구 정사에 앞서 학술적 간행물의 순환과정과 선행연구의 존재양식에 대하여 이해할 필요가 있다. 이와 같은 활동은 선행연구 검색의 효율성과 효과성을 높이는 데 도움이 될 것이다.

먼저 <그림 2.2>는 학술적 간행물의 순환과정(scholarly publication cycle)을 설명하는 그림이다. 일반적으로 정보는 원시자료(raw data)로부터 출발하여, 비공식적인 의사소통을 거쳐(예: 학회), 보다 공식적인 간행물(예: 학위논문, 학술지 논문, 단행본)의 형태로 발전한 다음에, 대중화된 출간물(예: 잡지, 신문, 웹사이트)로 바뀌었다가, 종국에는 일반적인 또는 공식적인 저작물의 형태(예: 백과사전, 교과서)로 자리 잡는다. 연구자는 이와 같은 학술적 정보의 순환과정에 주목할 필요가 있다. 간혹 정보가 <그림 2.2>에 제시된 순서와는 정반대의 방향으로(즉, 시계반대 방향으로) 순환하는 경우도 있을 수 있음에 유념할 필요가 있다.

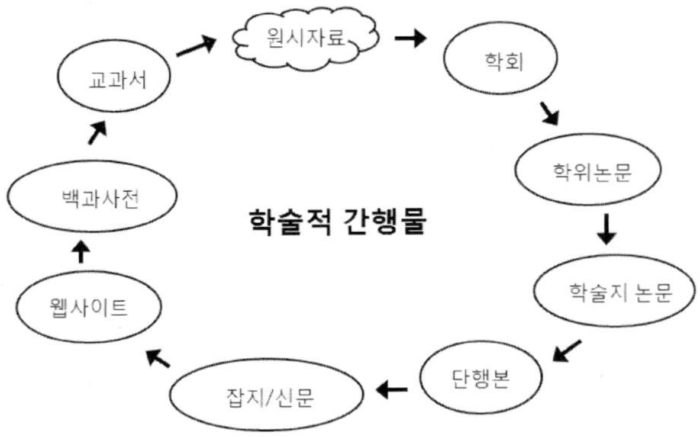

〈그림 2.2〉 학술적 간행물의 순환과정

(자료: www.lib.unb.ca/instruction/InfoSearch.pdf)

다음으로, 연구자는 선행연구 정사의 과업을 순조롭게 달성하기 위하여 선행연구의 존재양식에 대하여 이해할 필요가 있다. 문헌의 출처는 대개 논제의 내용에 따라 범주화된다. 선행연구는 발행 시기(출간 시기), 자원 유형(출판 유형), 구체적인 내용(내용 유형)에 따라 그 유형을 분류할 수 있다(<그림 2.3>).

〈그림 2.3〉 선행연구의 유형

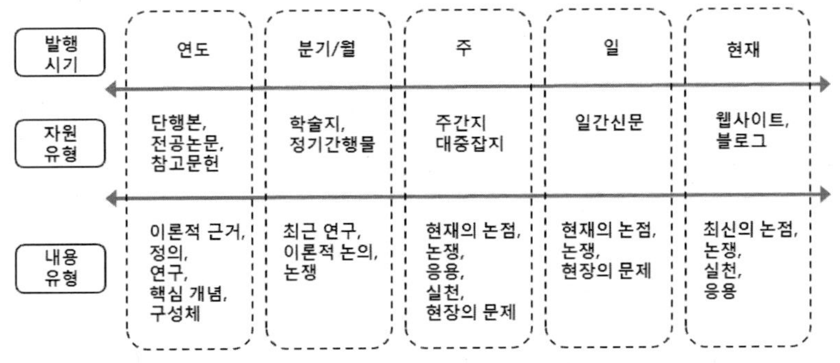

<그림 2.3>에서 알 수 있는 바와 같이, 서로 다른 유형의 선행
연구는 서로 다른 범주의 정보를 포함하고 있다. 우리는 어떤 논제
의 이론적 토대를 찾기 위하여 대중잡지를 검색하지 않을 것이며,
최신의 논점을 찾기 위하여 오래된 단행본을 뒤적이지 않을 것이
다. 선행연구를 정사할 때마다 연구자는 자신이 찾고자 하는 정보
의 범주와 그것을 담고 있는 적절한 데이터베이스가 무엇인지 생각
하여야 한다.

실천현장의 전문가가 수행하는 학문적인 문헌고찰은 이론적 지
식과 현장 기반의 지식을 동시에 얻는 과정이다. 이론적 문헌은 논
제를 명확하게 정의하며, 논제의 깊이와 넓이를 이해할 수 있는 지
식 기반을 제공한다. 현장 기반의 문헌은 연구의 논점, 중요성, 적
절성을 평가하는 데 유용하다.

서로 다른 데이터베이스는 서로 다른 문헌의 유형을 갖고 있다.
<표 2.2>는 선행연구의 유형별로 데이터베이스의 범주를 보여 주
고 있다. 특정 학문분야의 연구를 직접적으로 다루는 최신의 데이
터베이스를 찾기 위해서는 도서관의 사서와 상의하거나 도서관의
온라인 데이터베이스 목록을 참조하는 것이 좋다.

〈표 2.2〉 선행연구의 데이터베이스

문헌 유형	단행본, 주제, 저자	학술지, 정기간행물	논문, 학위논문	잡지, 신문	웹사이트, 블로그
데이터 베이스	도서관 카탈로그, 온라인 공공접근 카탈로그	도서관 및 온라인의 주제 색인 및 초록	학위논문 초록	온라인 색인 웹 조회	온라인 검색엔진

자료: Machi & McEvoy, 2009, p. 41.

연구자는 자신이 탐구하고 있는 문헌의 초점(focus), 관점(vantage point), 내용(content)에 맞는 선행연구 데이터베이스를 조회하는 일로부터 문헌의 정사를 시작할 수 있다. 예를 들면, 연구자가 '지능의 이론'을 논제 관심(topic interest)으로 설정하였으며, 연구자가 선택한 관점(vantage point)은 '인지심리학'이라고 가정하자. 연구자는 온라인 공공 접근 카탈로그(OPAC: Online Public Access Catalogs)를 조회함으로써 검색을 시작한다. 이것은 <표 2.2>에 제시된 데이터베이스 유형의 검색으로 이어지는 출발점이 된다. 검색 디렉터리(search directory)는 연구자가 정보를 얻기 위하여 조회하는 데이터베이스를 말한다. 일반적으로 데이터베이스 검색을 위한 조회에는 불리언 논리(Boolean logic)가 사용된다.[3]

불리언 연산자(Boolean operators)란 두 단어 사이의 관계를 지정해 줌으로써 정확한 검색결과를 얻기 위해서 사용하는 단어 혹은 기호를 말한다. 그 종류에는 'and', 'or', 'not' 등이 있다(<표 2.3>).

〈표 2.3〉 불리언 논리 연산자(Boolean operators)

연산자	논제의 검색	서술자의 용도
and	좁힌다	서술자들을 연결함
not	제외한다	서술자들을 제한함
or	확장한다	서술자들을 부가함

---

3) Boolean이란 용어는 영국의 수학자인 George Boole(1815~1864)의 이름에서 유래되었다. 『사고의 법칙(An Investigation of the Laws of Thought)』이라는 책을 썼던 그는 and, or, not이라는 이진 연산자를 사용해 이진 정보를 처리할 수 있는 모델을 만들었다. 그는 인간의 정신작용 역시 인식된 정보를 '참' 혹은 '거짓'이라는 두 개의 환원된 정보로 처리하는 과정에서 이루어진다고 생각하였다.

‘and’는 집합으로 말하자면 ‘교집합’의 연산자이며, 복수의 키워드가 모두 포함된 문서를 검색할 때 사용한다. 예를 들면, ‘파리 and 프랑스’는 ‘파리’와 ‘프랑스’가 모두 들어 있는 문서를 검색하라는 의미이다. ‘파리’라는 단어는 ‘fly(곤충)’라는 의미도 가지고 있으므로 ‘파리’와 ‘프랑스’를 and 관계로 맺어 주면 ‘fly’라는 의미의 ‘파리’는 자연스럽게 검색에서 걸러지게 될 것이다. 반대로 ‘파리 and 모기’와 같이 ‘파리’와 ‘모기’를 and 관계로 맺어 주면 해충에 관한 검색을 할 때 유용하다.

‘or’는 집합에서 ‘합집합’에 해당하고, 해당 키워드 가운데 어느 하나라도 포함된 문서를 검색할 때 사용한다. 예를 들면, ‘개 or 강아지’는 ‘개’와 ‘강아지’ 가운데 어느 한 단어라도 들어 있는 문서를 검색하라는 의미이다. ‘dog’까지 포함시키고 싶다면 ‘개 or 강아지 or dog’이라고 검색하면 된다.

‘not’은 집합의 ‘차집합’에 해당하고, 그 뒤의 키워드가 포함되지 않은 문서를 검색하고자 할 때 사용한다. 예를 들면, ‘게임 not 스타크래프트’는 ‘게임’에 대하여 검색을 하되 ‘스타크래프트’는 제외하고 검색하라는 의미이다.

한편, 국가과학기술정보통합서비스(http://www.ndsl.kr/brief_page.do)의 검색식 및 연산자는 불리언 논리 연산자와는 조금 다르다. 과학기술정보통합서비스의 경우, 논리연산자(AND, OR, NOT), 인접연산자(/w, /n), 범위연산자($\sim$), 비교연산자($<$, $>$, $=$, $>=$, $<=$), 절단/구문연산자(*, ?, “ ”)와 검색어를 사용하여 원하는 검색식을 작성한다. 단, 비교연산자는 고급검색에서 기간을 제한하여 검색할 경우에만 지원되는 검색연산자이다(<표 2.4>).

연산자	검색식 예시	설명
AND (&,공백, and, AND)	computer & science computer science computer and science computer AND science	두 단어가 모두 포함된 문서를 검색
OR (|, or, OR)	image | resolution image or resolution image OR resolution	두 단어 중 어느 한 단어가 포함된 문서를 검색
NOT (!, not, NOT)	황금 ! 백금 황금 not 백금 황금 NOT 백금	황금이 들어간 문서 중 백금이 들어간 문서는 제외
/w	computer /w science	두 단어가 한 단어 내에서 순차적으로 인접한 문서를 검색
/w[n]	computer /w[n] science	두 단어가 n단어 내에서 순차적으로 인접한 문서를 검색
/n	computer /n science	두 단어가 한 단어 내에서 순서에 관계없이 인접한 문서를 검색
/n[n]	computer /n[n] science	두 단어가 n 단어 내에서 순서에 관계없이 인접한 문서를 검색
~	2002 ~ 2004	특정 기간에 생산된 문서를 검색
〉	〉2006	특정 일자보다 이후에 생산된 문서를 검색
〈	〈2002	특정 일자보다 이전에 생산된 문서를 검색
〉=	〉= 2006	특정 일자를 포함하여 이후에 생산된 문서를 검색
〈=	〈= 2002	특정 일자를 포함하여 이전에 생산된 문서를 검색
*	semi*	절단검색으로, 특정 character로 시작하는 문서를 전부 검색
?	compu?er	절단검색으로, 특정 character가 포함된 문서를 모두 검색
구문검색("")	"image and video"	구문검색으로, ""에 들어 있는 스트링이 존재하는 문서를 검색

자료: http://www.ndsl.kr/brief_page.do

2) 선행연구의 속독(skimming)

연구자가 문헌고찰에 포함시킬 가능성이 있는 문헌을 찾아내기 위하여 정사의 과정을 마쳤다면, 이제 실제로 어떤 문헌을 검토할 것인가를 결정하여야 한다. 이 단계에서 선행연구의 속독(skimming)이 필요하다. 속독, 즉 빨리 훑어 읽기는 본문 안에 들어 있는 중요한 개념을 신속하게 찾아내기 위한 것이다. 정사(scanning)는 문헌고찰의 대상에 포함시킬 가능성이 있는 잠재적 정보를 찾아내기 위한 과업인 반면, 속독(skimming)은 잠재적 정보 중에서 최선의 것을 찾아내려는 과업이다. 즉, 연구자는 빨리 훑어 읽기를 통해 문헌고찰의 대상에 어떤 문헌을 포함시키고 어떤 문헌을 제외시킬 것인가를 결정한다. 선행연구 속독의 단계에서 연구자를 안내하는 두 가지 기준은 다음 질문에 담겨 있다.

- 특정 선행연구를 연구에 포함시킬 것인가, 아니면 연구에서 제외시킬 것인가?
- 만약 포함시킨다면, 그 선행연구 안의 어떤 내용이 유용한가?

연구자가 속독(skimming)을 할 때 다음과 같은 두 가지 기법을 사용할 수 있다. 첫째, 연구자의 논제와 관련 있는 구체적인 문헌을 찾기 위하여 목차나 색인을 조사하고 재검토한다. 둘째, 문헌에 들어 있는 정보가 연구자의 논제 진술과 들어맞는지 알아보기 위해 문헌의 장, 절, 부분 등을 속독한다. 속독(skimming)은 선행연구 고찰을 위하여 구체적인 문헌을 찾아내고 체계화하고 분류하는 일이다. 속독의 결과는 참고문헌 등재카드의 뒷면에 기록된다(<그림 2.4> 참조).

〈그림 2.4〉 참고문헌 등재카드(뒷면)

저자:	**주요 개념/서술자**
고찰대상 선택:	
초록:	
참고사항	

선행연구를 속독하는 요령은 다음과 같다.

- 속독(skimming)은 초록이나 본문의 서론 부분부터 시작한다.
- 해당 문헌이 선행연구 고찰의 논제 진술(topic statement)을 다루고 있는지 알아보고, 만약 그렇다면, 어떻게 다루고 있는지 살펴본다.
- 단행본이나 정기간행물 자료의 목차 또는 주요 소제목(heading)을 검토한다. 연구자의 논제 진술에 들어 있는 주요어(key terms)나 연구논제(core ideas)를 다루고 있는 장이나 절에 특히 주목한다.
- 참고문헌 등재카드 앞면의 '고찰대상 선택(selection review)'란에 결과를 기록한다. 표제어마다 별도의 참고문헌 등재카드를 작성하되, 여기에는 쪽수 등을 기록하여 두는 것이 좋다.
- 일단 단행본이나 정기간행물의 특정 영역을 선택한 다음에 연구자는 적절한 정보를 찾기 위하여 그 부분을 속독하는 것이 좋다. 주요 개념을 파악하기 위해서는 첫 번째 단락(서론)과 마지막 단락(결론)을 읽는 것이 요령이다.
- 주요 개념을 파악하기 위하여 평상시 속도보다 3~4배 빠른 속도로 해당 부분을 읽는다.
- 참고문헌 등재카드(bibliographic entry card)의 초록(abstract) 부분에 기록한 주요 개념에 주목하기 바란다. 다시 강조하거니와, 모든 주요 개념에는 쪽수가 기입되어 있어야 한다. 또한 단행본의 말미에 있는 용어풀이(glossary), 부록, 기타 정보를 확인한다. 용어풀이가 있는 경우, 논제의 연구논제나 주요어가 어떻게 정의되어 있는지 훑어 읽어 보고, 그 결과를 정리한다.

예를 들어, 연구자의 연구논제가 '인간 지능의 본질은 무엇인가?'

라고 가정하자. 선행연구의 정사(scan)를 통해 몇 개의 잠재적인 자료원이 발견되었으며, 연구자는 이것을 분류하고 정리하였다. 이제 속독, 즉 빨리 훑어 읽기의 단계이다. Gardner의 *Intelligence Reframed*는 연구자가 인용한 단행본 가운데 하나이다. 이 책의 서론을 읽고 나서 연구자는 이 문헌이 문헌고찰에 중요한 기여를 할 것이라고 판단하였다. 목차를 검토한 결과, 연구자는 제1장부터 제7장까지의 내용이 자신의 연구논제인 '심리학의 지능 이론'과 직접적인 관련이 있다는 것을 알게 되었으며, 따라서 연구자는 참고문헌 등재카드의 '고찰대상 선택(selection review)'란에 각 장의 제목과 쪽수를 기록하였다. 이어서 연구자는 각 장의 시작 단락과 끝맺음 단락을 읽었으며, 각 장의 본문을 빨리 훑어 읽었다. 연구자는 각 장의 주요 개념을 참고문헌 등재카드의 '초록(abstract)'란에 기록하였다. 또한 연구자는 참고문헌 등재카드의 '참고사항(notes)'란에 단행본의 부록 D에 다중지능이론에 관한 다양한 출처의 목록이 수록되어 있다는 사실을 기록하였다. 끝으로, 연구자는 선택된 모든 문헌을 대상으로 이와 같은 속도의 임무를 수행하였다.

3) 검색된 자료의 매핑(mapping)

선행연구를 전반적으로 정사(scan)하고 검색된 연구문헌을 훑어본(skim) 다음에는 선행연구가 어떤 유형으로 구성되어 있는가 알아보기 위해 매핑(mapping)의 방법을 활용하는 것이 좋다. 매핑은 문헌고찰에 포함될 연구문헌을 시각적으로 조직하는 기법이다. 이 단계에서 연구자는 개별 선행연구가 자신의 논제 진술(topic statement)에 기여하고 있는 바를 분석하여야 한다. 앞서 언급한 바와 같이, 논제 진술은 핵심 아이디어(core ideas)와 주요어(key terms)로 이루어져 있다. 이 핵심 아이디어와 주요어가 바로 참고문헌 등재카드(bibliographic entry card)의 서술자(敍述子, descriptor)이다. 연구자가 할 일은 서술자와 관련된 내용을 분류하여 목록으로 만드는 일이다. 이 검색 단계에서 연구자는 검색된 각 연구문헌들이 논제를 이해하는 데 도움이 된다는 것을 인식하게 될 것이다. 매핑을 통해 연구자는 수집된 자료를 유형화할 수 있으며, 그를 바탕으로 다음 단계의 분석이 가능해진다.

예비 논제 진술을 개발할 때 사용한 서술자(descriptor)를 내용 지도(content map)의 중심 주제로 사용하는 것이 좋다. 또한 주요어(key terms)와 서술자를 주요 소제목(heading)으로 삼아 수집된 자료의 대체적인 윤곽(outline)을 그리는 것이 바람직하다. 이 두 가지 방법은 모두 우리가 얻은 정보를 효과적으로 정리하는 데 도움이 된다.

매핑은 자료의 정사(scan) 및 훑어보기(skim) 과정에서 수집된 자료가 논제 진술과 얼마나 관련성이 있는지 알아보기 위하여 자료의 검색 단계에서 사용하는 방법이다. 이것은 수집된 자료를 지도 그리기에 의해 시각적으로 정리하는 방법이다. 일반적으로 정보의 유형을 판단하기 위해서는 내용 지도(content map)와 저자 지도(author map)가 흔히 사용된다. 내용 지도의 대표적인 예는 핵심개념지도(core idea map)이다. 선행연구의 조사 결과를 매핑하는 과정은 다음과 같다.

① 핵심개념지도를 그릴 때 선행연구 검색의 서술자(descriptor)를 중심 주제로 사용한다. 즉, 중심 주제별로 핵심개념지도를 그린다. 따라서 중심 주제의 수만큼 핵심개념지도가 만들어진다.

② 선행연구의 정사(scan)와 속독(skimming)의 과정에서 얻은 정보가 충분한 수준인지 판단하기 위하여 논제 진술(topic statement)과 핵심개념지도를 비교한다. 만약 양자 사이에 괴리 또는 누락이 있다고 여겨지면 선행연구의 정사와 속독의 과정을 다시 반복하여야 한다.

③ 수집한 자료를 저자별로 재구성하여(reorganize) 정리할 때, 이론 지식(theory knowledge)과 인용문(citations)을 체계적으로 기록한다. 저자 지도(author map)를 만들 때 상세한 자료를 기록하는 것이 좋다.

④ 마지막 과정은 지도를 재검토하는 단계이다. 논제(topic)에 관한 기본 정보를 어느 정도 이해하였으므로 이제는 연구자가 스스로에게 '지금까지 내가 관심을 가져왔던 논제 관심(topic interest)을 수정할 필요가 있는가?'라는 질문을 던져야 한다. 만약 논제 관심을 수정할 필요가 있다면, 그에 맞게 논제 진술(topic statement)을 재작성하여야 한다.

(1) 핵심개념지도

핵심개념지도는 '연구논제를 중심으로 한 매핑(mapping by core idea)'을 의미한다. 핵심개념지도는 예비 논제 속의 연구논제들을 여러 개의 중심 아이디어로 분리하여 시각적으로 정리하는 도구이

다. 핵심개념지도는 '이 주제(subject)에 대하여 무엇이 알려져 있는
가?'라는 질문에 대한 대답을 제공한다.

핵심개념지도는 <그림 2.5>와 같은 모형으로 표현된다. 핵심개
념지도의 중앙에 위치한 연구논제 또는 서술자(descriptor)가 지도의
중심 개념 또는 주제로서의 기능을 수행하고 있다. 연구논제를 구성
하고 있는 각 부분이나 범주는 보조적인 개념으로 표현되어 있다.

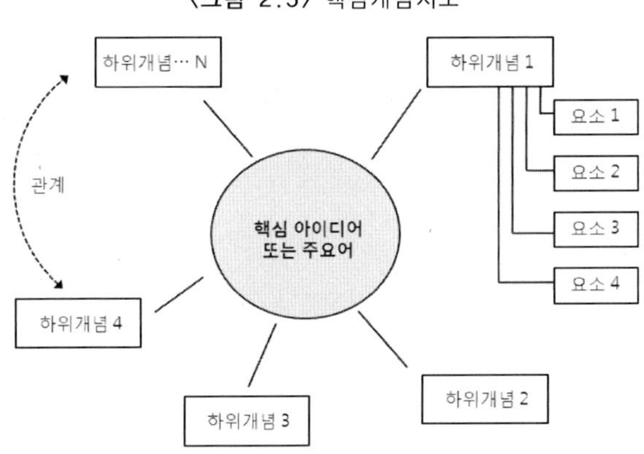

〈그림 2.5〉 핵심개념지도

자료: Machi & McEvoy, 2009, p. 49.

<그림 2.5>는 연구논제의 기본형을 제시한 것에 불과하다. 유형
별, 주제별, 연대순 등 연구자가 설정한 연구질문의 내용에 따라 연
구논제와 보조 개념(하위개념)을 다양한 모습으로 배열할 수 있다.

각각의 보조 개념을 여러 개의 범주(요소)로 세분하는 일도 중요
하다. 예컨대, 법률, 이론, 정의, 실례 등이 그 예가 될 수 있다. 경
우에 따라서는 세분된 범주를 다시 한번 잘게 쪼개는 일도 가능할
것이다. 연구논제와 그것을 구성하는 부분이 무엇이냐에 따라 연구

자가 그리는 지도의 모습이 달라진다. 핵심개념지도의 성패를 결정 짓는 요체는 그 지도가 말해 주는 줄거리(story)이다. 연구자는 지도 를 그려 나가면서 다음과 같은 질문에 자문자답하는 것이 좋다.

① 핵심개념지도가 묘사하는 내용이 명확하고(clear), 포괄적(inclusive) 이며, 광범위한가(comprehensive)?
② 이 지도에는 연구논제에 관한 현재의 지식수준이 기록되어 있는가?

연구자는 최초의 주제 지도(subject map)에 포함되었던 개념, 주요 서술자, 주요어 모두에 대하여 각각 핵심개념지도를 그려야 한다. 한 가지 더 첨언하자면, 핵심개념지도는 선행연구 고찰의 전 과정 내내 지속적으로 사용되어야 하는 도구이다. 다시 말해, 향후의 후속 단계 에서도 핵심개념지도를 계속 활용하는 것이 좋다. 핵심개념지도는 선행연구 고찰이라는 긴 여정을 항해하는 동안 문헌의 검색과 분석 단계에서 연구자에게 많은 도움을 줄 수 있는 유용한 도구이다. 핵심 개념지도는 연구논제(research topic)를 정교하게 만드는 이정표의 역 할을 수행한다. 끝으로, 핵심개념지도는 선행연구 고찰의 최종단계에 서도 유용하게 사용된다. 나중에 연구자가 선행연구 고찰의 결과를 글로 정리할 때 먼저 전반적인 기술 내용의 윤곽을 결정하여야 하는 데, 이때 참고할 수 있는 도구가 바로 핵심개념지도이다.

<그림 2.6>은 인간지능이론(theory of human intelligence)의 역 사에 관한 내용을 담고 있는데, 핵심개념지도의 초기 단계를 보여 주는 예이다. 주요 서술자, 즉 지도의 중심 논제는 '지능이론의 역사' 이며, 이것을 보조하는 다섯 개의 하위주제들이 열거되어 있다. 여

기에서는 지능의 진화를 설명하기 위하여 하위주제들이 연대기순으로 배열되어 있음을 알 수 있다. 각각의 주제는 보조 개념이나 하위논제를 사용하여 보다 상세하게 설명되고 있는데, 이러한 보조 개념이나 하위논제가 연구자가 정사(scan)와 속독(skimming)을 통해 수집한 자료의 유형을 분류하는 역할을 맡고 있다. 각각의 하위논제에는 저자에 관한 정보가 달려 있어 관련 정보를 상호 참조할 (cross-reference) 수 있다.

<그림 2.6> 연구논제 지도의 예시: 지능의 역사

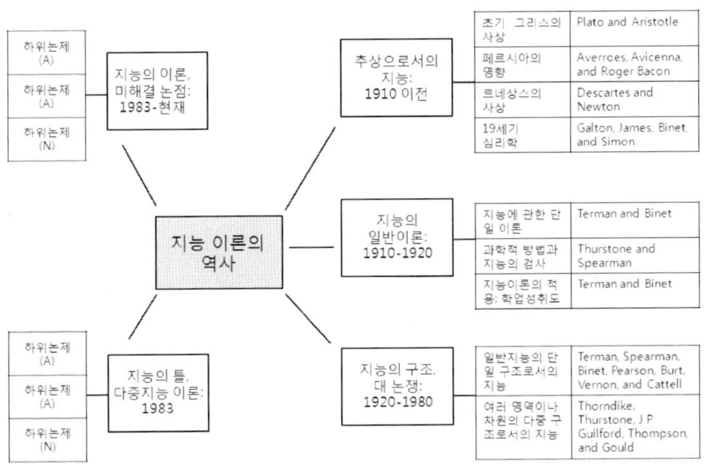

자료: Machi & McEvoy, 2009, p. 51.

(2) 저자 지도

저자 지도(author map)는 저자의 기여를 중심으로 한 매핑(mapping by author contribution)의 결과물이다. 저자 지도는 선행연구의 정사

(scan)와 속독(skimming)을 통해 수집한 자료를 저자별로, 즉 저자의 관점(vantage point)에서 시각적으로 체계화한 것이다. 저자 지도에서는 핵심개념지도와는 다른 방법이 사용된다. 핵심개념지도가 특정 주제에 관한 지식을 중심으로 관련 자료를 정리한 것인 반면, 저자 지도는 저자 개개인을 중심으로 자료를 정리한 것이다. 앞서 언급한 바와 같이, 핵심개념지도는 '이 주제에 관하여 무엇이 알려져 있는가?'라는 질문에 대한 대답을 제공한다. 반면에, 저자 지도로부터는 '누가 그와 같은 연구를 수행하였는가?'라는 질문에 대한 대답을 얻을 수 있다. <그림 2.7>은 저자 지도의 기본 개념을 설명하는 하나의 예이다.

<그림 2.7> 저자 지도(author map)

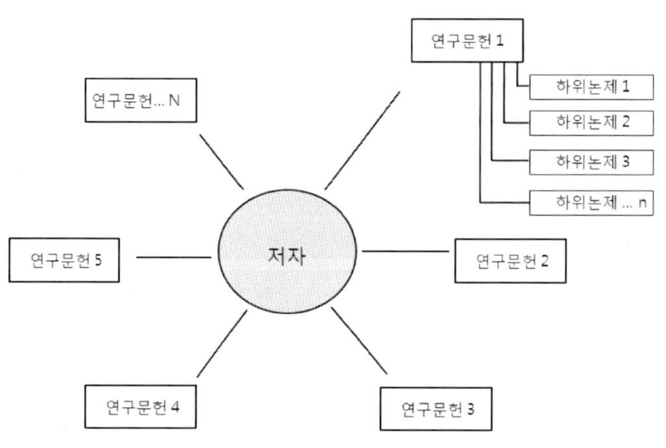

자료: Machi & McEvoy, 2009, p. 52.

문헌고찰 결과를 기술하는 단계에 이르러 저자 지도를 적절하게 사용하면 문헌고찰의 내용이 더욱 풍부해진다. 그런데 저자 지도의 내용을 바탕으로 문헌고찰 결과를 기술하게 되면 자칫 '사람(저자)

중심의 기술'이 될 가능성이 커진다는 점을 간과해서는 안 된다. 일반적으로 선행연구 고찰의 영역에서 사람 중심의 기술은 바람직하지 않은 방식으로 인정되고 있다. 따라서 연구자는 개념 중심으로 문헌고찰의 결과를 기술하여야 하는데, 그러자면 저자 지도를 핵심개념지도로 변환한 뒤 핵심개념지도를 바탕으로 문헌고찰의 결과를 기술하거나 또는 핵심개념지도를 보완하는 용도로 저자 지도를 활용하는 것이 좋다(문헌고찰의 결과를 기술하는 구체적인 방법에 대해서는 제6장에서 상술함).

저자 지도는 핵심개념지도의 깊이와 구체성의 정도를 높일 수 있다. 저자 지도의 작성 단계에서는 문헌고찰의 대상에 포함된 모든 저자를 대상으로 그의 연구 성과를 설명하는 저자 지도를 작성하여야 한다. 저자 지도에 수록된 내용은 핵심개념지도에 실린 내용과 상호 참조(cross-reference)가 가능하다. 저자 지도를 그리는 과정은 다음과 같다.

① 개개의 연구문헌(text)에 주목한다. 이에 관한 정보는 참고문헌 등재카드(bibliographic entry card) 상의 '저자'란에서 얻을 수 있다.

② 각 연구문헌으로부터 얻은 적절하고 구체적인 내용을 지도에 표시한다. 내용, 이론 설명 또는 각 장의 소제목 등에 관한 개념이나 세부 사항을 지도 위에 배열하는 것이 좋다. 참고문헌 등재카드 상의 '초록'란에서 관련 정보를 찾을 수 있을 것이다.

③ 각 연구문헌 사이의 관계를 저자 지도 위에 묘사한다. 이 정보는 이론을 비교하고, 주제에 관한 정보를 상호 간에 참조할 수 있게 만들며, 연구문헌 사이의 연대순의 관계를 알려 준

다. 저자 지도에는 가능한 한 많은 정보를 담는 것이 좋다. 참고문헌의 페이지 수, 중요한 인용문, 다른 연구자나 선행연구 등이 그러한 정보의 예이다. 자료의 정사(scan) 및 속독(skimming)의 경우와 마찬가지로, 연구목적과 연구자의 학문적 취향에 맞게 지도를 만드는 기술과 디자인을 변형시키는 것이 바람직하다.

4) 자료의 관리

문헌의 정사(scan)에 앞서 연구자는 입수한 자료를 어떻게 분류하고 기록할 것인지 미리 정해 놓아야 한다. 연구자가 자료를 체계적으로 관리하지 않으면, 자료가 연구자를 관리하려 들 것이다. 즉, 연구자는 엄청난 양의 자료에 파묻혀 운신하기 어려운 지경에 처하고 만다. 문헌고찰의 단계에서 연구자는 두 가지 유형의 정보를 관리하여야 하는데, 하나는 참고문헌 정보이고, 다른 하나는 정사의 경과(scan progress)에 관한 정보이다.

(1) 참고문헌 정보의 기록

전문가들은 참고문헌 정보를 기록하는 방식에 대하여 매우 다양한 아이디어를 내놓고 있다. 선행연구 검색결과를 기록하는 양식은 '참고문헌 등재카드', '선행연구 고찰의 건축 양식', '문헌고찰 매트릭스', '노트 정리 방식' 등이 있다.

① 참고문헌 등재카드

모든 표제어(entry)마다 참고문헌 등재카드(bibliography entry card)를 만들어야 하는데, 여기에는 저자, 제목, 출판사, ISBN(International Standard Book Number), 쪽수, 호출번호 등이 기록된다. 개념 또는 서술자(descriptor)별로 표제어 목록을 만드는 것이 좋다. 참고문헌에 관한 정보는 종이로 만든 참고문헌 등재카드에 기록할 수도 있고 (<그림 2.8> 참조), 현재 상업용으로 개발되어 있는 컴퓨터 소프트웨어(예: *EndNote*, *Citation* 등)를 사용하여 기록할 수도 있다.

<그림 2.8> 참고문헌 등재카드(앞면)

저자: 연도:		주요 개념/서술자
단행본 　제목: 　출판사: 　ISBN: 　Dewey 십진분류번호: 　카탈로그 호출번호:		
정기간행물 　학술지 명: 　권: 　호: 　쪽수: 　카탈로그 호출번호:		

참고문헌 등재카드를 작성하기 위해 연구자는 지금까지 설명한 기법과 도구를 사용하여 다음의 과업을 수행할 수 있을 것이다.

- 예비 논제 진술(preliminary topic statement), 그 초점(focus), 관점 (vantage point)을 주요 개념들과 연결시킬 수 있는 구체적인 정사 전략(scanning strategy)을 세운다.

- 주요 개념들을 연구의 서술자(descriptors)로 설정한다.
- 적절한 데이터베이스를 조회하기 위한 틀(예: Boolean 분석틀)을 구축한다.
- 고찰의 대상에 포함될 가능성이 있다고 여겨지는 문헌을 기록하는 분류 도구(cataloging tools)를 개발한다.
- 여러 문헌을 정사하는(scan) 순서와 목적을 정의하고, 검색하려는 데이터베이스와 그에 대한 접근가능성을 확인한다.

② '문헌고찰의 건축 양식' 표를 사용한 논증단계별 정리

선행연구 고찰은 아무런 계획 없이 무작정 진행할 수 있는 과업이 아니다. 일련의 선행연구를 읽고 그 결과를 정리하는 체계적인 계획이 필요하다. '문헌고찰의 건축 양식(literature review architecture)'은 Swales & Feak(2000, pp. 118-124)에 의해 고안된 개념인데, 논증 단계별로 관련된 선행연구의 명칭과 페이지 수를 기록한 표를 지칭한다.

이 방법의 기본원리는 연구자가 먼저 어떤 논증을 설정하고 그 논증의 정당성을 주장하는 데 필요한 증거를 확보하기 위하여 선행연구에 의존한다는 것이다. 연구자는 문헌고찰의 과정에서 선행연구의 저자들로부터 통제를 받는 것이 아니라 오히려 연구자가 자신의 목적을 달성하기 위하여 적극적으로 선행연구를 활용한다(Ridley, 2008, p. 84).

이 방법의 첫 번째 절차는 연구자가 자신의 논증에 관한 개요를 작성하는 일인데, 이것이 바로 문헌고찰의 건축 양식(architecture)이 된다. 연구자는 논증의 각 단계별로 자신의 주장을 지지하거나 증거가 될 수 있는 선행연구들을 한데 모은다. 이때 연구자의 주장을 뒷받침하는 정보를 포함하고 있는 선행연구의 쪽수(page numbers)

를 함께 적어 놓는 것이 좋다. 일반적으로 문헌고찰의 건축 양식이
라는 이름의 표는 <표 2.5>와 같은 골격을 갖추고 있다.

〈표 2.5〉 문헌고찰의 건축 양식(literature review architecture)

논증의 단계	관련 선행연구와 쪽수

자료: Ridley, 2008, p. 85.

연구자는 자신이 구상하고 있는 논증의 단계로부터 문헌고찰의
장을 구성하는 소제목(headings)과 그 아래의 세부제목(subheadings)
을 추론해 낼 수 있을 것이다. 연구자는 위에 제시된 것과 같은 표
를 사용하여 먼저 자신의 연구를 전반적으로 관통하는 전반적인 계
획을 세우는데, 그것은 문헌고찰의 결과를 일목요연하게 표현하는
소제목과 세부제목을 정하는 일이다. 이어서 연구자는 그러한 계획에
따라 각 절(section)을 보다 구체적인 내용으로 메우는 절차를 밟는다.

<표 2.6>은 심리학 박사학위논문의 일부분이다(Ridley, 2008, p. 85).
이것은 선행연구의 고찰의 장 가운데 하나의 절을 인용한 것인데,
연구자가 논증을 어떻게 계획하였으며 그것을 어떻게 발전시킬 것
인가를 보여 주는 예이다. 연구자는 문헌고찰의 건축 양식을 사용
하여 다양한 목적이론을 충실하게 제시하고 있다.

〈표 2.6〉 문헌고찰의 건축 양식(literature review architecture)의 예

[절의 소제목: 목적 – 성취 모형(models of goal–achievement)]

논증의 단계	관련 선행연구
목적이론의 비교에 관한 선행연구의 부족	Bagozzi and Kimmel, 1995; Fredricks and Dossett, 1983; Valois et al., 1988; Cacioppo and Berntson, 1995; Weinstein, 1993
'Rubicon 모형'의 소개: 행동단계(목적이론의 범주화) Predecisional, preactional, actional	Heckhausen, 1987; Heckhausen and Gollwitzer, 1986, 1987
Predecisional 행동 단계: 계획된 행동이론	Ajzen, 1985, 1991; Sheeran, 2002; Bandura, 1977
목적 설정 모형	Locke and Latham, 1990; Carver and Scheier, 1981; Hyland, 1988; Baumeister, Heatherton and Tice, 1994; Emmons and King, 1988; Hook and Higgins, 1988
Preactional 단계: 자기규제이론	Bagozzi, 1992; Abelson, 1988; Latham and Locke, 1991
실행 의도	Gollwitzer, 1990
Actional 단계: 자기규제의 강점	Baumeister et al., 1994; Luminet et al., 2000; Muraven and Baumeister, 2000; Baumeister et al., 1998; Webb and Sheeran, 2003
정서	Martin and Tesser, 1988, 1996; Keltner and Gross, 1999; Lazurus, 1991; Levenson, 1994; Kuhl, 1996, 2000
사회적 영향력; 수행능력 피드백	Povey et al., 2000; Rutter et al., 1993; Deci and Ryan, 1985; Tauer and Harackiewicz, 1999

자료: Ridley, 2008, p. 86.

사람에 따라 문헌고찰의 과정을 밟는 순서도 다르다. 어떤 연구자들은 글쓰기 작업을 시작하기 전에 전반적인 계획을 세우는 것을 선호한다. 반면에, 다른 연구자들은 글쓰기 작업을 먼저 시작한 다음에 차츰 글을 써 나가면서 문헌고찰 장의 틀을 정교하게 갖추어 나가는 방식을 더 좋아한다.

③ 문헌고찰 매트릭스의 활용

매트릭스(matrix)는 행과 열로 구성된 표를 말하는데, 문헌고찰 매트릭스(review matrix)는 선행연구의 검토결과가 정리된 표를 지칭한다. 따라서 문헌고찰 매트릭스 방법이란 연구자가 선행연구의 검토결과를 매트릭스에 정리하는 방법을 말한다. 아래 <표 2.7>과 같이, 문헌고찰 매트릭스의 열(column)에는 선행연구 검토결과를 주요 항목별로 기록하며, 행(row)에는 선행연구로부터 발췌한 일련의 내용을 선행연구별로 적어 넣는다.

<표 2.7> 문헌고찰 매트릭스의 형식

항목 1 예: 저자, 제목, 학술지명	항목 2 예: 발표연도	항목 3 예: 연구목적	항목 4 예: 연구설계의 유형
학술지 논문 1	2005	간질 약물치료	실험설계 연구
학술지 논문 2	2008	우울 약물치료	사례통제 연구
⋮	⋮	⋮	⋮
⋮	⋮	⋮	⋮

문헌고찰에 있어서 매트릭스 방법을 사용하는 이유는 무엇인가? 한마디로 말해, 문헌고찰 매트릭스는 혼돈에서 질서를 창조해 내는 가장 단순하고 효율적인 방법이다. 선행연구를 고찰하면서 부딪히

게 되는 문제는 너무 많은 단행본, 학술지 논문, 그 밖의 문헌자료로부터 나오는 혼돈과 무질서이다. 연구자는 수많은 정보의 홍수를 질서 있게 정리하고 보존할 수 있어야 하며, 이렇게 정리한 선행연구 검토결과를 실제로 연구를 수행할 때 효율적으로 활용할 수 있어야 한다. 문헌고찰 매트릭스는 문헌고찰 과정에 있어서 질서를 창조하는 표준화된 구조라고 할 수 있다. 문헌고찰 매트릭스를 만드는 과정은 집을 짓는 과정과 마찬가지이다. 집을 여러 공간으로 나누고 필요한 집기를 구비하듯이, 선행연구를 읽고 나서 발췌한 내용을 문헌고찰 매트릭스의 셀(cell) 안에 기록한다. 요컨대, 문헌고찰 매트릭스는 선행연구 검토에 관한 '모든 것을 기록하는 표'이며, 연구자는 이 표를 활용하여 선행연구의 정보에 효율적으로 집중할 수 있게 된다.

<표 2.8>은 가상의 자료에 대한 문헌고찰 매트릭스이다. 이 문헌고찰 매트릭스는 감기 치료에 관한 선행연구 고찰의 결과를 담고 있다.

〈표 2.8〉 '감기치료'에 관한 선행연구 고찰의 결과

저자, 제목, 학술지	발행연도	연구목적	방법론 설계
Brown, C. J. "보통감기의 치료", *Journal of Scientific Wonder*	2008	감기치료를 위해 X약의 효과를 위약효과와 비교	무작위 임상실험
White, R. M. "더 좋은 감기치료법" *Journal of Better Science*	2009	감기치료 효과를 증진하기 X약과 Y약의 효과를 비교	무작위 임상실험
⋮	⋮	⋮	⋮
⋮	⋮	⋮	⋮

자료: Garrard, 2007, p. 109.

④ 선행연구의 주요 내용을 정리한 노트의 활용

노트 카드(note card)를 사용하여 선행연구의 주요 내용을 정리하는 기법을 추천하는 학자들이 여러 명 있다(Bell, 2005, p. 71; Blaxter et al., 2006, p. 12; Walliman, 2005, p. 66; Ridley, 2008, p. 53). 노트 카드란 연구자가 선행연구의 저자, 제목, 학술지 명칭, 발행연도, 쪽수와 더불어 그 선행연구의 주요 내용을 요약하여 정리한 작은 카드를 말한다.

노트 카드는 연구자의 관점과 주장을 지지하는 여러 학자들의 견해와 입장을 일목요연하게 정리하는 데 유용한 기법이다. 연구자는 노트 카드에 기록된 선행연구의 정보들을 직접 살펴보면서 그중에서 어느 것을 자신의 논증 단계 가운데 어느 단계에서 유용하게 활용할 수 있을 것인지 판단할 수 있다.

(2) 정사의 경과(scan progress)

선행연구를 고찰하면서 여러 가지 목록이나 메모를 기록해 두면 나중에 여러모로 도움이 된다. 특정 연구주제의 검색 내용을 시시콜콜 기록해 두면 향후의 검색 계획을 수립하거나 이미 검색한 내용을 추적하는 데 활용할 수 있기 때문이다. 검색결과를 기록하는 행위를 일러 '서류 추적(paper trail)'이라 부르기도 한다(Garrard, 2007, p. 64). 어쨌든 적절한 문헌자료를 검색한 다음에는 그 내용을 적절하게 기록하는 일이 중요하다.

검색결과를 기록해 두면 다음과 같은 이점을 기대할 수 있다. 검색기록은 문헌자료를 검색하는 과정에 있어서 연구자가 어느 방향

으로 가고 있는지를 알려 주는 지도이며, 동시에 연구자가 어디에
서 있는지를 알려 주는 일기장이다. 지도를 보며 출발하는 연구자
는 능률적으로 검색활동을 전개할 수 있다. 일기를 적는 연구자는
과거의 행적을 기억할 수 있기 때문에 동일한 작업을 반복하는 잘
못을 피할 수 있다. 비범한 기억력의 소유자라 할지라도 만약 자신
이 탐색한 자료 출처의 목록을 기록하여 두지 않는다면 어느 정도
시간이 지난 다음에는 검색과정으로 되돌아가 이미 검색한 내용을
재검색하여야 하는 경우가 많이 생길 것이다.

때로는 문헌자료의 검색과정에서 도움을 준 사람들의 이름을 기
록하여 두는 일이 중요하다. 예를 들면, 자료의 검색과정에서 큰 도
움을 받은 도서관 사서의 이름을 적어 놓는 것은 좋은 습관이다.
미래 언젠가는 다시 한번 그 사람의 신세를 질 일이 생길지도 모르
기 때문이다. 마찬가지 논리에 의해, 자료의 검색과정에서 도움을
받은 교수나 동료학생의 이름을 기록하는 일도 필요하다. 반대로,
여러분의 기대와는 달리 별로 도움이 되지 않았던 사람들의 이름도
적어 둘 만하다. 과거의 잘못을 반복하지 않기 위해서 말이다.

연구자는 문헌의 정사를 통해 찾아낸 문헌 가운데 자신의 연구에
포함시킬 필요가 있다고 생각되는 자료의 목록을 기록(log)으로 만
들어 보유하는 것이 좋다. 이 기록은 두 가지 방법으로 수행할 수
있다. 첫째, 불리언 조회(Boolean query) 목록을 통해 직접적으로 문
헌을 정사하는 방법이 있다. 정사를 진행하면서 연구자의 연구에서
제외되는 항목을 하나씩 목록에서 제거해 나가면 된다. 목록에 남
아 있는 항목을 가지고 다음 단계의 작업을 진행한다. 모든 자료에
는 작업일자를 기록하여 둔다. 이러한 절차를 준수하면 고찰 대상

이 될 수 있는 문헌을 놓치는 일은 거의 일어나지 않을 것이다. 둘째, 데이터베이스 기록 프로그램(예: *EndNote* 등)을 사용하여 자료의 분류 및 기록 절차를 완료한다.

3. 선행연구 검색의 종류

문헌고찰은 탐구의 대상이 되는 현상에 관한 문헌자료를 획득하기 위해 품질이 높은 학술 데이터베이스를 조회하는 과정이다. 연구자가 자신의 연구주제와 관련된 기존의 지식체계를 검색하는 구체적인 기법으로는 주요어 검색, 후방 검색, 전방 검색 등을 들 수 있다(Levy & Ellis, 2006, pp. 190-192).

1) 주요어 검색(keywords search)

주요어 검색은 연구주제와 관련된 문헌자료를 찾기 위하여 주로 인터넷상에서 특정 단어나 어구(즉, 주요어)를 사용하여 학술 데이터베이스를 조회하는 것을 말한다. 일반적으로 주요어 검색의 대상은 관련 문헌의 주요어(keywords), 제목(title), 초록(abstract) 등이며, 심지어 관련 문헌의 본문 전체가 주요어 검색의 대상이 될 수도 있다.

초보 연구자의 경우 아직 자신의 연구분야에 대한 사전지식이 매우 부족한 상태이므로 적절한 주요어를 찾아내는 일 자체가 어려운 과업이다. 물론 주요어를 찾아내는 가장 좋은 출처는 해당 학문 영

역의 문헌들이다. 초보 연구자는 언제나 잠재적인 주요어를 찾아내
겠다는 마음가짐으로 모든 문헌자료를 읽어 나가는 것이 좋다.

주요어 검색은 문헌검색의 시작 단계일 뿐이며, 이것이 문헌검색
의 주된 단계는 아니다. 초보 연구자가 흔히 오해하는 것 중의 하
나가 바로 주요어 검색만으로 선행연구로부터 획득할 수 있는 모든
것을 다 구할 수 있다고 믿는 것이다. 그러나 사실은 그렇지 않다. 단
지 주요어 검색만으로는 깊이 있는 선행연구 검색을 하기는 어렵다.
따라서 주요어 검색은 다른 검색 방법과 보완적으로 사용되어야 한다.

주요어 검색을 실시하려는 경우 특정 단어나 어구의 변천과정에 주
목할 필요가 있다. 특정 분야의 주요어는 매우 제한된 수명(life span)
을 갖고 있으며, 따라서 그 용어가 어떤 변천과정을 거쳐 현재는
어떤 용어로 바뀌었는지 확인하여야 한다. 예를 들면, 우리나라에서
는 선천적 또는 후천적 요인으로 인해 지능의 발달이 늦은 정신장
애를 지칭하는 용어로 초기에는 '정신박약'이 사용되었으나 나중에
는 '정신지체'로 바뀌었으며 2007년 장애인복지법의 개정을 통해
'지적장애'가 통용되고 있다. 따라서 연구자가 문헌검색 과정에서
주요어로 '지적장애'만을 사용할 경우 검색되는 문헌자료의 양이
적을 수 있으며, 과거의 자료를 검색하기 위해서는 '정신박약'과
'정신지체'를 함께 사용할 필요가 있다.

주요어로 사용되는 단어나 어구가 시대에 따라 변하기는 하지만
그 바탕을 이루는 기초 이론이나 이론적 구성체(theoretical constructs)
는 상대적으로 안정적이다(Robey, Boudreau & Rose, 2000). 그러므
로 주요어 검색과 다른 검색 기법을 병용할 필요가 있다. 다음에
설명하는 후방 검색과 전방 검색은 연구자가 모형, 이론, 이론적 구

성체, 연구동향 등을 파악하는 데 유용한 검색 기법이다.

2) 후방 검색(backward search)과 전방 검색(forward search)

후방 검색과 전방 검색은 특정 선행연구의 발간시점을 기준으로 과거 방향으로 검색하는 기법과 미래 방향으로 검색하는 기법을 말한다(Webster & Watson, 2002). 첫째, 후방 검색은 특정 선행연구보다 더 일찍 출간된 문헌자료들을 찾는 검색기법이다. 즉, 특정 선행연구 안에 기술되어 있는 정보를 바탕으로 관련 문헌을 검색하는 과정이다. 둘째, 전방 검색은 특정 선행연구보다 더 늦게 출간된 문헌자료들을 찾는 검색기법이다. 이것은 특정 선행연구를 인용하였거나 그 저자가 출간한 다른 문헌자료를 찾아내는 과정이다(<그림 2.9>).

<그림 2.9> 전·후방 검색의 기본 개념

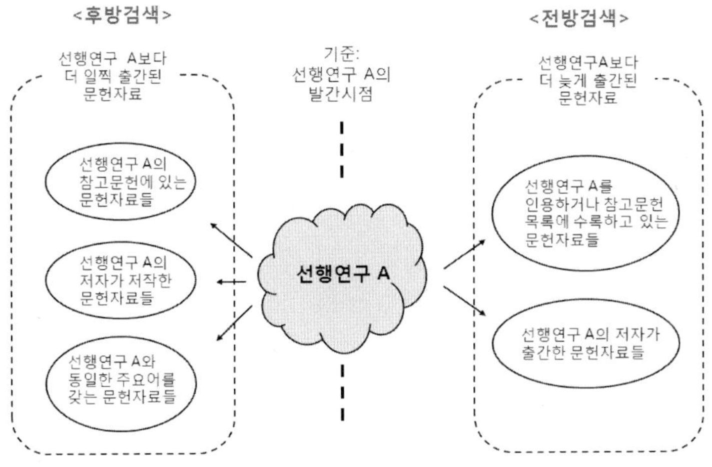

(1) 후방 검색(backward search)

대개의 연구자는 주요어 검색을 통해 자신이 의도하고 있는 연구주제에 대한 통찰력을 얻는다. 연구자가 선행연구를 효과적으로 검색하고 연구분야에 대한 지식을 얻기 위해서는 주요어 검색과 더불어 후방 검색을 실시하여야 한다. 후방 검색의 과정은 후방 참고문헌 검색, 후방 저자 검색, 과거에 사용된 주요어 검색으로 구분할 수 있다.

① 후방 참고문헌 검색(backward references search)

후방 참고문헌 검색은 주요어 검색으로 찾아낸 문헌자료의 참고문헌을 조사하는 방법이다. 예를 들면, 연구자가 '사회복지사를 겨냥한 클라이언트 폭력의 실태 및 영향요인'이라는 연구주제를 염두에 두고 있으며, 따라서 인터넷 검색 엔진의 주요어 검색을 통해 김경호, 방희명(2010)의 "클라이언트 폭력이 사회복지사의 직무만족에 미치는 영향"이라는 논문을 찾아냈다고 가정하자. 연구자는 위 논문의 참고문헌 목록에 수록되어 있는 선행연구들을 추적하여 클라이언트 폭력의 실태와 영향요인에 관한 내용을 파악하면 된다. 후방 참고문헌 검색을 통해 연구자는 자신이 연구하고자 하는 구성개념, 이론, 모형의 유래에 대하여 더 많이 알 수 있게 된다.

거의 모든 문헌자료에는 참고문헌이 달려 있으므로, 이른바 '꼬리에 꼬리를 무는' 참고문헌 검색 방법을 생각할 수 있다. 제2단계 후방 참고문헌 검색(second level backward references search)은 특정 선행연구의 참고문헌을 찾아 그 문헌자료의 참고문헌을 조사하는 것을 말한다. 즉, 이른바 '참고문헌의 참고문헌(references of references)'을 검색하여 조사하는 것이다. 이를 통해 연구자는 연구주제에 대하여 더욱 넓고 깊은 수준의 지식을 얻을 수 있다. 또한 참고문헌의 참고문헌을 추적하는 방식을 계속 반복할 경우 제3단계, 제4단계 또는 그보다 더 많은 단계의 후방 참고문헌 검색이 가능해진다.

② 후방 저자 검색(backward authors search)

후방 저자 검색은 저자가 특정 선행연구를 출간하기 전에 저작하여 발표한 여러 문헌자료를 검색하여 조사하는 것이다. 구체적으로, 인터넷의 검색엔진에 특정 저자의 이름을 넣어 검색을 실행하면 그 저자의 여러 선행연구를 찾을 수 있을 것이다. 일반적으로 전문가로서의 연구자는 비교적 좁은 분야의 연구논제에 대하여 연구를 수행하므로 특정 저자의 과거 문헌자료를 조사하면 연구논제에 관한 유용한 자료를 많이 얻을 수 있다.

③ 과거에 사용된 주요어(previously used keywords) 검색

과거에 사용된 주요어 검색은 특정 선행연구와 동일한 주요어를 갖는 문헌자료를 검색하여 조사하는 것이다. 구체적으로, 인터넷의 검색 엔진에 들어가서 주요어를 검색 대상으로 설정한 후 검색창에 특정 주요어를 넣어 검색을 실행한다.

(2) 전방 검색(forward search)

전방 검색은 특정 선행연구보다 더 늦게 출간된 자료를 검색하는

과정이다. 전방 검색은 전방 참고문헌 검색과 전방 저자 검색으로
구분된다.

① **전방 참고문헌 검색**(forward references search)

전방 참고문헌 검색은 특정 선행연구를 인용한 문헌자료를 찾아
내어 조사하는 방법이다. 즉, 특정 선행연구를 본문에 인용하였거나
참고문헌 목록에 수록하고 있는 모든 문헌자료를 고찰의 대상으로
삼는다. 인터넷의 검색 엔진을 통해 특정 참고문헌을 인용하고 있
는 여러 문헌자료의 검색이 가능하다. 연구자는 이 방법을 통해 자
신이 염두에 두고 있는 연구분야에 대한 지식의 폭을 더욱 넓힐 수 있다.

② **전방 저자 검색**(forward authors search)

전방 저자 검색은 어떤 저자가 특정 선행연구를 출간한 이후에
발표한 모든 문헌자료를 검색하여 조사하는 것을 말한다. 즉, 어떤
저자가 특정 선행연구를 출간한 이후에 발표한 모든 문헌자료를 고
찰의 대상으로 삼는다. 이 역시 인터넷 검색을 통해 효율적으로 수
행할 수 있는 검색기법이다. 이 방법을 통해 연구자는 특정 학자나
전문가에 대한 지식의 폭을 넓힐 수 있다.

4. 인터넷의 활용

선행연구를 검색하기 위해 인터넷을 이용하는 경우가 많다. 오늘

날 인터넷은 정보의 보고(寶庫)로 자리 잡았으며, 사실상 가상(假想)도서관(virtual library)으로서의 위치를 굳혔다고 해도 과언이 아니다. 여느 도서관과 마찬가지로, 인터넷은 외견상 무수한 정보원으로부터 나오는 정보를 이용자에게 제공한다. 그러나 주의할 점이 있다. 인터넷의 자료 출처는 신빙성(credibility), 정확성(accuracy), 정당성(soundness)의 정도가 천차만별이다.

인터넷의 가장 큰 문제점은 두 가지이다. 첫째, 인터넷에는 품질 관리 기능이 없다. 인터넷에는 누구라도 부정확한 자료를 올려놓을 수 있다. 싸구려 엉터리 자료와 전문가의 고급 자료가 혼재되어 있는 공간이 바로 인터넷이다. 연구자는 인터넷에서 품질이 높고, 믿을 만하며, 제대로 인용된 자료를 얻기 위하여 많은 노력을 기울여야 한다. 둘째, 인터넷에는 도서관 사서가 없다. 일반적으로 도서관에서 근무하는 사서는 연구자의 자료수집 활동에 도움을 제공할 뿐만 아니라 전문성을 발휘하여 연구자가 수집한 자료의 품질을 점검한다. 그러나 인터넷에서는 연구자가 스스로 사서의 역할을 수행하여야 한다. 즉, 연구자가 스스로 자료의 품질, 권위, 적절성을 평가하여야 한다.

1) 인터넷 자료의 적절성과 신뢰성

인터넷에서 자료를 찾을 때 필요한 양보다 더 많은 양의 자료를 찾는 경우가 드물지 않다. 따라서 연구자는 인터넷에서 찾은 자료의 유용성에 대하여 빠른 판단을 내려야 한다. 자료의 적절성

(relevance)과 신뢰성(reliability)은 인터넷 자료의 유용성을 판단하는 두 가지 기준이다.

① 자료의 적절성 평가

적절성은 연구자가 인터넷에서 찾은 자료가 그의 연구주제와 얼마나 관련성이 있는가를 알려 주는 기준이다. 다음과 같은 몇 가지 방법으로 자료의 적절성을 판단할 수 있다(Booth, Colomb & Williams, 2008, p. 77).

- 만약 인터넷에서 검색한 자료가 종이 문서(printed article)를 인터넷에 탑재한 것처럼 보인다면, 일반 학술지에 실린 자료의 적절성을 평가하는 방식을 그 자료에 그대로 적용하면 된다. 예를 들어 다음은 학술지 문서의 적절성을 평가하는 절차이다. 먼저 초록(abstract)을 읽는다. 이어서 서론과 결론을 훑어 읽는다. 만약 소제목으로 구분되어 있지 않은 자료라면, 자료 시작 부분의 6~7개 단락과 자료 말미의 4~5개 단락을 훑어 읽는다. 자료의 각 절·항(section)을 훑어보고, 각 절·항의 첫 단락과 마지막 단락을 읽는다. 마지막으로 자료 말미의 참고문헌을 점검한다.
- 검색된 인터넷 자료의 '서론(introduction)', '개관(overview)', '요약(summary)' 또는 이와 비슷한 이름을 가진 절·항을 훑어 읽는다. 만약 그러한 절· 항이 없다면, '사이트 소개(About the Site)' 또는 비슷한 이름의 링크를 찾아본다.
- 만약 해당 사이트에 '사이트 맵(Site Map)' 또는 '찾아보기(Index)'라는 이름의 링크가 있다면, 거기에 들어가 연구자의 주요어(key words)를 찾아보고 관련 페이지를 훑어 읽는다.
- 만약 해당 사이트에 검색창이 있다면, 연구자의 주요어(key words)를 넣어 검색해 본다.

② 자료의 신뢰성 평가

누구든지 자료를 모두 읽을 때까지는 그 자료의 품질을 평가할 수 없으며 따라서 그 자료를 신뢰하기 어렵다. 그러나 자료를 정독하기 전이라도 그 자료의 신뢰성을 평가할 수 있는 몇 가지 신호가 있다. 다음은 인터넷에서 검색한 자료의 신뢰성을 평가하는 방법이다(Booth et al., 2008, pp. 77-80).

- 인터넷에서 검색된 자료가 평판 좋은 출판사에 의해 출판되었거나 혹은 해당 출판사에 의해 인터넷에 탑재되었는지 확인한다. 일반적으로 대학출판사에 의해 생산된 자료는 믿을 만하다. 민간출판사의 경우 전문적으로 출판하고 있는 특정 분야의 문헌자료에 한해 신뢰성이 인정되는 경우가 보통이다. 비록 박사학위 소지자가 저작한 저술이라 할지라도 놀랄 만한 주장을 하는 경우에는 그것을 무조건 믿지 말고 조심스러운 태도를 가질 필요가 있다. 줄기세포 연구, 총기 규제, 지구온난화, 낙태, 유전자 조작 식품 등 사회적으로 뜨거운 논쟁을 불러일으키는 논점을 담고 있는 자료는 특히 주의 깊게 다루어야 한다.
- 인터넷에서 검색된 단행본이나 논문 자료가 전문적인 평가를 받은 것인지 확인한다. 논문을 비롯한 학문 연구에서 학문 공동체의 전문가들이 특정인의 연구물을 심사하는 과정을 '동료 평가(peer-review)'라 지칭한다. 동료 평가는 중립적인 평가를 할 수 있는 자격을 갖춘 특정 분야의 전문가가 모인 학문 공동체가 있어야 가능하다. 어쨌든 동료 평가를 받은 인터넷 자료는 신뢰할 만하다.
- 인터넷에서 검색된 자료의 저자가 명망 있는 학자인가 확인한다. 이것은 초보자에게는 쉽지 않은 일이다. 일반적으로 검색된 인터넷 자료에 포함되어 있는 저자 정보를 보고 그 자료의 신뢰성을 판단한다. 특히 주의할 점은 명망 있는 학자라 할지라도 그가 특정 이익집단의 재정 지원이나 후원을 받아 인터넷에 자료를 올린 경우에는 그 자료의 신뢰성이 담보되지 않는다는 사실이다.
- 오직 온라인 사이트에서만 획득할 수 있는 자료라면, 해당 온라인 사이트를 운영 또는 후원하는 기관이 누구인지 확인한다. 웹사이트의 신뢰성은 그 운영(후원)기관에 달려 있다. 일반 이용자들은 명망 있는 기관

이 운영(후원)하는 웹사이트를 신뢰한다. 그러나 웹사이트 자료가 상당한 기간 동안 갱신되지 않았다면 해당 사이트가 더 이상 운영되지 않는다는 신호일 수 있다. 일반적으로 개인이 운영하는 웹사이트는 일반 이용자로부터 그다지 큰 신뢰를 받지 못한다.

- 인터넷에서 검색된 자료가 얼마나 최신 것인지 확인한다. 연구자는 늘 최신의 자료를 얻기 위해 노력하여야 한다. 그러나 어떤 자료가 최신의 것인가 아닌가는 매우 주관적인 평가이며 특히 학문분야에 따라 다르다. 예를 들어, 컴퓨터 과학의 경우 겨우 몇 달 지난 연구논문도 시대에 뒤떨어진 낡은 자료로 치부될 수 있는 반면, 사회과학에서는 10여 년 지난 논문도 최신의 것으로 인정되는 경우가 드물지 않다. 철학 등 인문과학의 영역에서는 그보다 훨씬 더 오래전의 자료, 심지어 수십 년 또는 수백 년 전의 자료까지도 최신의 자료로 인정되는 경우가 있다.
- 인터넷에서 검색한 자료의 서지(書誌)자료(bibliographical data)를 확인한다. 만약 해당 웹사이트를 누가 운영(후원)하는지, 누가 거기에 자료를 탑재하는지, 특정 자료가 언제 탑재되었고 언제 갱신되었는지 알 수 없는 웹사이트는 일반 이용자의 신뢰를 받을 수 없다.
- 인터넷에서 검색된 자료가 동료 학자나 전문가들에 의해 얼마나 많이 인용되고 있는지 확인한다. 동료 학자나 전문가들이 많이 인용하는 저작은 신뢰할 수 있다. 이 경우 참조하는 것이 인용지수(citation index)이다.

2) 주요 인터넷 사이트

연구자가 인터넷 사이트를 이용하고자 할 경우 자신이 근무하는 기관(예: 대학, 연구소 등)이 제공하는 전자 데이터베이스에서 자료를 수집하는 것이 가장 무난할 것이다. 예를 들면, 대학 도서관은 대학 구성원들의 연구 수행을 돕기 위하여 전자 데이터베이스를 구축하고 있으므로 대학 도서관 사서의 도움을 받아 전자 데이터베이스를 활용할 수 있다. 다음은 국내의 문헌자료를 구할 수 있는 주요 인터넷 사이트이다.

- **KISS(한국학술정보)**: http://search.koreanstudies.net/
  - 국내에서 발행되고 있는 대학 및 학회 등 1,100개 발행기관의 학술지 3,500종의 창간호부터 최신호 제공
  - (주)한국학술정보 발행한 E-book 1,200종의 원문 동시 제공

- **학술교육원 E-Article**: www.earticle.net/
  - 학술교육원에서 제공하는 종류, 철학, 종교, 사회과학, 순수과학, 기술과학, 예술, 언어, 문학, 역사 등 모든 학문분야의 360여 개 국내 학회 및 학술단체에서 발행되는 저널 400여 종의 원문 제공

- **Dbpia(누리미디어)**: http://www.dbpia.co.kr/
  - 국내에서 발행된 학회지 약 460종의 원문 제공 서비스
  - 3개의 데이터베이스 제공: DBPIA(국내 학회지 460종), KRPIA(한국학 관련 데이터베이스), MMPIA(문화 및 예술 관련 데이터베이스)

- **RISS(학술연구정보서비스)**: http://riss4u.net/
  - 국내 학회 및 대학 부설 연구소 논문 100여 개 원문검색 가능
  - 해외 학술지 수록 논문 2,300만 건 검색 및 원문 구독 기관 정보 제공
  - 국내 140여 개 대학 수여 석·박사 학위논문 38만 건 검색 가능

- **NEWnonmon(학지사)**: http://newnonmun.com/webdb/
  - 국내 50여 개 학회에서 발행되는 56종의 학회지 원문 제공
  - 사회복지 및 교육학 분야

- **교보문고 스콜라**: http://scholar.dkyobobook.co.kr
  - 누리미디어에서 제공되던 230여 국내 학회의 400여 종의 학술지 제공

- **NDSL(국가과학기술정보통합서비스)**: http://scholar.ndsl.kr/
  - 한국과학기술정보연구원(KISTI)이 주관
  - 외국 잡지 목차 및 소장 정보 검색 가능

- **국회전자도서관**: http://www.nanet.go.kr/main.jsp/
  - 국회도서관 전자정보 DB 수록 내용
  - * 학위논문: 1945년 이후 국내 석·박사 학위논문(사회과학분야 등 50

만여 권)
* 단행본: 국회도서관 소장 자료 중 저작권 동의를 받은 단행본의 디지털
  원문
* 국내학술저널 논문
* 세미나자료: 세미나자료, 팸플릿자료 등 디지털 원문 구축
- 이용방법
* 무료자료: 국회도서관 http://www.nanet.go.kr/ 회원가입 후 개인
  PC에서 이용
* 유료자료: 검색결과 중 PDF, TIFF에 과금(W) 표기가 된 자료는 도서
  관 내 지정 PC에서 출력

- **국가전자도서관**: www.dlibrary.go.kr/
- 현재 9개 참여기관 70종의 다양한 데이터베이스 검색 가능
- 일반 이용자들은 저작권에 저촉되지 않는 원문을 유료 또는 무료로 열
  람/출력

- **국립중앙도서관 전자도서관**: www.dlibrary.go.kr/WONMUN/Index.jsp/
- 국립중앙도서관에서 구축한 원문DB 중 저작권이 소멸되었거나, 이용
  허락을 받은 자료는 무료로 이용 가능
- 그러나 단행본 및 논문자료는 저작권법에 의해 협약을 체결한 공공도
  서관, 대학도서관, 전문/특수도서관(자료실) 등에서만 정해진 도서관보
  상금 지급 후 이용 가능

- **국가지식포털(한국정보문화진흥원)**: http://knowledge.go.kr/
- 기관별로 디지털화된 국가지식 자료를 통합하여 제공

- **정부출연 연구기관 지식정보검색**: http://ikis.re.kr/
- 인문사회연구회 소속 9개 정부출연 연구기관과 경제사회연구회 소속
  14개 정부출연 연구기관의 각종 연구보고서 및 정기간행물 검색 가능

다음은 국외의 문헌자료를 획득할 수 있는 주요 인터넷 사이트이다.

- **Google Scholar(학술자료 검색엔진)**: http://scholar.google.com/

- 다양한 학술 출판사, 전문학회, preprint repositories, 대학, 학술조직
  등이 출판하는 Peer-reviewed된 article, 논문, 책, 초록과 article 소
  스 검색 가능

- **ScienceDirect**: www.sciencedirect.com/
- Elsevier출판사에서 발행하는 2,200여 종의 학술지 원문을 Science
  Direct 플랫폼을 통해 제공

- **ProQuest Central**: http://www.proquest.com/en-US/default.shtml/
- 전 주제 분야 저널, 매거진, 해외신문 원문 700종 이상 제공

- **SAGE Journals Online**: http://online.sagepub.com/
- SAGE 출판사에서 발행되는 모든 저널 원문 제공

- **ECC(EBSCO Customized Collection)**: http://ejournals.ebsco.com
- 49종의 온라인 저널 원문 제공

- **Highwire**: http://highwire.stanford.edu/
- 비영리학회 및 대학 등 주로 학회/협회 저널을 전자저널 형태로 제공

- **Ingenta**: http://www.ingenta.com/
- 전 주제분야 1만 7,000여 종의 저널 정보 제공

- **JCR(Journal Citation Reports)**
- 저널 인용통계정보 및 과학기술, 사회과학 분야 누적 논문건수 및 인용
  횟수를 통한 비교 평가정보 제공
- Thomson Reuters의 Web of Science 홈페이지를 통해 JCR web에
  접근 가능

- **Wikipedia**: http://wikipedia.org/
- 전 세계 사람들이 공동으로 참여하는 웹 기반의 다언어 백과사전
- 누구나 자유롭게 글을 올릴 수 있음

- **BuBl Information Service**: http://www.bubl.ac.uk/
  - 영국의 JANET에서 인터넷의 자원을 주제별로 분류하여 250여 종의
    저널 및 뉴스레터의 초록과 원문 제공

다음은 석·박사 학위논문을 검색할 수 있는 주요 인터넷 사이
트이다. 먼저 국내 학위논문 자료를 검색할 수 있는 사이트를 소개
하고, 이어서 국외 학위논문 자료를 검색할 수 있는 사이트를 제시
한다.

- **RISS(학술연구정보서비스)**: http://riss4u.net/
  - (자세한 내용은 위의 설명을 참조할 것)

- **국회전자도서관**: http://www.nanet.go.kr/main.jsp/
  - (자세한 내용은 위의 설명을 참조할 것)

- **학위논문공동활용협의회**: http://thesis.or.kr/
  - 서울대학교를 포함하여 150여 대학이 학위논문 공동 활용에 참여
  - 68개 대학도서관 33만 건의 원문 검색 가능

- **DDOD(Digital Dissertation On Demand)**: http://ddod.riss4u.net/
  - 주제분야: 전 주제분야
  - 제공범위: 1999년~현재(약 40,000여 권)
  - 제공내용: 북미 및 유럽 상위 50위권 대학 박사학위논문 정보 제공
  - 원문을 보기 위해서는 한국교육학술정보원(KERIS)에 회원 등록이 필요

- **PQDT(ProQuest Dissertations and Theses)**: http://proquest.umi.com/login/
  - 주제분야: 전 주제분야
  - 제공범위: 1861년~현재(학위논문 약 180여 만 건의 색인/초록 제공)
  - 제공내용: 북미, 유럽 및 아시아 주요 대학의 석·박사 학위논문 정보
    제공
  - 기타: 원문 24페이지 무료 조회 가능(1997년 이후 자료)

5. 논제의 정제 및 확장

1) 논제의 정제

논제 진술(topic statement)은 연구자가 학습하여야 할 것을 정의하는 진술이다. 즉, 논제 진술은 연구의 범위를 설정한다. 논제 진술은 '무엇을 연구할 것이며, 무엇을 연구하지 않을 것인가?'라는 두 가지 관점에서 연구의 범위를 정의한다. 연구자는 무엇을 연구할 것인가보다 무엇을 연구하지 않을 것인가를 결정하기 위하여 더 많은 시간을 들여야 한다는 주장은 상당한 설득력을 갖고 있다(Machi & McEvoy, 2009, p. 54). 무엇을 연구하지 않을 것인가에 관한 심사숙고를 통해 연구자는 틀이 갖추어진 그리고 초점이 잡힌 연구논제를 설정할 수 있다. 이 단계에서 연구자가 자문자답하여야 할 질문은 다음과 같다.

- 나는 논제 진술(topic statement)에 들어 있는 연구논제(core ideas)를 명확하게 이해하고 있는가?
- 이 연구논제들은 나의 선행연구 검색에 의하여 적절하게 지지되고 있는가?
- 선행연구 검색의 결과에 따라 나의 논제 진술은 어떻게 변하고 있는가?
- 핵심개념지도(core idea map)와 저자 지도(author map)를 재검토해 보니, 내 논제(topic) 범위가 너무 넓은가, 아니면 너무 좁은가?

선행연구의 검색을 완료함으로써 연구자는 예비 논제 진술(preliminary topic statement)을 정제할 기회를 갖게 되었다. 연구자는 자신의 연구논제와 주요어에 대하여 심층적인 조사를 실시하였으며, 자신의 주요 개념을 이해하게 되었다. 연구자는 선행연구 검색(즉, 문헌의 정사와 속독)에서 입수한 정보에 근거하여 정확성과 명확성의 기준에서 논제 진술에 내재되어 있는 연구의 초점(focus)과 관점(vantage point)을 수정할 수 있다.

위에 제시된 네 개의 질문에 대답함으로써 연구자는 자신의 논제가 너무 광범위하다는 것을 깨달을 수도 있다. 저자 지도에는 수백 개의 인용문이 적혀 있고, 개개의 핵심개념지도는 하나하나가 독립된 연구의 대상이 될 수도 있을 것이다. 이 경우 연구자는 어떻게 하여야 하는가? 가장 단순한 대답은 초점을 좁혀 연구논제 진술을 다시 만드는 것이다. 예를 들면, 연구자의 당초 논제가 '한 집단의 구성원 사이에는 어떤 부정적인 관계가 존재하는가?'라고 가정하자. 선행연구를 정사한 결과, 연구자는 엄청나게 많은 선행연구가 자신의 논제를 다루고 있음을 알게 되었으며, 따라서 논제의 초점을 좁히기로 결정하였다. 연구자의 가장 큰 관심사는 작업집단을 이루고 있는 구성원 사이의 관계이므로 연구자는 '작업집단의 양자관계 안에는 어떤 부정적인 관계가 존재하는가?'로 자신의 논제를 정제하였다.

연구자가 탐구하려는 연구논제나 구체적인 이론 영역을 제한하는 일 또는 학문분야에서 보다 좁은 시각을 채택하는 일은 모두 연구의 관점(vantage point)을 정제하는 방법이다. 또한 이와 같은 제한은 연구논제를 정제하는 방법이기도 하다. 연구자는 특정 관점을 선택함으로써 자신의 관심의 범위를 더 좁힐 수 있다. 예를 들면, 연구자의 애초의 연구 초점은 집단심리학(group psychology)과 정신역동학(psychodynamics)이었다고 가정하자. 이제 연구자는 '작업집단의 양자관계 안에는 어떤 부정적 관계가 존재하는가?'로 논제 진술을 정제할 수 있다. 이 경우 보다 큰 범주(집단)로부터 하위범주(작업집단의 양자관계)로 초점을 제한함으로써, 그리고 학문영역(정신역동학)을 구체화함으로써, 연구자의 논제 영역은 연구 가능한 차원으로 좁혀졌다.

연구자는 인구학적인 측면에서 주제를 정제할 수도 있다. 구체적으로, 연구자는 성별, 연령, 경험, 지리적 위치, 인종 또는 다른 자격기준에 근거하여 논제 진술의 범위를 제한할 수 있다. 뿐만 아니라, 연구자는 '15인 이하로 구성된 작업집단의 남성들 사이의 부정적 양자관계 안에는 어떤 심리역동(psychodynamics)이 존재하는가?'라는 질문을 제기함으로써 기존의 논제의 범위를 더 좁힐 수도 있다.

연구자가 논제 진술을 좁히는 여러 가지 방법이 있다. 연구자는 논제의 범위를 좁히기 위해 다음과 같은 질문에 대답하는 것이 좋다.

- 나는 실제로 무엇을 연구하려고 시도하고 있는가?
- 나는 무엇을 연구하지 않을 것인가?

연구자가 논제를 정의하기 위하여 사용하였던 애초의 관심 진술(interest statement)이 논제를 좁히는 안내자의 역할을 한다.

2) 논제의 확장

연구자가 앞의 경우와는 정반대의 입장에 처하는 수도 있다. 즉, 연구자가 선행연구를 검색하였더니 자신의 논제에 관한 정보가 매우 부족하다는 것을 발견한 것이다. 이 경우 연구자는 논제를 만들면서 개발한 주요어(key terms)와 핵심개념(core ideas)을 재검토하여야 한다. 구체적으로 연구자는 다음 질문에 대한 대답을 구하는 것이 좋다.

- 나는 주요어와 핵심개념을 올바르게 정의하였는가?
- 더 좋은 논제 진술(topic statement)을 만들 수 있는 다른 정의(definitions)와 학문적 관점(academic vantage points)이 있는가?
- 내가 선택한 연구의 초점(focus)이나 관점(vantage point)을 확장하여야 할 필요가 있는가?

선행연구 검색에 의하여 생략이나 약점을 찾아냈을 경우에는 그것을 조사하는 것도 논제 진술(topic statement)을 확장하는 좋은 방법이다. 연구자가 논제 진술의 범위를 좁히거나 확장할 때 품질(quality)이 연구 프로젝트의 중요한 표준이라는 사실을 명심하여야 한다. 논제 진술의 범위를 좁히거나 확장하는 것은 연구자가 얼마나 많은 일(how much work)을 하여야 하는가의 문제가 아니라 연구자가 연구관심을 다루기 위하여 무슨 일(what work)을 할 것인가의 문제에 관한 것이다.

지금까지 다룬 주요 내용을 요약하여 정리하면 다음과 같다. 선행연구 검색은 발달과정이자 점증과정이다. 선행연구 검색은 전략적인 자료수집이며, 문헌고찰의 대상에 포함시킬 가능성이 있는 문헌을 예비 검사하고(previewing), 선택하며(selecting), 조직화하는(organizing) 3단계 과정으로 이루어져 있다. 검색을 실행할 때 연구자는 세 가지 기법을 사용할 수 있는데, 그것은 정사하기(scan), 속독하기(skimming),

그리고 매핑(mapping)이다.

- 정사하기(scan)는 도서관 색인목록, 온라인 색인목록, 백과사전 주제목록, 정기간행물 색인, 논문 초록 등을 체계적으로 검색하는 일이다. 정사의 목적은 선행연구 검색에 포함시킬 가능성이 있는 문헌을 찾아내는 것이다.
- 속독하기(skimming)는 선행연구를 재빨리 읽고 그 선행연구 안의 중요한 개념과 그것이 연구에 기여하는 바를 찾아내는 일 그리고 그 선행연구를 사용할 것인가 아닌가를 결정하는 것을 말한다.
- 매핑(mapping)은 논제의 줄거리를 구성하기 위하여 속독의 결과를 체계적으로 조직하는 기법이다. 연구자는 핵심개념지도(core idea map)와 저자 지도(author map)를 그리고 그것을 서로 참조한다.

연구자는 자신이 선택한 논제의 넓이와 깊이를 분석하기 위하여 선행연구 검색단계에서 입수한 정보를 사용한다. 선행연구의 검색이 끝난 후, 연구자는 문헌고찰에 포함시킬 문헌을 선택할 수 있게 되었으며, 또한 연구자는 심사숙고를 통해 연구논제를 정의하고 정제할 수 있게 되었다.

논증의 분석 및 이해

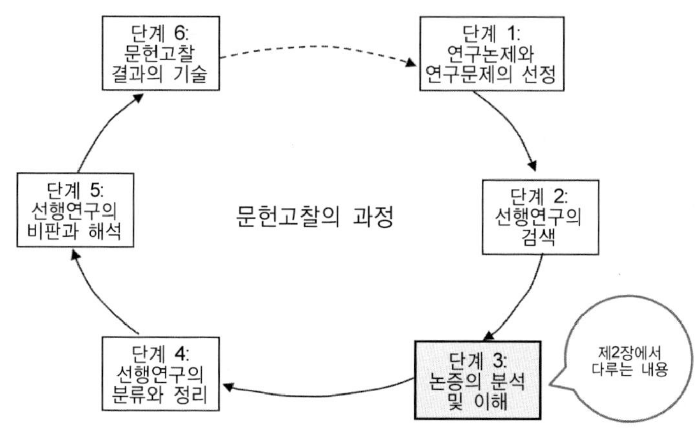

 ## 학습 목적

연구자는 선행연구로부터 자신의 연구주제를 뒷받침하는 경험적 증거를 수집하고 체계적으로 정리하여야 하는데, 이를 연구주제에 맞는 정당한 논거 (case)의 수립이라 한다. 연구논거 수립의 선결조건은 선행연구에 들어 있는 논증을 분석하고 평가하는 것이다. 이 장에서는 Toulmin (1958)과 Fisher (1993)의 기법을 중심으로 논증의 분석 및 평가의 방법에 대하여 학습한다.

 ## 다룰 내용

○ 논증분석의 개초 개념
○ Toulmin (1958)의 논증분석
○ Fisher (1993)의 논증분석

1. 연구주제에 맞는 정당한 논거(case)의 수립

앞의 두 개의 장에서는 선행연구 고찰의 과정 가운데 '논제의 선정'(제1단계)과 '선행연구의 검색'(제2단계)에 대하여 살펴보았다. 연구자는 자료를 모으고 목록을 만들며 기록을 만드는 데 시간과 노력을 투자하였다. 그러나 지금 당장 문헌고찰의 결과를 한 편의 글로 정리하는 것은 아무래도 시기상조일 것이다. 연구논문 속에 넣을 문헌고찰의 장(chapter)을 만들기 전에 완수하여야 할 일이 아직 더 남아 있다. 연구자는 일련의 선행연구들로부터 자신의 연구주제에 맞는 정당한 논거(case)를 명확하게 파악하고 명료하게 진술할 수 있을 때까지 문헌고찰의 결과를 글로 기술하여서는 안 된다.

연구자는 자신의 연구주제와 관련된 기존 지식이 어느 정도 축적되어 있는지 파악하고, 더 나아가 자신의 연구주제에 맞는 논거를 수립하여야 한다. 즉, 선행연구 고찰을 통해 자신의 연구주제에 관한 논증을 찾아내고 이를 분석·평가하여야 한다. 이하에서는 먼저 논증분석의 기초를 이루는 사실판단과 가치판단 그리고 이론적 담론과 실천적 담론의 개념에 대하여 살펴본 다음에 연구논거의 수립과 관련된 기본 개념들에 대하여 간략히 고찰한다.

1) 사실판단과 가치판단[4]

일상생활의 담론은 이론적 담론(theoretical discourse)과 실천적 담론(practical discourse)으로 구분할 수 있다(김항규, 1998, p. 316). 이론적 담론은 사실판단(fact judgement)에 관한 설명이나 기술이다. 이론적 담론은 사실에 관한 내용이기 때문에 경험적으로 검증이 가능하다. 반면에, 실천적 담론은 가치판단(value judgement) 또는 당위에 관한 진술이다. 실천적 담론은 어떤 제안이나 충고 또는 훈계나 항거 등의 내용을 담고 있는 경우가 많다. 이와 같이 이론적 담론이 사실적·경험적 내용에 관한 것이라면, 실천적 담론은 주로 도덕적·규범적 내용에 관한 것이다.[5]

논리실증주의자들은 경험적 검증가능성(empirical verifiability)을 매우 중요하게 여긴다. 논리실증주의(logical positivism)에 따르면, 이론적 담론은 사실판단에 근거하고 있기 때문에 그 진위를 연역법칙이나 귀납법칙에 따라 경험적·객관적으로 입증할 수 있다. 그러

---

4) 이 부분은 김경호, 2007, pp. 433-439의 내용을 수정·보완한 것임.

5) 모든 의사결정은 가치전제(value premises)와 사실전제(fact premises)에 입각하고 있다. 전자는 윤리적이며 당위(當爲)와 선(善)에 관한 것인 데 비해, 후자는 경험적으로 관찰할 수 있고 대상에 관한 검증을 할 수 있는 것이다. 가치결정·가치판단은 목적(目的)을 선택하는 것인 반면, 사실결정·사실판단은 목적을 달성하기 위한 수단(手段)을 선택하는 것이다. 다만, 목적과 수단은 연쇄관계(連鎖關係)에 있으므로 의사결정이 가치결정인가 사실결정인가의 문제는 상대적이라고 할 수 있다(Simon, 1976, p. 5).

나 실천적 담론은 가치판단을 내포하고 있기 때문에 그 진술의 옳고 그름을 경험적·객관적으로 입증할 수 없으며, 따라서 실천적 담론은 과학적 연구의 대상이 되지 않는다. 즉, 논리실증주의에 따르면 과학은 순수한 사실적 서술(事實的 敍述)에만 관여하고 가치적 주장(價値的 主張)에는 관계하여서는 안 된다.

한편, 실천적 담론 이론을 주창하는 사람들은 논리실증주의자의 견해와는 매우 상반된 입장을 견지하고 있다. 실천적 담론 이론을 옹호하는 입장에 따르면, 사실판단에 근거한 경험과학적·이론적 담론의 영역에 귀납법이나 연역법과 같은 법칙이 작용하듯이 실천적 담론에도 이론적 담론의 법칙과는 다르지만 그 어떤 법칙이 작용하고 있다고 한다. 그래서 실천적 담론 이론가들은 실천적 담론의 타당성을 뒤받쳐 주는 법칙이 무엇인지 밝혀내려고 노력하고 있다. 따라서 실천적 담론 이론가들은 논리실증주의자들이 객관적·경험적으로 검증할 수 없다는 이유 때문에 실천적 담론의 타당성을 따져 보지 않거나 연구대상에서 제외하는 것은 정당하지 않다고 주장하며, 실천적 담론에 대한 주의 깊고 비판적인 고찰을 통해 실천적 담론의 독특하고 독립적인 지위를 발견하려고 노력한다.

실천적 담론 이론가들은 일상생활의 대화 속에서 가치판단이 합리적으로 논의되고 있는데도 논리실증주의자들이 이 점을 간과하고 있을 뿐이라고 주장한다. 또한 실천적 담론 이론가들은 가치판단에 근거를 둔 실천적 담론이 비록 경험적·이론적 담론과 같이 과학적 엄격성을 가지고 이루어지지는 않지만, 그렇다고 하여 가치판단에 대한 합리적 평가가 전혀 불가능하다고 결론짓는 것도 잘못이라고 주장한다. 논리실증주의자들이 이처럼 잘못된 결론에 도달하는 것은 부적합한 언어를 실천적 담론에 이용하기 때문이라고 한다. 즉, 규범적 영역을 탐구하기 위해 경험과학의 언어에 의존하는 것은 마치 그림의 심미성(審美性)을 논의하기 위해 화학(chemistry)의 언어를 사용하는 것과 같이 기본적으로 불합리하다고 본다(김항규, 1998, p. 318).

학문의 계보로 보면 사회복지학은 사회과학에 속한다. 사회과학은 학문연구에서 가치의 배제가 사실상 불가능하며, 경우에 따라서는 가치를 배제하는 것이 오히려 바람직하지 않다는 시각에 주목할 필요가 있다. 흔히 사회복지학은 특정 가치의 중요성을 인정하고 수용하는 강도가 높다고 말한다(김상균, 최일섭, 최성재, 조흥식, 김혜란, 2005, p. 111). 사회복지 영역은 정책의 결정 및 집행(서비스 전달) 과정에서 여러 집단 간의 조정과 타협이 빈번하게 이루어지는 실천적 성격을 지니고 있으며, 따라서 정책결정 및 집행 과정에서 수많은 실천적 담론이 행해질 것이다. 사회복지분야의 정책의 결정과 집행을 다루는 조사연구에서도 실천적 담론을 완전히 배제하는 일은 거의 불가능하다. 연구과정의 맥락에서 보면, 연구자는 분석결과를 바탕으로 가치판단에 근거한 실천적·처방적·규범적 주장을 할 수밖에 없을 것이다.

실천적 담론에 고유한 논증의 법칙을 이해하고 활용하는 것은 연구자 주장의 타당성을 제고시키는 첩경이 될 것이다. 가치판단과 실천적 담론의 영역에 후술하는 Toulmin (1958)과 Fisher (1993)의 논증 방법을 도입할 필요성도 이런 맥락에서 이해할 수 있을 것이다.

2) 이론적 담론과 실천적 담론의 차이점

논증에는 사실판단에 관한 논증과 가치판단에 대한 논증이 있는
데, 이 두 종류의 논증은 그 기본개념이 판이하게 다르다. 사실판단
에 관한 논증 방법은 연역법과 귀납법을 예로 들 수 있으며, 가치
판단에 관한 논증 방법은 Toulmin (1958; 2003)의 논증을 예로 들
수 있다.

위 두 가지 논증 간의 차이를 분명하게 이해하기 위해서는 이론
적 담론과 실천적 담론의 차이를 이해하여야 한다. 이론적 담론과
실천적 담론은 다음과 같은 몇 가지 기준에 있어서 확연히 서로 다
른 성격을 띠고 있다(김항규, 1998).

<그림 3.1> 이론적 담론과 실천적 담론

이론적 담론		실천적 담론
사실판단		가치판단
과학적 담론		규범적 담론
경험적으로 검증이 가능한 판단	vs	이유에 의해 정당화될 수 있는 판단
이상화된 논리		실용적 논리
보편적 기준		상황적 기준
공식적 논리구조(연역법과 귀납법)		비공식적 논리구조

첫째, 앞서 언급한 바와 같이, 이론적 담론은 사실판단에 관한
설명이나 기술인 반면, 실천적 담론은 가치판단 또는 당위에 관한
진술이다.

둘째, 이론적 담론은 과학적 담론이며, 실천적 담론은 규범적 담
론이다.

셋째, 이론적 담론은 경험적으로 검증이 가능한 판단인 반면, 실천적 담론은 이유에 의해 정당화될 수 있는 판단이다. 이론적 담론에서 사용하는 귀납법칙과 연역법칙에 따르면, 논증을 구성하는 전제의 명제와 결론의 명제 사이에는 인과법칙이 작용하며, 그 명제들의 내용은 과학적 방법을 통해 경험적으로 검증이 가능하다. 그러나 실천적 담론의 내용은 가치판단에 관한 것이기 때문에 연역법이나 귀납법과 같은 공식적인 논리로 증명할 수 없으며, 설득력을 가진 이유(reason)에 의해 정당화될 수 있다(즉, 증명되는 것이 아니다).

넷째, 이론적 담론은 '이상화된 논리(idealized logic)'이며 이것은 연역이나 귀납에 의해 재구성된 논리인 반면, 실천적 담론은 '실용적 논리(working logic)'이며 이것은 다양한 실생활에서 실제 사용되고 있는 논리를 지칭한다.

다섯째, 이론적 담론의 영역에서는 공식논리(즉, 연역법과 귀납법)가 모든 논증의 옳고 그름을 판단하는 보편적 기준(universal standards)이라고 간주되는 반면, 실천적 담론은 어떤 구체적인 상황하에서 '어떻게 하여야 하는가?'에 직면하여 설득력 있는 이유가 무엇인가에 중점을 두는 상황적 기준(context standards)에 의존한다. 이론적 담론의 영역에서는 연역과 귀납의 논리만이 보편적으로 적용된다. 반면에 실천적 담론의 영역에서는 담론의 정당성(soundness), 타당성(validity), 설득력(cogency)을 판단하는 기준이 실천적이고 상황 지향적이다(김항규, 1998, p. 320).

여섯째, 이론적 담론은 공식적 논리구조에 기초하고 있는 반면, 실천적 담론은 비공식적 논리구조에 바탕을 두고 있다. 공식적 과학논리는 연역과 귀납의 논리에 기초하고 있다. 과학적 방법이라

함은 이 두 가지 원칙이 가설-연역의 방법(hypothetic-deductive method)에 의해 연결되어 있다는 뜻이다. 이와는 대조적으로 실천적 담론의 영역에서는 각각의 논리가 그 고유한 규범에 따라 옳고 그름이 판단되어야 한다고 여겨진다.

3) 발견의 논증과 주장의 논증

정당한 논거의 수립(building a case)은 사실(fact)의 조각들을 논리적으로 편집하고 배열하는 것을 말한다. 문헌고찰을 통해 정당한 논거를 수립함으로써 연구자의 연구논제(research topic)와 연구주제(research thesis)는 정당성을 부여받는다. 예를 들면, 연구주제가 '21세기의 사회복지 조직들에게 가장 효과적인 리더십 유형은 참여적 리더십이다'일 경우, 문헌고찰에 포함되는 자료는 반드시 이와 관련 있는 결론을 지지하고 증명하여야 한다. 다음 예를 통해 문헌고찰을 위한 정당한 논거의 수립의 의미를 보다 쉽게 이해할 수 있을 것이다.

날씨의 변화가 무상한 어느 초여름 밤을 상상해 보자. 다음 날의 날씨에 따라 사람들의 옷차림이 달라지는 것은 당연지사이다. 우리는 방송이나 신문의 일기예보에 주목하거나, 주변의 경험 많은 사람들에게 내일의 날씨에 대하여 묻기도 하고, 기압계를 보기도 한다. 또는 하늘을 올려다보며 검은 구름이 얼마나 끼어 있는지 아니면 어느 방향에서 구름이 올라오고 있는지 살펴보는 경우도 있다. 사람에 따라서는 다른 여러 가지 방법을 통해 내일의 날씨에 관한 정보를 수집할 것이다. 어쨌든 내일 비가 내릴 확률이 매우 높으며,

비가 올 시간은 아침 출근시간 부근이 될 것이라는 결론이 내려졌
다고 치자. 이제 '내일 출근할 때 어떤 준비를 하여야 하는가?'라는
질문에 대한 대답을 내려야 한다. 따라서 '나는 우산을 들고 출근
하겠다'는 결정이 이루어졌다.

위의 예에는 두 개의 논증이 포함되어 있다. 첫 번째 논증은 '비
가 올 확률이 높다'이다. 이 논증은 여러 정보원으로부터 날씨에
관한 정보를 수집하고 통합하는 과정을 거쳐 만들어졌다. 여러 개
의 출처로부터 나온 정보를 분석하여 내일 비가 올 것이라는 결정
을 내림으로써 하나의 논증이 완성되었다(즉, 하나의 정당한 논거
가 수립되었다). 이제 이 결론을 바탕으로 내일 우산을 준비할 것인
가 말 것인가에 관한 질문을 다룰 수 있게 되었다. 두 번째 논증은
(즉, 두 번째로 수립된 정당한 논거는) '나는 내일 우산을 가지고
갈 것이다'이다. 이 논증은 비가 올 확률이 높다는 첫 번째 논증의
해석에 기반을 두고 있다. 첫 번째 논증의 결과와 결론이 두 번째
논증의 근거가 되었다. 논리적으로 추론하면, 비가 올 가능성이 크
므로 우산을 지참하는 것이 가장 사려 깊은 행동이 되는 것이다.

위의 사례는 문헌고찰의 과정에도 적용할 수 있다. 선행연구를
고찰하면서 연구논거(research case)를 확립하기 위해서는 위의 사례
와 비슷한 방법으로 정당한 논거를 수립하여야 한다. 논증(argument)
이라 함은 결론(conclusion)으로 이어질 뿐만 아니라 결론을 정당화
하는 증거를 논리적으로 제시하는 것을 말한다. 문헌고찰에서는 정
당한 논거(case)를 확립하기 위하여 두 개의 논증을 사용한다.

첫 번째 논증은 발견의 논증(argument of discovery)인데, 이는 지
금 다루고 있는 연구주제에 관하여 무엇이 알려져 있는지를 설명하

고 논의한다. 우리가 발견의 논증을 제시하기 위해서는 특정의 연구관심(research interest)과 관련하여 현재 축적되어 있는 기존의 지식체계를 알아내는 일이 급선무이다. 예를 들면, 만약 나의 연구관심이 21세기의 사회복지 조직에 적합한 리더십 유형이 무엇인지 알아내는 것이라면, 선행연구 고찰에 의해 추출된 내용은 반드시 리더십 유형에 관한 현재의 지식체계와 관련된 주장이어야 한다.

두 번째 논증은 주장의 논증(argument of advocacy)인데, 이 주장은 첫 번째 논증인 발견의 논증에 토대를 두고 있다. 주장의 논증은 발견의 논증에 의해 생산된 자료를 종합하여 얻은 지식을 분석하고 비판한다. 이 논증에 대한 대답이 곧 주제 진술(thesis statement)이다.

다시 한번 앞에서 다룬 리더십 유형의 예를 들어 보자. 발견의 논증을 통해 다양한 리더십 유형의 효과성에 대하여 조사하였다고 가정해 보자. 주장의 논증은 여러 가지 리더십 유형 가운데 어느 것이 21세기의 사회복지 조직에 가장 적합한 것인지 결정하기 위하여 반드시 발견의 논증이 찾아낸 결과를 사용하여야 한다. 예컨대, 연구자가 수립한 논거에 따르면 특정한 연구 상황에서 참여적 리더십 유형이 최적이라는 결론이 나올 수 있다. 이 경우 '참여적 리더십 유형이 21세기 사회복지 조직에 가장 잘 어울린다'라는 문장이 주제 진술이 된다.

4) 설득적 논증의 구조

일상생활에서 논증(argument)이라 하면 아마도 어떤 특정 사안에 대하여 서로 다툼이나 논쟁을 벌이고 있는 두 사람을 떠올릴지도 모르겠다. 두 사람은 자신의 의견, 편향(bias), 믿음, 감성 등에 근거하여 서로 상대방의 신념을 제압하려고 한다. 그러나 학술적인 의미에서의 논증은 이와는 사뭇 다르다. 개인의 의견이나 편향 또는 감성은 연구논증(research argument)의 정당한 근거가 될 수 없다. 합리적·설득적 논증은 연구자가 갖추어야 할 기본소양이다. 이러한 유형의 논증은 허구(fiction)와 사실(fact)을 분리하기 위하여 추론의 토론(reasoned discussion)을 거친다. 학술적 논증의 목적은 상대방을 제압하려는 것이 아니라 납득시키는 것이다. 설득적 논증은 논리적이어야 한다. 설득적 논증은 결론(conclusion)을 지지하기 위해 정당한 이유(reason)에 의해 뒷받침되는 한 세트의 주장(claim)을 제시한다. 이때 제시되는 이유는 확고한 증거에 바탕을 두어야 한다.

설득적 논증의 규칙은 비교적 간명하다. 만약 결론을 논리적으로 정당화시키는 타당한 이유가 제시된다면 그 논증은 정당하다. 만약 이유가 설득력이 없거나 거기에 적용된 논리가 결론을 지지하지 못한다면 그 논증은 정당하지 않다. 따라서 다음과 같은 간단한 공식이 논증의 정당성을 설명한다.

논증	이유$_a$ + 이유$_b$ + 이유$_c$ … + 이유$_n$ ∴ 결론

이 공식을 앞서 예로 든 일기예보의 경우에 적용해 보자. 내일 비가 올 것이라는 일기예보(이유$_a$), 주변의 경험 많은 사람들의 예감(이유$_b$), 낮은 기압을 알려 주는 기압계(이유$_c$), 하늘에 짙게 드리

운 먹구름(이유d) 등으로 미루어 보건대, 내일 출근시간대에 비가
올 것이라는 판단(결론)이 내려졌고, 이것이 바로 논증의 주제이다.

2. Toulmin(1958)의 논증분석

영국의 철학자이며 논리학자인 Toulmin(1958; 2003)이 1950년대
에 발전시킨 논증분석(argumentation analysis)은 논리학 이론보다는
논증의 실제(practice)에 초점을 맞추는 방법이다. 그는 삼단논법
(syllogism)과 같은 고전적인 논리학 이론에 따라 논증분석이 이루어
지는 것은 아니라고 주장하면서, 우리가 일상생활에서(즉, 신문이나
TV에서, 직장에서, 교실에서, 그리고 일상적인 대화 도중에) 흔히
접할 수 있는 실제적인 논증유형을 대상으로 정당성, 타당성, 설득력
을 판단할 수 있는 분석모형을 개발하였다. 이하에서는 Toulmin(1958)
이 정립한 논증의 기본요소와 기본원리에 대하여 고찰한다.

1) 단일 논증

논증은 논리가 정연하여야 한다. 다음에 제시하는 세 개의 질문
은 논증의 강도를 측정할 수 있는 간편한 지침이다. 어떤 논증의
타당성을 평가할 때는 항상 이 세 개의 질문을 던지는 것이 좋다.

① 논증의 결론(conclusion)이 무엇인가?

② 결론을 지지하는 이유(reason)는 무엇인가?

③ 이유는 결론이 옳다고 주장하는가? (이유는 결론을 지지하는 설득력 있는 자료를 가지고 있는가? 결론은 이유로부터 논리적으로 도출된 것인가?)

설득적 논증(persuasive argument)에는 여러 가지 유형이 있다. <그림 3.2>는 단일 논증(simple argument)의 틀을 설명하는 다이어그램이다. 단일 논증의 기본 요소는 주장(claim), 증거(evidence), 근거(warrant)이다. 주장은 논자(論者)가 다른 사람들에게 받아들이도록 요구하는 진술이다. 증거는 주장을 정의하고 지지하는 자료를 말한다. 근거는 증거와 주장을 연결하는 역할을 한다. 즉, 근거는 증거가 적절하다는 것을 보여 줌으로써 주장을 정당화한다. <그림 3.2>에서 원이 곧 근거이다. 근거는 '…하기 때문에'라는 어구가 포함된 문장의 형식을 취한다.

<그림 3.2> 단일 논증의 기본 요소

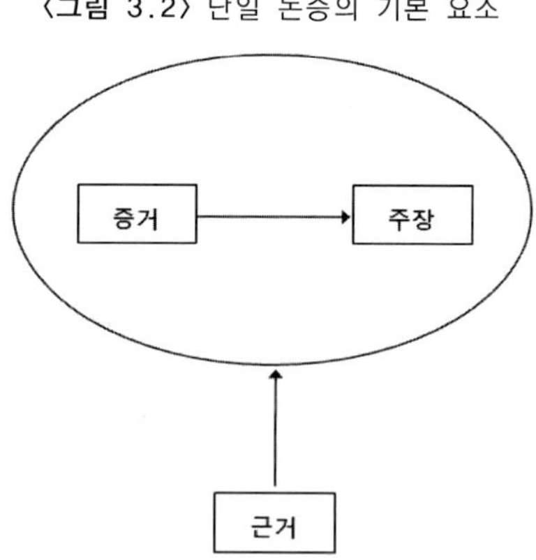

다음은 단일 논증의 예이다.

- "귀하는 길을 횡단하여서는 안 된다." (주장)
- "횡단보도에 빨간 신호등이 켜 있다." (증거)
- "도로교통법시행규칙 제6조 별표 2에 의하면, 보행인은 빨간 신호등
  때 횡단보도를 건너지 말아야 한다." (근거)

단순 논증은 연구의 정당한 논거를 확립하는 기본적 논리적 틀이다. 단순 논증의 기본 구조를 살펴보았으므로 이제 단순 논증을 구성하는 기본 요소(주장, 증거, 근거)에 대하여 보다 자세하게 고찰할 차례가 되었다.

(1) 주장

주장(claim)은 논증의 공표(declaration) 또는 단언(assertion)이다. 주장은 논증을 성립시키는 핵심요소이다. 설득적 논증에서의 주장은 선언적 진술의 형식을 취한다. 주장은 상대방으로 하여금 어떤 입장을 고려하고 받아들이도록 설명한다. 앞의 일기예보의 예에서는 '나는 우산을 지참하겠다'라는 진술이 주장이다. 주장은 사실, 가치, 정책, 개념, 해석의 주장이라는 다섯 가지 유형으로 분류된다(Machi & McEvoy, 2009, pp. 65-70; Hart, 2001).

① 사실의 주장(claims of fact)

사실의 주장은 사람, 장소, 일 등에 관하여 진실이라고 제안된 진술이다. 이러한 유형의 주장은 문헌고찰의 과정에서 가장 자주

사용된다. 다음은 사실 주장의 몇 가지 예이다.

- 미국의 실태를 보면, 선행연구에 따라 클라이언트 폭력을 경험한 사회복지사의 비율이 낮게는 25~26%(Breakwell & Rowett, 2001; Rey, 1996; Tully, Kropf & Price, 1993)에서부터 높게는 57%까지 비교적 큰 변이를 보였다.
- 캘리포니아 주는 공교육 예산편성에 있어서 50개 주 가운데 49번째이다.
- 식품 속에 포함된 트랜스지방산은 고지혈증의 가장 중요한 원인이다.

설득력 있는 논증이 되기 위해서는 사실의 주장이 반드시 진실의 증거(evidence of truth)에 의해 정당화되어야 한다.

② 가치의 주장(claims of worth)

가치의 주장은 경쟁 대안과 비교하여 특정의 생각, 행동과정, 행위, 지위 등이 갖고 있는 장점에 관한 판단을 주요 내용으로 한다. 가치의 주장은 다른 사람들의 강한 찬성에 의해 뒷받침된다. 다음은 가치의 주장의 예이다.

- 공식 돌봄 인력인 요양보호사가 비공식 돌봄의 가치인 효도의 필요성과 가치에 대해 보다 긍정적이고 적극적인 태도를 취한다면 노인 돌봄의 업무 가운데 정서적 지지 활동을 더 잘 수행할 수 있다.
- 산업사회 이전의 사회가 후기산업사회보다 도덕적으로 더 우월하였다.
- 어느 주제 영역에 대한 학생의 지식을 판단하기 위해서는 표준화된 검사가 과목의 학점보다 더 우월하다.

③ 정책의 주장(claims of policy)

정책의 주장은 기준(criteria)이나 표준(standards)을 설정하는 진술인데, 누가 무슨 일을 해야 하는가를 직접적으로 표현한다. 정책의 주장은 특정의 행동을 취하거나 특정의 입장을 채택하여야 한다는 다른 사람의 주장에 의해 지지된다. 다음은 정책의 주장의 몇 가지 예이다.

- 요양보호사 양성교육의 효도 의식 강화 효과를 거양하기 위해서는 정부 또는 민간협회 차원에서 전국의 요양보호사 양성교육기관을 대상으로 효 교육 콘텐츠를 개발하여 보급할 필요가 있다.
- 고등학교의 무단 결석률을 낮추기 위해서는 무단 결석자(truant)의 부모에게 벌금을 부과하는 정책이 채택되어야 한다.
- 최선의 민주주의는 분권화되고 가능한 한 모든 업무를 지역단위에서 처리하는 제도이다.

가치의 주장과 마찬가지로, 정책의 주장은 결과적으로 해당 정책이 실행하는 과정에 의해 주장이 제시하는 바와 같은 바람직한 결과가 나타날 것이라는 실질적인 증거를 필요로 한다.

④ 개념의 주장(claims of concept)

개념의 주장은 제안, 생각, 현상 등을 정의하거나 설명한다. 일반적으로 개념의 주장은 전문가의 입증에 의해 정당화된 정의(definition)이다. 다음은 개념 주장의 예이다.

- 소진(burnout)은 장기간에 걸쳐 직무와 관련된 스트레스에 효과적으로 대처하지 못함으로써 표출된 신체적·정서적·태도적 고갈 상태이다.
- 정서지능(emotional intelligence)은 개인이 다른 사람을 효과적으로 다룰 수 있는 대인관계 및 내면적인 반응성(interpersonal and intrapersonal competency)이다.
- '집단 사고(groupthink)'는 반대의견을 고려하지 않고 집단의 주요 구성원의 의지에 맹목적으로 순응하는 사고방식을 말한다.

⑤ 해석의 주장(claims of interpretation)

해석의 주장은 특정 생각을 이해할 수 있는 준거틀을 제공한다. 전문가의 증명, 경험적 연구, 통계 조사, 사례연구 등은 해석의 주장을 위한 증거를 제시한다. 연구자들은 모형을 설정하거나 자료를 종합하거나 사실적 주장을 조직하기 위하여 해석의 주장을 사용한다. 다음은 해석의 주장의 몇 가지 예이다.

- 비록 본 연구에서 클라이언트 폭력의 발생 빈도가 낮은 것으로 조사되었지만, 다수의 전문가들은 사회복지 환경 및 패러다임의 변화에 따라 우리 사회에서 클라이언트 폭력이 더 심각해질 것이라고 예측하고 있다.
- 케인즈 이론은 정부의 경제정책이 국가경제를 효과적으로 관리할 수 있다는 점을 시사한다.
- 미국폐협회(American Lung Association)의 연구결과에 의하면, 직장에서 간접흡연(secondhand smoke)에 노출된 비흡연자는 그로 인해 건강에 나쁜 영향을 받게 될 위험이 높아진다.

<표 3.1>에는 주장의 유형, 용도, 각 주장을 뒷받침하는 데 사용되는 증거가 요약되어 제시되어 있다. 문헌고찰은 연구문제에 대한 대답을 찾는 과정의 일환이다. 연구질문은 사실, 판단, 표준, 정의 또는 준거틀에 관한 대답을 구한다. <표 3.1>은 이와 같은 분류법을 종합한 표이다. 문헌고찰을 시작할 때, 연구질문에 대답하기 위해 필요한 주장의 유형을 분석하여야 한다. 요구되는 주장의 유형을 이해하면 정당한 주장을 제기하여 위하여 필요한 증거와 자료가 무엇인지 알 수 있게 된다.

〈표 3.1〉 주장의 범주와 용도

주장의 범주	유형	논쟁의 용도	증거
사실 (fact)	사람, 장소, 사물에 관하여 진실이라고 제안된 진술	사실의 주장을 제안함	자료를 증명하는 문서
가치 (worth)	생각, 행동과정, 행위, 지위 등이 갖고 있는 장점을 판단하는 진술	일련의 행동, 행위, 입장을 제안함	전문가에 의해 지지를 받는 문서
정책 (policy)	기준 또는 표준을 설정하는 진술	무슨 일을 반드시 할 것인가를 제안함	전문가 또는 과거의 기록에 의해 지지를 받는 문서
개념 (concept)	제안, 생각, 현상을 정의하거나 설명하는 진술	정의를 내림	전문가에 의해 지지를 받는 문서
해석 (interpretation)	어떤 생각을 이해하는 준거틀을 제공하는 진술	개념들을 결합하는 틀을 제안함	전문가의 증명, 경험적 연구, 통계 조사, 사례연구에 관한 문서

자료: Machi & McEvoy, 2009, p. 68.

논자가 단순히 어떤 주장을 제시하였다고 하여 그것이 독자에게 자동적으로 받아들여지는 것은 아니다. 어떤 주장이 수용되려면 독자가 그 진술에 동의하지 않을 수 없는 이유가 제시되어야 한다. 구체적으로, 모든 주장 진술이 받아들여지려면 '논지에 맞고(on point), 강력하며(strong), 지탱할 수 있고(supportable), 이해할 수 있어야(understandable)' 한다는 네 가지 기준이 모두 충족되어야 한다(Booth, Colomb & Williams, 2008; Machi & McEvoy, 2009).

- 논지에 맞는 주장(on point claim)은 그 논증과 직접적으로 관련된 사실을 제시한다.
- 강력한 주장(strong claim)은 그 논증에 동의하지 않을 수 없는 이유를 제시한다.
- 지탱할 수 있는 주장(supportable claim)은 신뢰할 수 있는 증거에 의해 뒷받침된다.
- 이해할 수 있는 주장(understandable claim)은 명확하고 정확하게 제시된다.

<표 3.2> 주장의 수용 가능성을 판단하는 기준

기준	내용
1. 논지에 부합해야 함	논증과 직접적으로 관련된 사실을 제시함
2. 강력하여야 함	논증에 동의하지 않을 수 없는 이유를 제시함
3. 지탱할 수 있어야 함	신뢰할 수 있는 증거에 의해 뒷받침됨
4. 이해할 수 있어야 함	명확하고 정확하게 제시됨

자료: Machi & McEvoy, 2009, p. 69.

주장의 수용 가능성을 판단하는 네 가지 기준을 모두 충족하는 간단한 예를 들어 보자. 고속도로를 타고 장거리 자동차 여행을 하는 어떤 사람이 자동차 휘발유가 점점 소진되고 있다는 사실을 알아차렸다. 그는 '지금 당장 가장 가까운 주유소에 들러 기름을 채울까, 아니면 그 다음 휴게소까지 미룰까?'라고 자문한 다음, '나는 당장 가장 가까운 휴게소에 들러 자동차에 주유하겠다'라고 주장하였다.

첫째, 이 주장은 현안문제를 다루고 있으므로 논지에 맞다. 즉, 이 주장은 제기된 사안과 직접적으로 관련된 내용을 담고 있으므로 논증의 요점을 벗어나지 않는다.

둘째, 이 주장은 독자로 하여금 동의할 수밖에 없는 이유를 제시하고 있으므로 강력한 주장이라고 인정받을 수 있다. 자동차 연료의 부족은 장거리 여행에 지장을 초래하는 매우 중요한 장애요인이므로 그것을 예방할 수 있는 조치의 당위성은 매우 높다. 누군들 이 주장에 이의를 달겠는가!

셋째, 이 주장은 자동차 연료계기판이라는 믿을 만한 증거에 기반을 두고 있으므로 지탱할 수 있는 주장이다. 운전자는 연료계기판의 바늘이 계속 하강하고 있으며, 현재 남아 있는 연료의 양으로는 목적지까지의 주행이 불가능하다는 것을 경험으로 알고 있을 것이다.

넷째, 이 주장은 '나는 당장 가장 가까운 휴게소에 들러 자동차에 주유하겠다'라는 내용을 명확하고 정확하게 제시하고 있기 때문에 이것은 이해할 수 있는 주장이라고 할 수 있다.

반면에, 다음 예는 주장의 수용 가능성에 관한 네 가지 기준을 충족하지 못하는 경우이다. 어떤 여행자가 장거리 자동차 여행을 하고 있는데, 자동차 연료계기판의 바늘이 점차 하강하고 있음을 알게 되었다. 그는 '지금 당장 주유소에 들러 연료를 넣을까, 아니면 나중에 넣을까?'라고 자문한 다음, '나는 자동차의 엔진오일을 교환하겠다'라는 주장을 내놓았다. 이 주장은 수용되기 어렵다. 엔진오일의 교환은 연료가 고갈되고 있다는 관찰의 내용과는 직접 관련이 없으므로 이 주장은 논지에 맞지 않는다. 이 주장은 당장 엔진오일의 교환이 절박하다는 거부할 수 없는 이유를 제시하지 않고 있으므로 강력한 주장이라고 볼 수 없다. 이 주장은 엔진오일의 교환이 아니라 연료의 주입이 필요하다는 증거에 기반을 두고 있으므로 지탱할 수 있는 주장이라고 보기 어렵다. 끝으로, 이 주장에서는 관찰과 결론 사이의 관계가 명확하지 아니하므로 이 주장은 이해할 수 있는 주장이 아니다.

(2) 증거

증거(evidence)는 주장(claim)의 타당성을 결정하는 중요한 요소이다. 앞서 <그림 3.2>에 제시된 바와 같이, 증거는 단일 논증을 구성하는 기본요소이다. 주장이 논증을 추진시킨다면, 그 주장을 추진시키는 힘은 바로 증거이다. 즉 증거로부터 주장이 나오고, 그 주장으로부터 다시 논증이 나온다.

증거는 주장을 뒷받침하기 위한 근거로서 제시된 일련의 자료이다. 논증에서 어떤 주장이 사실이라고 단순히 가정하는 것은 잘못이다. 주장을 지지하는 증거를 제시하지 못하거나 개인의 의견, 즉 신념을 주장의 근거로 제시하는 것은 주장을 입증하는 것이 아니다. 주장의 근거를 제시하지 못하면 그 논증은 설득력을 잃게 된다.

① 자료(data)와 증거(evidence)의 차이

자료와 증거는 서로 다르다. 자료는 정보(information)의 조각이다. 정보는 가치중립적이며, 가치판단에 관한 내용을 담고 있지 않다. 정보는 그냥 정보로 존재할 따름이다. 반면에, 증거는 어떤 목적을 달성하기 위해 수집된 자료를 말한다. 그래서 증거는 의제(agenda)를 가진 자료이다. 증거는 주장(claim)을 증명하는 토대로서의 역할을 수행한다.

어떤 주장을 제시하기 위해서는 먼저 적절한 자료를 찾아내야 하며, 이어서 그 자료를 그 주장이 제시하는 입장에 맞도록 편집하여야(compile) 한다. 주장을 지지하기 위하여 적절한 자료를 찾아내고 그것을 알맞게 편집하는 일은 곧 자료를 증거로 변환시키는 일이다. 자료만으로는 증명할 수 없다. 증거로서 선택되고 편집된 자료는 특정의 관점(즉, 주장)을 지지한다.

증거로서의 자료의 가치는 자료의 질과 적절성에 의하여 결정된다. 앞의 일기예보의 예에서 어떻게 자료가 증거로 바뀌는지 알 수 있다. 개별적으로 볼 때 비가 올 것이라는 일기예보, 기압계상의 기압의 강하, 하늘의 먹구름의 증가 등은 모두 하나의 자료이다. 이러한 자료들이 모두 합쳐졌을 때 일련의 자료는 비가 올 가능성이 높다는 것을 의미하는 증거로 변환되었다.

② 자료의 질

자료의 질(data quality)은 좋은 증거로서의 자료의 힘(strength)과 신뢰성(credibility)을 말한다. 고품질의 자료(high-quality data)는 강력한 증거가 된다.

- 고품질의 자료는 정확하다(accurate). 고품질의 자료는 연구되고 있는 현상에 관한 진짜 모습을 보여 준다. 고품질의 자료는 객관적인 관찰의 결과를 편견이나 치우침 없이 보고한다.
- 고품질의 자료는 정밀하다(precise). 고품질의 자료는 현상을 정확하게 측정하거나 설명하거나 묘사한다.
- 고품질의 자료는 권위가 있다(authoritative). 고품질의 자료는 건전한 연구 실천(research practice)의 산물이다.

예를 들어, 어떤 연구자가 그의 연구에 다음과 같은 자료를 인용하였다고 가정하자. "서울시 강남지역에 거주하는 중상류층 가정의 고등학교 1학년 학생들을 대상으로 사례연구 X가 수행되었다. 이 연구는 부유한 가정의 고등학교 1학년 학생들의 수학성적에 영향을 미치는 요인을 규명하려는 목적을 가지고 있었다. 연구결과 강남지역 고등학교 1학년의 수학성적은 전국 평균과 거의 비슷한 수준으로 나타났다. 빈곤 변인을 제거한 결과(왜냐하면 모든 학생들이 중상류층 가정에 속하므로), 수학점수를 결정하는 중요한 요인은 수학교사와 학생 사이의 긍정적인 상호작용임이 확인되었다. 수학성적이 높은 학생들은 그 이유로서 선생님과의 긍정적인 관계를 거론한 반면, 수학성적인 낮은 학생들은 그 이유로서 선생님과의 긍정적인 관계의 부재를 들었다.”

첫째, 이 자료는 정확한가? 연구자는 자신의 연구를 전반적으로 검토한 후 자신의 연구방법이 건전하다는 것을 확인하였다. 즉, 연구자는 자신의 연구가 방법론적 엄격성을 준수하였다는 것을 알 수 있었다. 또한 연구자는 자신의 연구결과가 정당하다는 것을 확인하였다. 이러한 정보에 근거하여 볼 때 연구자는 자신이 생산해 낸 자료가 정확하다고 만족할 수 있을 것이다.

둘째, 이 자료는 정밀한가? 연구자는 자신의 연구를 검토하면서, 수학교사와 학생들과의 면접이 엄격한 절차에 따라 진행되었음을 확인하였다. 면접문항은 구조화되었으며 질문항목도 명확하였다. 훈련된 면접자에 의하여 면접이 진행되었으며, 면접결과는 외부 전문가의 검토를 받았다. 따라서 연구자는 자신의 연구결과에서 나온 자료가 정확하다고 평가할 수 있을 것이다.

끝으로, 이 자료는 권위가 있는가? 연구설계, 방법, 절차를 검토한 결과, 연구자는 자신의 연구가 사례연구의 표준을 따랐음을 확인하였다. 이러한 평가에 근거하여 연구자는 자신이 생산한 자료가 권위가 있다고 결론지을 수 있을 것이다.

③ 자료의 적절성

자료의 적절성(data relevance)은 중요한 이슈이다. 적절한 자료가 되려면 두 가지 기준에 맞아야 하는데, 하나는 자료가 적합하여야(appropriate) 한다는 것이고, 다른 하나는 자료가 근사하여야(proximate) 한다는 것이다.

자료가 주장의 상황(context)과 어울릴 때 그 자료는 적합하다(appropriate). 예를 들면, 만약 주장이 민간 부문에 종사하는 사회복지사의 의견에 관한 진술인 데 반해, 자료는 사회복지전담공무원의 의견에 관한 내용으로 이루어져 있다면, 주장과 자료는 서로 조화를 이루지 못한다. 민간 사회복지사와 사회복지전담공무원은 서로 다른 모집단이다. 이 경우 자료는 적합하지 않다.

관찰되는 현상에 대하여 정확한 설명을 제시하는 자료는 근사하다(proximate). 관찰자의 시점(vantage point)이나 근접성이 자료의 적절성에 큰 영향을 미친다. 근사한 기준(proximate standard)은 자료 관찰의 정확성과 관련 있는 개념이다. 설명이 직접적인 정보에 바탕을 둔 것인가, 아니면 간접적 정보에 바탕을 둔 것인가? 자료가 일차적 연구에서 나온 것인가, 아니면 다른 사람들의 연구결과를 활용하는 이차적 연구에서 나온 것인가? 엄격한 연구에서 나온 일차적 자료는 최상의 연결성(connectivity)을 갖고 있으며 따라서 가장 설득력이 있다(convincing).

예를 들면, 초등학교 교장을 대상으로 한 전국 단위 조사에 근거하여 '75% 이상의 초등학교 교사들은 표준화된 시험이 교과과정(curriculum)을 편성할 때 전혀 또는 거의 도움이 되지 않는다고 평가한다'라는 주장이 제기되었다고 가정해 보자. 이 주장은 초등학교 교장을 대상으로 한 조사 결과(즉, 자료)에 바탕을 두고 있지만, 이 주장의 근거가 되는 자료는 근사하지 않다. 왜냐하면 직접적으로 초등학교 교사들을 대상으로 자료를 수집한 것이 아니기 때문이다. 이 연구는 약하다. 왜냐하면 이 연구는 간접적인 설명을 하고 있기 때문이다. 즉, 초등학교 교장의 입을 빌려 초등학교 교사의 의

견을 전달하는 방식을 취하고 있다. 초등학교 교장의 의견과 초등
학교 교사들의 의견이 얼마나 일치하는지 우리로서는 정확하게 알
길이 없다.

④ 주장의 제한(qualifying the claim)

강력한 주장이 되려면 그 주장이 논쟁의 모든 측면을 다 감안하여
야 한다. 증거가 주장의 일방적인 면만을 강조하는 경우는 매우 드물
다. 다시 말해, 우리가 어떤 주장을 뒷받침하는 증거를 확립하려고
할 때 그 주장을 지지하는 자료와 그 주장에 반대되는 자료가 존재
함을 알게 된다. 주장에 반대되는 자료는 주장의 내용을 부정하거나
주장의 범위를 좁힘으로써 주장을 제한하는 역할을 한다. 주장의 범
위를 좁히는 자료는 주장의 조건이나 주장의 영역을 한정한다.

다음은 주장을 부정하는 자료의 예이다. "ABC의 연구에 의하면,
대통령의 외교정책에 찬성하는 비율이 조사대상자의 76%에 이르렀
다. 그런데 동일한 집단을 대상으로 동일한 조건에서 유사한 설문
지를 사용하여 조사된 XYZ의 연구에 의하면, 대통령의 외교정책에
대하여 찬성하는 비율이 전체 응답자의 42%로 나타났다. 이러한
찬성률의 차이는 통계적으로 유의하였다." 이 사례에서 제시된 두
개의 자료는 서로 상충되며, 결론이 일치하지 않는다. 이 두 개 연
구는 서로를 부정하고 있다.

자료의 범위를 좁히는 것은 곧 주장의 영역을 제한하는 것이다. 주
장의 조건을 제한하는 한정어(qualifier), 즉 수식어는 특정 상황에 맞
도록 주장의 범위를 좁힌다. 주장은 인구통계, 연령, 성별, 인종, 지역
등에 의하여 그 범위가 좁혀질 수 있다. 개인의 경험, 개인의 신념,

전문적 역할 등과 같은 관점도 주장의 범위를 좁힐 수 있다. 다음은 주장의 범위를 좁히는 자료의 예이다. "어느 설문조사에 의하면, 최고관리자들은 직무만족도에 영향을 미치는 가장 중요한 요인으로 고용 보상을 꼽았다. 반면에, 중간관리자들은 협력적인 업무 환경이 직무만족을 결정하는 가장 중요한 요인이라고 응답하였다." 여기에서 직업만족도에 영향을 미치는 구체적인 요인을 설명하는 주장이 서로 다른데, 설문조사의 대상인 두 집단은 직무만족도를 결정하는 두 가지 요인으로 각각 고용 보상과 협력적 업무환경을 제시하였다. 이 주장은 대상집단의 하위범주별로 두 개의 관점을 설명하고 있다.

주장의 범위를 한정하는 것은 주장의 영역을 좁히는 것이다. 일반적으로 사실의 어느 한 면만을 옹호하는 주장은 포괄적인 주장이 될 수 없다. 항상 논쟁의 모든 측면을 모두 제시함으로써 주장은 정당한 자격을 갖춘다.

문헌고찰은 연구주제를 옹호하기 위하여 정당한 논거를 확립하는 과정이다. 논거는 수용 가능한 증거에 의하여 지지되는 주장 위에 수립된다. 여기서 증거는 적절한 고품질의 자료를 사용하는 증거이다. 거의 모든 경우에 증거는 특정 논점에 관한 두 개 이상의 측면을 제시한다. 이런 과정을 통해 만들어지는 주장은 주제의 조건, 범위, 경계를 결정하며, 결국에는 주제를 제한한다.

예를 들면, 수집된 자료에 따르면, 학생 성취도는 학생과 교사 사이의 긍정적인 상호작용의 결과라는 증거가 나타났다. 그러나 다른 한편으로는, 경제적 배경, 학생과 가족의 기대수준, 학문적 유능성, 동료의 영향 등과 같은 요인이 학생의 성취도에 영향을 미치고 있다는 증거도 나타났다. 이러한 요인들은 주제의 범위 또는 경계

를 결정하며, '학생의 성취도는 교사와 학생 사이의 긍정적인 상호
작용에 근거하고 있다'는 진술을 상당히 제한하는 역할을 하고 있다.

(3) 근거(warrant)

우리가 어떤 것을 주장하기 위해서는 단지 자료만을 제시하여서
는 안 된다. 자료가 주장으로 연결되도록 그 자료를 체계화할 필요
가 있다. 앞서 설명한 바와 같이, 목적을 달성하기 위해 수집된 자
료가 증거이다. 자료를 수집한 목적은 주장을 제기하고 그것을 정당
화하기 위함이다. 근거(warrant)는 증거(evidence)와 결론(conclusion)
사이의 관계를 연결한다. 여기서 증거는 주장을 증명하는 자료(data)
를 의미한다. 근거는 논리적 결론을 이끌어 내기 위하여 증거를 체
계화시킨다. 따라서 근거는 주장을 정당화하는 역할을 수행한다. 앞
서 <그림 3.2>에서 근거는 단일 논증의 기본요소 가운데 하나임
을 설명한 바 있다.

근거를 의미하는 영어 단어 'warrant'의 어원과 정의는 중세로
거슬러 올라간다(Machi & McEvoy, 2009, p. 74). 중세 봉건사회에
는 군주가 신하에게 왕의 권위로 어떤 임무를 수행하도록 허가하는
제도가 있었는데 이것이 warrant의 어원이다. 따라서 당시의 warrant
는 보증서, 자격증, 허가증, 영장의 의미를 갖고 있었으며, 안전한
입국과 통행을 보장하는 기능을 수행하였다.

비유적으로 설명하면, 설득적 논증에 있어서의 근거는 주장을 제
기하기 위한 '안전한 통행'을 보장하는 역할을 맡고 있다. 근거는
증거(즉, 주장을 증명하는 자료)와 주장을 연결시키는 논리적 자격

증이며, 논증을 성립시키는 역할을 하고 있다. 근거는 논리적 사고 방식이며, 직접적으로 표현되거나 설명되는 경우는 매우 드물다. 횡단보도 교통신호등의 예를 들어 보자. '건널목의 신호등이 빨간색이므로, 보행인은 멈추어야 한다'는 진술에는 증거(신호등이 빨간색임)와 주장(보행인은 멈추어야 함)은 제시되어 있지만, 근거는 명백하게 표현되어 있지 않다. 이 진술 속에 내포된 근거는 '건널목의 빨간 신호등은 보행자의 횡단금지를 의미하므로 보행자가 이 신호를 준수해야 하며, 또한 이 상황은 차량용 신호가 파란색(차량의 통행을 허가하는 신호)이거나 그런 신호로 곧 바뀔 가능성을 알려 주는 것이므로, 보행인이 멈추어야 한다는 주장은 정당하다'라는 것이다.

주장으로부터 도출된 결론에 독자가 동의하도록 설득하기 위해 논리적인 증거를 제시하면 그것이 바로 근거이다. <그림 3.3>은 단일 논증(simple argument)의 경우 논리적 교량(logical bridge)의 역할을 담당하는 근거를 설명하기 위하여 인용한 그림이다.

<그림 3.3> 단일 논증의 기본원리

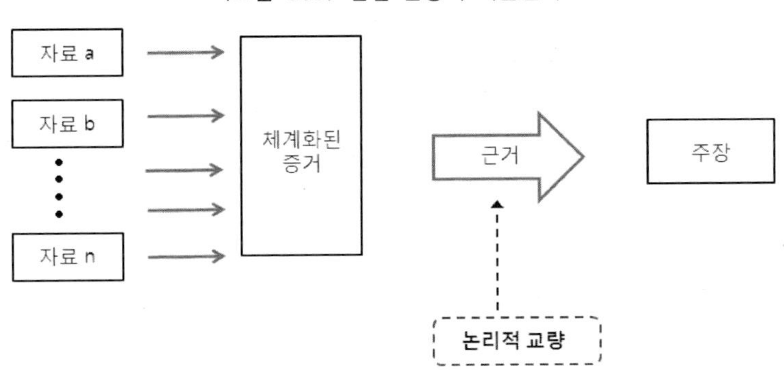

자료: Machi & McEvoy, 2009, p. 75.

논증에서 근거를 찾는 가장 간단한 방법은 '주장을 증명하기 위하여 제시된 증거를 수용하도록 만들기 위해 이 논증에서 사용된 추론(reasoning)은 무엇인가?'라는 질문을 제기하는 것이다. 예를 들면, '초등학교 학생들은 영양의 균형이 잡힌 아침식사를 절대로 거르지 말아야 한다'라는 주장이 제기되었다고 가정해 보자. 이 주장의 증거는 많은 선행연구로부터 도출되었는데, 그에 따르면 아침식사를 한 어린이들이 그렇지 않은 어린이들보다 학교생활을 준비하는 태도가 더 좋은 것으로 알려져 있다. 이 사례에서 주장을 정당화하기 위하여 어떤 추론이 사용되었는가? 이 사례의 추론에 의하면, 증거(선행연구의 결과)는 주장(어린이들은 아침식사를 할 것)을 증명하고 있다. 이처럼 증거가 논리적으로 옳고(sound) 또한 증거가 주장을 지지한다면, 우리는 결론에 동의하지 않을 수 없을 것이다.

근거 뒤에 자리 잡고 있는 추론이 논증의 논리를 창조한다. 추론의 유형과 그 사용법에 대해서는 다음 장에서 후술할 것이다.

2) 개연적 논증

논증은 <그림 3.2>에 제시된 바와 같이, 증거[즉, 주장을 증명하는 자료(D)]에서 출발하여 근거(W)를 거쳐 주장(C)에 이르게 되는 논리적인 과정을 거친다. 그런데 이와 같은 논증의 과정이 필연적인 경우가 있지만 반대로 개연적인 경우도 있다(김항규, 1998, p. 326). 논증의 과정이 필연적인 경우를 일러 필연적 논증(necessary argument)이라 하는데, 이는 자료(D)에서 주장(C)에 이르는 확률이 100%임을 근거(W)가 확실히 보장하는 경우이다. 반면에, 개연적 논증(probable argument)은 자료(D)에 바탕을 둔 주장(C)이 사실이라는 것을 근거 (W)가 100% 보장할 수 없는 경우이다. 복잡하고 미묘한 사안이 많은 현실세계에는, 특히 사회문제나 정치문제의 영역에는, 필연적 논증은 드물며 개연적 논증이 흔하다.

필연적 논증의 경우에는 자료, 주장, 근거만 있으면 일련의 논증과정이 완성된다. 그러나 개연적 논증의 경우에는 자료에서 근거를 거쳐 주장에 이르는 확률이 100% 미만이므로 그 과정이 과연 어느 정도 확실한지를 명확하게 제시할 필요가 있다. 이처럼 주장이 사실일 수 있는 정도를 표시하는 요소를 한정어(qualifier)라 지칭한다.

또한 논증의 과정단계에서 자료(D)와 주장(C)을 연결하는 근거(W)의 효력은 일반적·원칙적인 수준에 불과하다. 경우에 따라서는 이러한 일반적·원칙적인 효력이 발생하지 않는 상황, 즉 근거의 효력이 유보되는 경우가 발생할 수 있다. 이러한 예외적인 상황에 대비하여 근거(W)의 효력에 대한 유보조건을 명시할 필요가 있는데, 이러한 상황 조건을 유보(rebuttal)라고 부른다.

뿐만 아니라, 개연적 논증의 경우 근거(W)가 확실한 진리인 경우도 있지만 단순히 개연성만을 나타내는 경우도 있다. 이 경우 논증의 타당성을 확보하기 위해서는 내용 면에서 근거(W)의 신빙성을 보증하기 위하여 새로운 자료가 요구된다. 이 요소를 일러 지지(backing)라 부른다.

(1) 한정어(qualifier)

한정어(Q)는 자료(D)에서 근거(W)를 거쳐 주장(C)으로 도약하는 강도를 나타내며, 주장(C)이 어느 정도 널리 받아들여질 수 있는지 알려 준다. 즉, 한정어는 주장의 보편성을 일정 수준으로 제한하는 역할을 한다. 한정어로 흔히 쓰이는 단어로는 '대부분, 보통, 항상, 가끔, 때때로, 아마도, 확실히' 등을 들 수 있다. 한정어에 따라 논증은 매우 강한 주장과 아주 느슨하고 불확실한 진술을 양극단으로 하는 연속선 위의 어느 한 점에 위치하게 된다.

(2) 유보(rebuttal)

유보(R)는 보류(reservation), 반증(反證), 양보(concession)라고도 불린다. 유보(R)는 주장(C)에 대한 예외를 말한다. 즉, 주장이 정당하게 가지고 있는 제한점을 인정하는 일이 곧 유보이다.

(3) 지지(backing)

지지(B)는 근거의 뒷받침(backing for warrant)을 의미하는데, 지원(support)이라고도 한다. 근거(W)는 매우 중요한 논증의 요소이지만, 경우에 따라서는 근거가 널리 받아들여지지 않는 상황이 생길 수 있다. 이때 논자 또는 화자(話者)는 근거를 지키거나 보충하기 위하여 다른 자료를 사용하는데, 이 요소가 바로 지지(B)이다.

개연적 논증의 구성요소를 예를 들어 설명하면 <그림 3.4>와 같다.

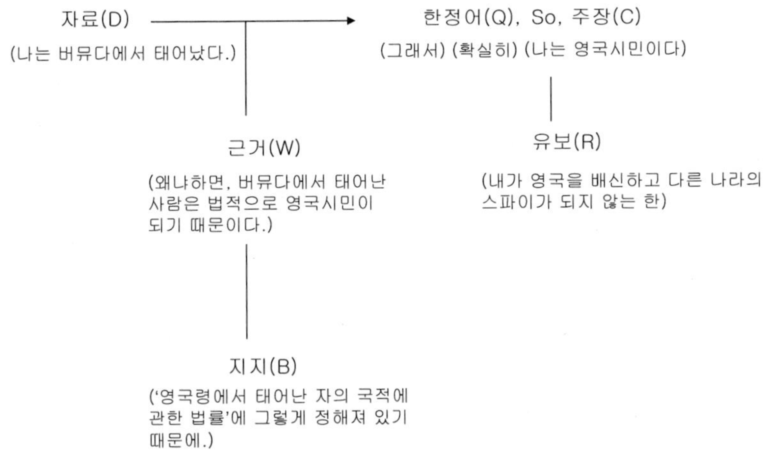

자료: 김항규. 1998. p. 327의 사례를 일부 수정.

3) 복합 논증(다중 주장의 논증)

지금까지 논쟁(argumentation)의 기초 원리이자 근거로서 사용할
수 있는 단일 논증(simple argument)에 대하여 고찰하였다. 단일 논
증은 한 개의 주장, 증거, 근거로 구성되어 있다. 그런데 현실적으
로 단일 논증을 찾기는 어렵다. 대부분의 논증은 복합적이다. 복합
논증(complex argument)은 여러 개의 단일 주장(claim)으로 구성되
어 있으며, 이 단일 주장들이 주요 논증(major argument)의 주장을
정당화하는 증거가 된다.

<그림 3.5>에 제시된 바와 같이, 단일 주장들이 모여 복합 논증의
재료가 된다. 하나의 단일 주장은 복합 논증의 하나의 전제(premise)이
다. 여러 개의 전제들이 복합 논증의 자료로서 기능한다. 전제는 앞

단계에서는 사실(fact)이나 단언(assertion)의 진술(즉, 주장)이지만, 뒤 단계에서는 후속 논증의 토대의 역할을 담당한다. 전제는 복합 주장의 증거로서 체계화된다.

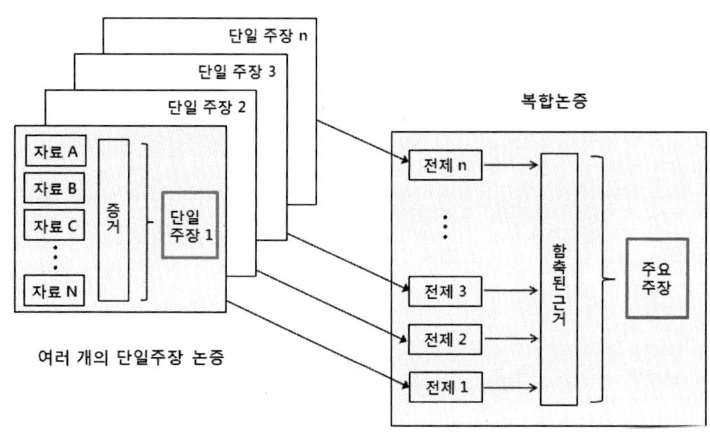

〈그림 3.5〉 복합 논증의 구성 원리

자료: Machi & McEvoy, 2009, p. 77.

복합 논증을 만드는 절차는 다음과 같다. ① 주장을 정당화하기 위해 자료를 증거로 사용하는 여러 개의 단일 논증을 구축한다. ② 이러한 여러 개의 단일 논증에 의해서 만들어진 주장들을 사용하여 복합 논증의 주요 주장(major claim)을 정당화하는 데 필요한 증거 를 구축한다.

다음 예를 보자. 다음과 같은 두 개의 단일 주장(simple claim)이 있다. 하나는 '여학생은 남학생보다 수업시간에 말썽을 일으키는 빈 도가 더 낮다'이고, 다른 하나는 '여학생은 남학생보다 사회적 상황 에 더 잘 적응한다'이다. 이 두 개의 주장으로부터 '남녀 학생 가운

데 가장 예절 바른 학생들은 여학생이다'라는 주요 주장(major claim)
이 도출되었다. 이 경우, 두 개의 단일 주장들이 복합 논증의 토대
(증거)를 제공하고 있으며, 이 두 개의 단일 주장들이 사실로 받아
들여져서 결론(즉, 주요 주장)으로 발전하였음을 알 수 있다.

복합 논증을 정당화하기 위하여 사용되는 근거는 여러 가지 유형
으로 분류할 수 있다. 복합 논증의 근거에 대해서는 뒷장에서 상세
하게 설명할 것이다.

3. Fisher(1993)의 비판적 글 읽기(critical reading)

가치판단의 영역을 포함한 생활의 모든 영역에서 이루어지는 논
증을 지적이고 공정한 방법으로 분석하고 평가할 수 있는 신축성
(flexibility)을 갖춘 방법이 Fisher(1993)의 논증 방법이다. 이하에서
는 먼저 논증의 주요 요소를 체계적으로 추출하는 방법을 살펴본
후 이어서 논증의 구조를 이해하고 논증을 평가하는 방법에 대하여
간략히 고찰한다.

1) 논증에서 사용되는 언어

Fisher (1993)는 분석적으로 글을 읽는 체계적인 기법을 개발하였
는데, 이 방법은 논증의 공식구조(formal structure)를 분석함으로써
논증을 평가하는 것이다. 즉, 그의 논증분석에서는 논증을 구축하기

위하여 사용된 단어들이 분석의 초점이 된다.

논증한다는 것은 곧 결론(conclusions)에 대한 근거, 즉 이유(reasons)
를 제시하는 것이다. 다시 말해, 논자(論者)는 결론을 지지하거나(support),
정당화하거나(justify), 확립하거나(establish), 증명하거나(prove), 설명
하기(demonstrate) 위하여 이유를 제시한다. 논자는 추론을 통해 독
자를 설득시키려고 노력한다. 일상 언어 속에서 논증의 존재 여부
를 알아내는 일이 항상 쉽지만은 않지만, 모든 논증에는 결론이 포
함되어 있다. 논증을 분석하기 위해서는 먼저 논증의 결론을 찾아
내는 일이 급선무이다. 일반적으로 다음과 같은 단어나 어구 뒤에
는 결론이 제시되므로, Fisher (1993)는 다음 단어나 어구를 결론 지
시어(conclusion indicators)라고 호칭한다. 참고로, 아래에는 영문으
로 된 논증에서 결론의 존재를 암시하기 위하여 사용되는 단어나
어구도 함께 제시하였다.

- 따라서
- 그래서
- 그런 까닭에
- 그 결과
- 결과적으로
- 그로 말미암아
- therefore…
- so…
- hence…
- thus…
- consequently…
- which proves that…
- justifies the belief that…
- I conclude that…

- ···which implies that···
- ···which allows us to infer that···
- it follows that···
- ···establishes the fact that···
- ···demonstrates that···

위에 제시된 단어나 어구는 증거(evidence)와 주장(claims)을 연결하는 역할을 할 뿐만 아니라, 추론(inference), 이유(reasons), 결론(conclusions)을 암시하는 역할을 한다. 아무튼 논증의 구조를 가시적으로 구체화하거나 논증 다이어그램(argument diagram)을 그리는 첫걸음은 결론 지시어를 찾아내는 일이다.

위에 제시된 단어나 어구가 있다고 하여 언제나 예외 없이 결론이 뒤따르는 것은 아니다. 다만 대개의 논증에서 위에 소개한 결론 지시어 다음에는 결론이 뒤따른다고 보아도 크게 틀리지 않을 것이다.

또한 모든 논증에는 결론의 근거, 즉 이유가 포함되어 있다. 이유의 존재를 알려 주기 위해 논증에서 사용되는 단어나 어구는 다음과 같으며, Fisher (1993)는 이러한 단어와 어구를 이유 지시어(reason indicators)라고 호칭한다. 아래에는 영문으로 된 선행연구를 고찰하는 경우에 참고할 수 있도록 영어의 이유 지시어를 함께 제시하였다.

- ···때문에
- ···까닭에
- 왜냐하면
- 그 이유는
- because···
- for···
- since···

- follows from the fact…
- the reason being…
- firstly, …secondly, …(etc.)
- may be inferred from the fact that…

위에 논증 안에 소개된 이유 지시어가 있다고 하여 무조건 이유가 뒤따르는 것은 아니지만, 대개의 경우 이유 지시어 다음에는 이유가 나오게 된다는 것을 유념할 필요가 있다. 한편, 간혹 결론이나 이유를 암시하는 아무런 지시어도 사용되지 않은 상태에서 논증이 제시되는 경우도 있다. 이 경우 과연 논증이 제시되어 있는지 아닌지를 판단하기가 쉽지 않으므로, 독자의 특별한 주의를 요한다.

지금까지 결론의 존재를 암시하는 지시어와 이유의 존재를 암시하는 지시어의 기능에 대하여 살펴보았다. 결론 지시어와 이유 지시어를 통틀어 추론 지시어(inference indicators) 또는 논증 지시어(argument indicators)라고 부른다(Fisher, 1993, p. 17).

2) 논증의 구조

어떤 글의 전체 또는 일부분으로부터 체계적으로 논증을 추출하기 위해서는 먼저 논증의 구조를 파악하는 것이 중요하다. 논증을 구성하는 두 가지 핵심요소는 이유(R)와 주장(C)이다. 가장 단순한 형식의 논증은 다음과 같이 표현할 수 있으며, 여기서 화살표(→)는 '그러므로'나 '따라서'의 의미를 갖는다.

$$R \rightarrow C$$

그런데 결론을 지지하는 이유가 여러 개일 경우(즉, 두 개 이상의 이유가 제시되었다면) 두 가지 가능성을 생각할 수 있다. 하나는 여러 개의 이유들이 연합하여 결론을 지지하는 경우이다. 이것은 여러 이유들이 연대할 경우에는 결론을 지지하지만, 개별 이유만으로는 결론을 지지하지 못하는 경우이다. 이와 같이 결론을 지지하는 공통의 이유들이 존재하는 경우의 논증의 구조는 다음과 같다. 아래의 도해에서 이유1(R_1)과 이유2(R_2)는 결론(C)을 설명하는 공통의 이유(joint reasons)이다.

<공통의 이유가 있는 경우>

$R_1 \; + \; R_2$

C

한편, 결론을 지지하는 이유가 여러 개이지만 각 이유가 개별적으로 기능하는 경우가 있다. 이 경우 여러 개의 이유 가운데 하나라도 받아들일 경우 결론을 받아들이게 된다. 아래의 도해에서 이유1(R_1)과 이유2(R_2)는 결론(C)을 설명하는 개별적인 이유(independent reasons)이다.

<개별적인 이유가 있는 경우>

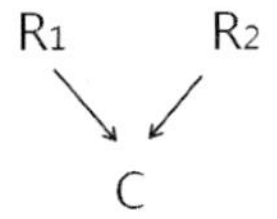

특정 논증의 일부분 결론이 다른 논증의 결론을 지지하는 이유로 사용되는 경우도 있다. 이 경우 전자를 중간 결론(intermediate conclusion)이라고 부른다. 중간 결론은 선행 논증에서는 결론의 역할을 수행하지만 후행 논증에서는 이유로서의 역할을 수행한다. 논증에서 다른 이유에 의해 지지받지 않는 이유는 기본적 이유(basic reason) 또는 논증의 전제(premiss)라고 지칭된다. 어떤 결론이 다른 결론을 지지하기 위하여 사용되지 않을 경우 그 결론은 최종 결론(final conclusion) 또는 주요 결론(main conclusion)이라고 불린다.

논증 다이어그램은 논증의 구조를 명확하게 이해하는 데 도움을 준다. 또한 논증 다이어그램은 논증의 논리가 적절한 것인지 파악하는 데 도움을 준다. 주요 결론이 잠정 결론과 여러 개의 기본적 이유에 의해 지지되는 경우의 논증 다이어그램은 다음과 같다.

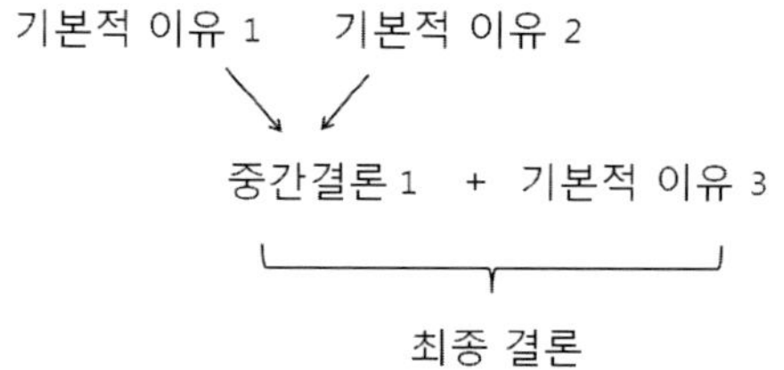

앞서 언급한 바와 같이, 논증의 구조를 이해하기 위한 선결조건은 논증으로부터 결론(conclusions)과 이유(reasons)를 추출하는 일이다. 선행연구로부터 논증을 추출하기 위해서는 다음과 같은 절차를 거치는 것이 좋다(Fisher, 1993, pp. 21-22).

① 먼저 필자/논자의 의도와 목적을 알아보기 위하여 글 전체를 빠른 속도로 훑어 읽어 본다. 두 번째로 글을 읽으면서 추론 지시어(예: '따라서', '그래서', '그런 까닭에', '그로 말미암아' 등)에 동그라미를 친다.

② 결론과 그 결론에 이르게 된 이유를 찾아낸다. 결론에는 밑줄을 긋고, 이유는 모난 괄호(〈 〉) 안에 넣는다. 이 단계에서 논자/필자의 논증을 요약한다. 만약 명확한 논증을 찾을 수 없다면, 필자가 주장하려는 요점이 무엇이고 그 이유는 무엇인지 자문(自問)해 본다.

③ 결론이라고 생각되는 어구, 문장, 단락을 찾아내어 그 옆에 C를 적는다. 결론은 두 개 이상일 수 있는데, 예를 들면 주요 결론 외에 잠정 결론(interim conclusions)이 제시되는 경우도 있다. 일반적으로 '그러므로', '그래서', '결과적으로', '결론적으로', '요컨대' 등 단어 다음에는 결론이 제시된다. 단순한 논증의 요약을 결론으로 오인하는 잘못을 범하면 안 된다.

④ 결론을 찾아내었다면, 그 결론을 지지하기 위하여 논자나 필자에 의해 제시된 이유가 무엇인지 알아본다. 일반적으로 이유를 나타내는 단어나 어구는 '왜냐하면', '~하기 때문에', '~까닭에' 등이다. 만약 논자/필자의 의도가 명확하지 않아 결론의 이유를 찾을 수 없다면, 스스로에게 다음과 같은 주장 가능성(assertability question)의 질문을 던지고 그 대답을 얻기 바란다 - "결론의 수용을 정당화하려면 나는 무엇을 알아야 하거나 믿어야 하는가?" 만약 여러분이 얻은 대답, 즉 논증의 이유가 논자/필자가 생각하는 이유와 같다고 생각된다면, 그가 여러분이 생각하는 논증과 동일한 논증을 의도하고 있다고 해석하여도 무방하다. 반면에, 만약 여러분이 생각하는 논증의 이유가 논자/필자의 것과 다르다고 생각된다면, 현 단계에서 여러분이 논자/필자의 논증을 재구성할 수 있는 합리적인 방법은 존재하지 않는다.

⑤ 논증에 들어 있는 모든 이유를 대상으로, 최종적으로 기본적인 이유만 남을 때까지, ④의 과정을 반복하여 수행한다. 즉, 각 이유(R)에 대하여 그것이 논증의 지지(backing)에 필수적인 것인지 아니면 부차적인 것인지 판단한다. 이 과정을 거치면 논증의 결론을 지지하는 핵심 이유가 드러난다. 논증의 이유가 여러 개인 경우 이들을 정렬시켜 논증 다이어그램(argument diagram)을 만든다.

이제 이유와 결론의 구조에 대하여 살펴보자. 논증이 논리적인

면에서 복잡한 양상을 띠듯이, 논증의 이유와 결론도 복잡하기는
마찬가지이다. 문장의 내부구조가 복잡하여 이유와 결론을 명확하
게 구별하기 어려운 경우도 있다. 논증에서 논자/필자가 사실이라
고 공언하는 주장을 단언(assertion)이라고 부르고자 한다. 다음 예는
단언의 예이다. 경찰이 확보한 증거에 의하면 다음과 같은 결론이
도출되었다.

- Jones 또는 Smith가 Brown을 살해하였다(J 또는 S).

여기서 주목해야 할 점은 경찰이 Jones를 살인자라고 단언하고(assert)
있지 않으며, 또한 Smith를 살인자라고 단언하고 있지도 않다는 점
이다. 경찰이 단언하고 있는 것은 'Jones 또는 Smith'가 Brown의 살
인자라는 '선언(選言, disjunction)'이다. 논리학에서는 선언(選言)을
이접(離接) 또는 논리합(論理合)이라 부르기도 한다. 요컨대, 논증
을 분석함에 있어서 선언(disjunction)을 구성 부분으로 분해하는 오
류를 범해서는 안 된다.

논증분석에 있어서 선언(disjunction)은 그다지 큰 문제가 되지 않
으나, 가설적 논증은 종종 문제를 일으킨다. 가설적 논증은 '만약 …이
면, 그러면 …이다(if …, then …)'의 형식을 갖추고 있다. 예를 들
면, 다음 문장은 가설적 논증의 예이다.

- 만약 우리나라의 통화량이 증가한다면, 우리나라의 물가상승률은 증가
  할 것이다.

위 논증에서 논자/필자는 우리나라의 통화량이 증가할 것이라고

단언하고 있지 않으며, 또한 우리나라의 물가상승률이 증가할 것이라고도 단언하지 않고 있다. 그가 단언하는 바는 '만약 우리나라의 통화량이 증가하면, 우리나라의 물가상승률이 증가할 것'이라는 전체적인 가설적 상황이다.

가설적 논증의 구성 부분은 특별한 명칭으로 불린다. 가설적 논증에서 '만약'이라는 단어에 의해 인도되는 조건적 진술은 전건(前件, antecedent)이라고 호칭되는 반면, 결과 상황을 일컫는 진술은 후건(後件, consequent)이라고 호칭된다.

Fisher(1993)의 방법은 비교적 간단한 방법인데, 논증을 올바르게 분석하기 위해서는 무엇보다 꼼꼼한 글 읽기가 중요하다. 논증분석의 단계에서는 확인된 이유가 정말 좋은 이유, 즉 논리적으로 옳은 (sound) 이유인지 따지지 않는다. 왜냐하면 이 단계는 분석하는 단계이지, 평가하는 단계가 아니기 때문이다. 요컨대, 이 단계에서의 분석방법은 논증의 구조를 즉각 드러내 주는 규범적 방법(prescriptive method)이 아니다.

사회과학에서의 논증분석은 쉽지 않은 과업이다. 사회과학에서는 많은 논증이 주장(assertion)과 가설적 진술(hypothetical statements)에 근거하고 있다. 따라서 사회과학 영역의 논증을 분석할 때 가설적 시나리오를 사실로 받아들이는 오류를 피하기 위해서는 논증을 다룸에 있어서 실제적인 감각과 시각이 필요하다. 일반적으로 '만약', '만약 ~하다면' 등과 같은 단어나 어구가 사용된 논증은 가설적 논증이나 주장에 관한 논증일 개연성이 매우 높다는 점을 유념할 필요가 있다.

3) 논증의 평가

논증분석의 다음 단계는 그것을 평가하는 단계이다. 대부분의 연구자는 Fisher (1993)의 분석기법을 사용하여 논증으로부터 세부사항을 추출할 수 있을 것이다. 논증을 평가하기 위해서는 무엇보다도 먼저 논증의 분석 단계에서 입수한 논증의 요소를 사용하여 논증의 구조를 명확하게 드러내야 한다. 논증을 평가하는 일은 논증의 논리적 구조뿐만 아니라 전체적인 면에서 그리고 부분적인 면에서 논증의 맥락적 구조(contextual structure)를 평가하는 일이다.

Fisher (1993)의 논증 평가 방법은 대부분의 논증 형식에 적용할 수 있다. 이 방법은 그가 말하는 '주장 가능성의 질문(assertability question)'에 기반을 두고 있다. 이것은 논증의 전제(premisses)와 결론(conclusions)에 의문을 제기하는 질문이다. 가장 핵심적인 주장 가능성의 질문은 '무슨 논증 또는 주장이 결론의 수용을 정당화시키는가(결론의 수용을 정당화하려면 나는 무엇을 알아야 하거나 믿어야 하는가)?'이다.

이 주장 가능성의 질문은 논증의 내용이 진리인가 아닌가를 따지자는 것이 아니다. 이 질문은 주장을 받아들일 수 있는 정당한 이유가 제시되어 있는지를 확인하려는 것이다. 그러므로 이 질문은 진리, 사실, 의미가 추상적 토론과 의심에 노출되어 있는 영역, 즉 철학적 회의론(philosophical scepticism)의 영역을 탐구하려는 것이 아니다. Fisher (1993)의 방법은 논증의 영역에 정상적이고 평범한 평가와 판단의 기준을 적용하는 것이다. 이 때문에 이 방법은 대다수의 연구자들이 사용할 수 있는 방법이라는 평가를 받고 있다.

Fisher (1993)의 기법을 사용하여 논증을 평가하기 위해서는 결론이 전제로부터 나온 것인가를 확인하여야 한다. 즉, 전제의 진리(truth of the premisses)가 무엇보다도 중요하다. 만약 논증의 전제가 사실이 아니라면 그 논증은 결론을 지탱하지 못한다. 논증이 결론을 지탱하기 위해 반드시 충족하여야 할 첫 번째 조건은 다음과 같다.

- 논증의 모든 전제는 사실이어야 한다. 만약 결론을 지지하는 개별적인 여러 이유가 있는 경우라면, 적어도 한 개 이상의 이유가 사실이어야 한다.

그런데 이유가 진리라고 하여 반드시 결론이 진리인 것은 아니다. 즉, 이유는 사실이지만 그것이 결론의 진리를 보장하지 않는 경우가 있다. 이 경우 독자들은 '결론이 정당화되지 않는다', '논증이 논리적으로 옳지 않다', '결론이 전제로부터 도출되지 않았다'라고 말한다. 다음은 논증의 전제는 진리이지만, 논증의 결론이 전제로부터 도출되지 않은 예이다.

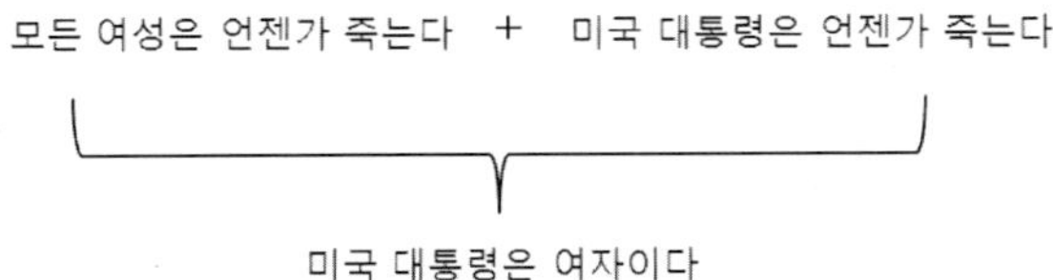

독자 여러분은 위 논증에서 왜 결론이 전제로부터 도출되지 않았는지 따져 보기 바란다. 위의 예로부터 논증이 충족하여야 할 다른 하나의 조건이 무엇인지 자명해졌다. 다음의 예는 논증이 충족하여야 할 두 번째 조건을 알려 준다.

- 논증의 결론(conclusion)은 반드시 논증의 전제(premisses)로부터 나와야 한다.

직관적으로 말해, 전제의 진리가 결론의 진리를 보장할(guarantee) 때 결론이 전제로부터 도출되었다고 할 수 있다. 이 경우 우리가 논증의 전제를 받아들이면 반드시 논증의 결론도 함께 받아들여야 한다.

그러나 비록 논증의 전제가 사실이거나 정당화될 수 있다고 하더라도 결론이 그릇되거나 의심스러울 수 있다. 마찬가지로, 결론은 수용 가능하지만 하나 또는 모든 전제가 진리가 아닌 것일 수도 있다. 이 두 가지 경우에는 모두 전제의 진리가 결론의 진리를 보장하지 못한다.

다음 <사례 3.1>은 요양보호사 양성교육에 참여한 예비 요양보호사를 대상으로 효도 태도를 측정하는 것이 과연 정당한가에 대한 논증이다. 이 사례는 Fisher (1993)의 비판적 글 읽기 방법에 따라 논증을 분석하는 방법을 보여 준다.

사례 3.1: 요양보호사 양성교육 참여자의 효도 태도

요양보호사 양성교육에 참여한 성인을 대상으로 효도 태도를 측정하는 연구의 필요성에 대해서는 두 개의 서로 상반된 시각을 상정할 수 있다. 그 하나는 요양보호사에 의한 공식 돌봄(사회적 돌봄)을 추구하는 노인장기요양보장제도의 영역에서 비공식 돌봄(가족 돌봄)의 전형적 가치인 효도 태도를 측정하고 해석하고 논의하는 것이 적절하지 않다는 시각이다. 즉, <노인장기요양보험제도는 고령화로 인한 돌봄의 부담을 사회화하는 것>인데, 여기에서 <공식 돌봄을 수행하는 요양보호사에게 비공식 돌봄의 가치인 효도의 태도를 묻고 그로

C

부터 시사점을 얻는 일 자체가 부적절하고 불필요하다는 것이다. 다른 하나의 시각은 요양보호사 양성교육이 참여자의 효도 태도에 어떤 영향을 미치는 것인지 파악하고 그로부터 함의를 도출하는 것이 나름의 실익이 있다는 입장이다. 이 후자의 입장은 공식 돌봄을 수행하는 원조전문직과 비공식 돌봄의 가치인 효도 사상이 만나는 접점에 초점을 맞추고 있는데, 한마디로 말해, 〈요양보호사가 효도의 필요성과 가치에 대해 보다 긍정적이고 적극적인 태도를 취한다면 노인 돌봄의 업무들 더 잘 수행할 수 있다는 것이 이 입장의 기본 시각이다.〉 이 입장은 다음과 같은 몇 가지 근거에 바탕을 두고 있다.

첫째, 〈현대 사회에서 효도는 요양보호사가 갖추어야 할 기본적인 가치 가운데 하나이다.〉 과학화·기계화로 인간성이 소외되고 인간의 체취가 희미해져 가는 현대 사회에서 효도는 인간의 진한 사랑을 일깨우는 역할을 할 것이다(최근덕, 1995: 64). 전통적으로 효행자들은 가족뿐만 아니라 이웃의 노인들까지 돌보았는데(성규탁, 1989; 송복, 1995), 이를 통해 효도는 가정의 안정과 지역사회의 통합에 기여하는 등 자연스럽게 사회적·정치적 질서를 유지하는 기능을 수행하였다. 효자는 자기 부모에 대한 돌봄과 부양을 넘어 자기 부모가 아닌 다른 노인들까지도 공경하여야 한다는 주장은 오늘날에도 여전히 유효한데, 이는 가족적 차원의 효가 사회적 차원의 효로 확대되는 현상이다(성규탁, 1995; 송복, 1995). 이와 같은 효도의 기능을 고려할 때 공식 돌봄의 주체인 요양보호사들이 비공식 돌봄의 가치인 효도로 무장하여야 한다는 주장이 반드시 공적 돌봄의 근간을 부정하는 잘못된 인식이라고 볼 수만은 없을 것이다.

둘째, 〈요양보호사의 긍정적인 효도 태도는 공식 돌봄의 영역에서 정서적 지지의 기능을 수행하는 데 도움을 줄 것이다.〉 현대 사회의 노인복지정책체계의 영역에서 노인 돌봄의 주체는 국가이지만, 그렇다 할지라도 노인을 심리적·정서적으로 돌보는 기능만큼은 가족 수발자가 맡는 것이 더 바람직하다는 주장에도 어느 정도의 타당성이 있다(허창무·유광호, 1995). 후술하는 바와 같이, 노인 돌봄의 과업특화모델에서도 정서적 돌봄은 가족 수발자가 제공하고 기술적·과업적 서비스와 관련된 돌봄은 공적 서비스 제공인력이 맡는 것이 바람직하다고 주장한다(Ward-Griffin & Marshall, 2003: 191). 그런데 가족의 돌봄 기능이 사실상 배제되어 있는 노인장기요양보험제도 안에서는 공식 원조전문인력이 가족의 가치로 무장할 경우 정서적 지지의 역할을 보다 잘 수행할 수 있을 것이다. 따라서 가족 돌봄의 확대를 기대하기 어려운 현실에서 효도라는 비공식 돌봄의 가치로 무장한 공식 돌봄의 전문인력이 필요하다는 주장이 상당히 설득력이 있어 보인다.

셋째, 〈공식 돌봄과 비공식 돌봄이라는 이분법적 구분에서 탈피하여 노인 돌봄을 공적 영역과 사적 영역이 상호작용하는 중간 영역(intermediated domain)으로 파악하는 입장이 있는데(최희경, 2009; Ward-Griffin & Marshall,

2003), 이에 따르면 요양보호사들의 효도 의식을 장려하는 것이 전혀 불합리한 것이 아니며 오히려 바람직한 정책목표의 하나라고 볼 수 있다.〉 노인의 집에서 노인을 돌보는 재가노인복지 서비스의 특성상 전문적 돌봄 제공자와 가족 수발자의 공존은 필수적이다. 일반적으로 돌봄 서비스 제공과정에서 공식 인력과 비공식 인력 사이의 상호작용이 존재하고 노인 돌봄이라는 동일한 과업은 상품화되거나 중첩되거나 과업들 간의 경계가 흐려지기도 한다. 이처럼 노인장기요양보험제도 안에서 요양보호사와 가족 수발자의 업무는 서로 분리되거나 어느 일방이 다른 쪽을 보완하고 대체한다기보다는 노동전환과정을 통해 두 필수적인 요소가 서로 연결되어 작동되는 형식으로 수행된다(최희경, 2009: 115). 따라서 〈중간 영역에서 활동하는 돌봄 서비스 제공자로서의 특성을 감안할 때 요양보호사가 효도라는 가족 돌봄의 가치를 구현하는 일이 서비스의 효과성과 완전성 측면에서 바람직한 것으로 여겨진다.〉

자료: 김경호, 2011, pp. 304-342.

결론적으로 위의 사례에서는 요양보호사 양성교육 참여자의 효도 태도를 측정하는 것이 적절하다는 입장과 그렇지 않다는 두 개의 상반된 논증을 정리하여 소개하고 있다. 첫째, 요양보호사의 효도 태도를 측정하고 논의하는 것이 적절하지 않다는 입장을 보면, 먼저 논증의 결론이 제시되어 있으며, 이어 그 결론을 지지하는 두 개의 기본적 이유가 나열되어 있다. 이 논증의 구조를 논증 다이어그램으로 표현하면 다음과 같다.

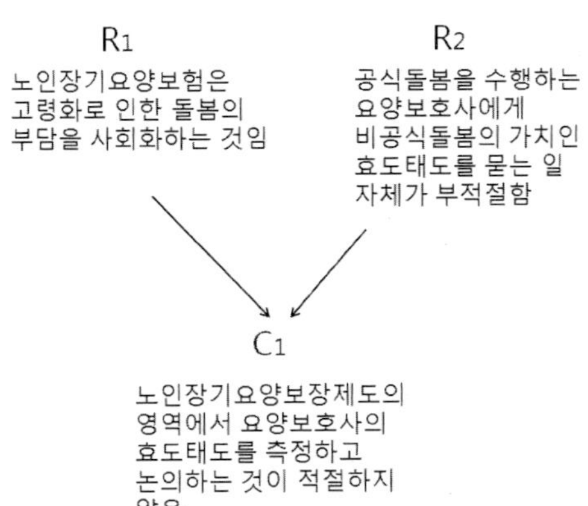

둘째, 요양보호사 양성교육 참여자를 대상으로 효도 태도를 파악하고 함의를 도출하는 것이 나름 실익이 있다는 주장은 먼저 논증의 결론을 제시한 다음에 그 결론을 지지하는 세 개의 기본적 이유를 차례로 나열하고 있다. 이 논증의 구조를 논증 다이어그램으로 표현하면 다음과 같다.

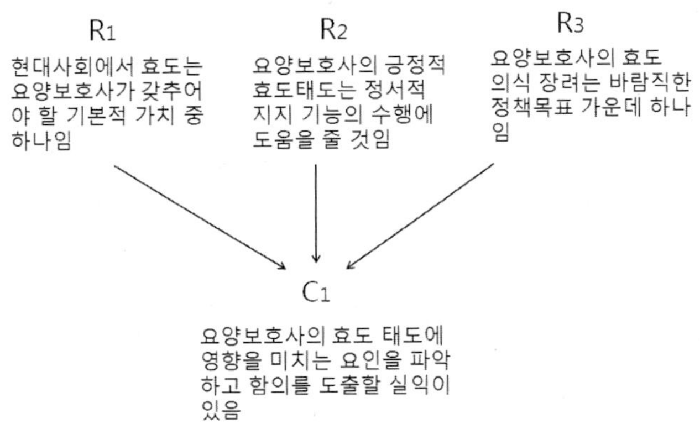

　지금까지 문헌고찰을 통해 논증을 분석하고 평가하는 방법에 대하여 학습하였다. 즉, 연구자는 선행연구의 논증분석을 통해 자신의 연구주제에 맞는 정당한 논거를 수립하여야 한다. 이상의 과정을 충분히 이해하였으면, 이제 다음 장에서는 선행연구를 분류하고 정리하는 방법에 대하여 고찰한다.

선행연구의 분류와 정리

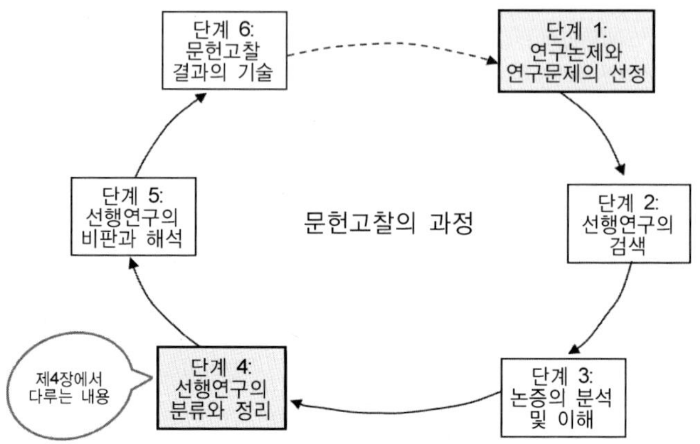

학습 목적

연구자는 논문의 어느 곳에서인가 자신의 연구주제(research thesis)를 정당화하는 논거를 제시하여야 하는데, 이론적 고찰의 장이 바로 그 목적을 달성하기 적합한 곳이다. 이론적 고찰의 장을 작성하기 위해서는 먼저 선행연구들로부터 수집한 자료를 조립(assembling)하고, 정보를 동합하여야 하며, 더 나아가 자료의 유형을 분류하여야 한다. 이번 장에서는 '발견의 논증(discovery argument)'을 통해 연구주제에 관한 기존의 지식체계를 파악하고 정리하는 방법에 대하여 학습한다.

다룰 내용

○ 자료의 조립
○ 정보의 종합
○ 자료 유형의 분석

선행연구의 분류와 정리는 연구대상에 관한 사전 지식(prior knowledge)을 얻기 위한 목적으로 수행된다. 선행연구의 분류와 정리의 첫발은 선행연구 검색을 통해 얻은 정보를 조사하는 일이며, 그 대미(大尾)는 수집한 정보를 사용하여 연구논제에 관한 기존의 지식체계를 설명하는 줄거리를 만드는 일이다. 이 과업은 ① 수집한 자료의 조립, ② 정보의 종합, ③ 자료 유형의 분석이라는 세 개의 단계를 거쳐 이루어진다(<표 4.1>).

〈표 4.1〉 선행연구 개관의 분류와 정리

단계	과업
1. 수집한 자료의 조립	중요하다고 생각되는 선행연구들을 분류하고 기록함. 저자의 명단을 목록으로 작성함. 인용할 내용을 기록해 둠. 정보의 품질과 강점을 평가함. 문헌고찰 결과를 정리한 표를 기록·유지함. 핵심 아이디어를 기록함.
2. 정보의 종합	주요 선행연구를 저자, 주요 서술자 및 주제, 연대순, 이론 등의 기준에 따라 범주화함. ▼ 주제의 유형에 따라 핵심 지도와 윤곽을 체계화함. ▼ 주요 이론과 원리 등을 파악하기 위하여 저자 지도, 이론 지도, 참고문헌 등재카드의 초록, 메모 등을 작성하고 계속 보완함.
3. 자료 유형의 분석	연구주제에 관한 기존의 지식수준을 파악함. 논증의 형식과 추론의 유형을 이해하기 위하여 핵심지도와 문헌결과 정리표를 평가함. ▼ 줄거리(storyline)를 만들어 냄. 발견의 논증에 관한 마인드맵을 그려 윤곽을 파악함. 복합 논증과 주요 주장을 구축함. ▼ 연구대상에 관한 현재의 지식수준을 탐색한 결과를 문서로 정리함. '줄거리를 이야기함.'

자료: Machi & McEvoy, 2009, p. 83.

1. 수집한 자료의 조립

1) 자료의 조립

선행연구의 분류와 정리는 수집한 자료를 조립(assembling)하는 일로부터 시작된다. 조립단계에서는 선행연구 검색의 과정에서 수집된 정보를 조립하고 평가한다. 퍼즐 맞추기에 비유하면, 자료를 조립함으로써 퍼즐의 모든 조각을 볼 수 있다. 자료를 조립하고 체계화하고 분석하기 위해서는 중앙통제센터의 역할을 하는 문서 형식의 도구가 필요하다. 이 중앙통제센터는 학자나 연구자에 따라 매우 다양한 형식을 띠고 있다. 예를 들면, <표 4.2>는 문헌검색 기록 매트릭스(literature survey tally matrix)라는 이름으로 불리는 표이며, Machi & McEvoy (2009)가 제안한 방식이다.

<표 4.2> 문헌검색 기록 매트릭스(literature survey tally matrix)

	제1단계: 수집한 자료의 조립				제2단계: 정보의 종합				제3단계: 자료 유형의 분석		
	주요 개념 또는 서술자 (1)	인용 또는 참고 (2)	주요 아이디어 (3)	자료의 품질 (4)	증거 범주 (5)	근거의 틀과 단일 논증 (6)	단일 주장 진술 (7)	주장의 수용 가능성 (8)	단일 주장 진술(전제) (9)	근거의 틀과 복합 논증 (10)	복합주장 진술 (11)
	지도·참고문헌 등재카드에서 수집	지도·참고문헌 등재카드에서 수집	지도·참고문헌 등재카드에서 수집	자료가 품질 기준을 충족하는가? (yes or no)	자료를 증거집단에 기재하는 작업	증거집단을 만드는 데 사용된 근거의 틀	자료의 등재가 이 주장의 증거임	주장이 수용 가능성 기준을 충족하는가? (yes or no)	주요 주장의 증거로서의 단일 주장의 배치	복합 논증을 정당화하기 위해 사용된 근거의 틀	발견의 논증의 주제
저자, 학술지 권호, 쪽수 (A)											
저자, 학술지 권호, 쪽수 (B)											
저자, 학술지 권호, 쪽수 (C)											
· · ·											
저자, 학술지 권호, 쪽수 (n)											

자료: Machi & McEvoy, 2009, p. 84.

2) 자료의 기록

선행연구 검색과정의 끝 무렵에 연구자는 주제 지도, 핵심 지도, 참고문헌 등재카드를 그리거나 작성한다. 이제 연구자는 이와 같은 자료원으로부터 얻은 정보를 체계적으로 정리하기 위하여 중앙통제센터의 역할을 하는 문서(예: 문헌검색 기록 매트릭스)에 조립하는 것이 좋다. 예를 들면, 참고문헌 등재카드에서 얻은 자료를 편집하여 문헌검색 기록 매트릭스에 기입하는 것이 자료 조립의 첫 단계의 일인데, <표 4.2>의 열 (1), (2), (3)에 적절한 자료를 기입한다. 이어서 연구자는 수집된 자료의 품질을 평가하는 일을 마무리하여야 한다. 자료의 품질에 대한 평가결과는 열 (4)에 기록한다. <표 4.3>은 <표 4.2>의 내용 중에서 제1단계(수집한 자료의 조립)만을 따로 분리한 것이다.

<표 4.3> 문헌검색 기록 매트릭스: 제1단계

	제1단계: 수집한 자료의 조립			
	주요 개념 또는 서술자 (1)	인용 또는 참고 (2)	주요 아이디어 (3)	자료의 품질 (4)
	지도·참고문헌 등재카드에서 수집	지도·참고문헌 등재카드에서 수집	지도·참고문헌 등재카드에서 수집	자료가 품질 기준을 충족하는가? (yes or no)
저자, 학술지, 권호, 쪽수 (A)				
· · ·				
저자, 학술지, 권호, 쪽수 (n)				

자료: Machi & McEvoy, 2007, p. 87.

2. 정보의 종합

1) 정보의 종합과 증거의 구축

앞서 선행연구의 분류와 정리의 제1단계에서 연구자는 선행연구 검색을 통해 얻은 자료를 조립하는 일을 수행하였다. 이제 제2단계는 정보의 종합 단계인데, 이 단계에서 연구자는 단일 주장을 만들기 위한 증거집단을 구축하기 위해 자료의 유형을 분류하여야 한다. 먼저 자료들이 서로 간에 얼마나 어울리는지(fit) 알아보기 위해 문헌검색 기록 매트릭스의 열 (1) 내지 (3)에 수록된 표제어(entry)를 검토하여야 한다. 앞서 언급한 바와 같이, 증거는 연구자가 목적을 갖고 수집한 자료이다. 그러므로 자료들이 어떻게 모여 어떤 줄거리를 말하고 있는지 파악할 필요가 있다. 증거로 활용할 자료 표제어를 한눈에 조망하기 위해서는 문헌검색 기록 매트릭스에 수록된 자료를 주요 서술자(key descriptor), 핵심 아이디어 또는 저자별로 검토하는 것이 바람직하다.

머릿속으로 자료 표제어에 관한 그림을 그려 보기 위해서는 핵심 아이디어 지도와 저자 지도를 사용하는 것이 좋다. 아마도 시간의 순서에 따라 표제어를 분류하는 것이 가장 무난할 것이다. 예를 들면, 출판연도가 빠른 문헌의 표제어부터 배열하는 것이 좋다. 다른 대안으로는 증거를 주제별로 분류하는 방식도 있다. 이 경우 비교하거나 모형을 구축하기 위해서는 증거의 집단들을 주제별로 묶어야 한다. 끝으로, 논제의 추세나 특징을 발견하기 위해서는 자료를 저자별로 결합하여 하나의 증거 유형으로 만드는 방법이 있다.

자료를 체계적으로 정리하여 증거로 만드는 여러 가지 방법이 있다. 연구문제의 성격에 따라 자료를 체계화하는 방식이 달라진다. 연구자는 하나의 증거 유형만을 사용하도록 강요받지 않는다. 다양한 방식을 시도해 보면 증거의 집단을 만드는 최선의 방법이 무엇인지 알 수 있게 될 것이다. 아마도 자료를 정리하는 여러 가지 방법을 조합하는 것이 자료를 분류하는 가장 적절한 방법이라고 말할 수 있다.

증거의 유형을 분류한 다음에는 그것을 기록하여야 한다. 증거를 기록하기 위해서는 먼저 코딩 계획(coding scheme), 즉 부호화 계획을 수립하여야 한다. 코딩 계획에서는 증거를 체계화하는 부호로서 주요어(key words) 또는 영숫자 기호(alphanumeric)가 사용된다. 코드 표(code sheet)에 코드 표제어를 기록하되, 각각의 표제어에는 해당 증거집단에 관한 간략한 설명을 달아 놓는 것이 좋다. 끝으로, 증거집단별 코드를 문헌검색 기록 매트릭스의 (5)열에 기입한다. 코드 표는 다음 단계에서 사용하는 필수불가결한 도구이다.[6]

지금까지 연구자가 자료를 체계적으로 정리하여 증거의 유형으

---

6) 제2장에서 인용한 지능이론의 예를 들어 코딩작업을 설명하면 다음과 같다(Machi & McEvoy, 2009). 주요 서술자(key descriptor)인 '지능이론의 역사'는 다섯 개의 주요 부분으로 구성되어 있으며, 연도순으로 자료가 배열되어 있다. 다섯 개의 주요 부분은 각각 하위 부분으로 세분된다. 설명의 편의상, 첫 번째 주요 부분인 '추상으로서의 지능 (1910년 이전)'을 코드화하여 보자. 이 주요 부분에는 '1910년 이전'이라는 코드를 부여한다. '초기 그리스 사상(Early Greek Thought)'이라는 하위범주에는 'EGT'를, '이슬람 페르시아(Islamic Persian Influences)'이라는 하위범주에는 'IPI'라는 코드를 부여한다. 이와 같은 방식으로 전체 핵심지도의 내용을 모두 코드화할 수 있다. 이러한 내용은 코드 표에 기록된다. 코드 표만 보면, 주요 부분과 하위범주의 명칭과 약어의 의미를 알 수 있으며, 이 코드 표는 다음 단계에서 유용하게 활용될 것이다. 연구자가 수집한 모든 자료를 코딩하고 정리할 때까지 이러한 절차를 반복한다.

로 만드는 방법에 대하여 고찰하였다. 이제 연구자는 자신이 체계화한 증거의 유형이 정당한 것임을 증명하여야 할 단계에 이르렀다. 단일 주장을 정당화시키는 논리적 틀을 구축하기 위해서는 증거가 수용할 만한 추론의 유형에 따라 체계화되어야 한다. 추론의 유형을 발견해 내는 능력이야말로 선행연구의 분류와 정리 단계의 성패를 가름하는 중요한 과업이다.

2) 추론의 유형(reasoning patterns)

탐정소설의 미스터리를 풀거나 그림 퍼즐(jigsaw puzzle)을 맞출 때 추론이 중요한 역할을 하듯이 문헌고찰에서도 추론이 매우 중요한 기능을 수행한다. 문헌고찰의 과정에서 추론은 발견의 논증(argument of discovery)을 구축하기 위하여 연구 증거(research evidence)와 주장(claim)을 체계화하는 데 사용된다. 추론은 일대일 추론(one-on-one reasoning), 병렬 추론(side-by-side reasoning), 연쇄 추론(chain reasoning), 합동 추론(joint reasoning)이라는 네 가지 유형으로 구분된다(Fisher, 2004). 각 추론의 유형은 증거와 주장을 연결시키는 도식으로 표현될 수 있다.

(1) 일대일 추론

가장 기본적인 추론의 유형은 이유(R)와 결론(C)을 단순히 연결시키는 것이며, 이것을 일대일 추론(one-on-one reasoning)이라고 부른다. 일대일 추론의 다이어그램은 다음과 같이 표현된다.

$$R \therefore C$$

일대일 추론에서는 결론(C)을 정당화하기 위한 이유(R)가 하나이면 충분하다(<그림 4.1> 참조). 이러한 일대일 추론은 사실 또는 거짓으로 증명될 수 있다. 예를 들면, '정오를 알리는 벨소리가 울렸다. 그러므로 점심식사 시간이 되었다'라는 추론은 일대일 추론이며, 이것은 사실일 수도 있고 사실이 아닐 수도 있다.

〈그림 4.1〉 일대일 지도(one-on-one map)

증거 (이유)	그러므로	결론

자료: Machi & McEvoy, 2009, p. 88.

일대일 추론에서는 하나의 자료가 결론을 납득시키기 위한 증거로서 존재한다. 이것은 단순히 원인과 결과(cause and effect)의 관계를 설명하거나, 하나의 결론을 정당화하기 위하여 하나의 자료가 필요한 상황을 설명하는 구조이다.

(2) 병렬 추론(수렴적 매핑)

병렬 추론(side-by-side reasoning)은 하나의 결론을 정당화하기 위하여 여러 개의 자료를 사용하는 추론의 유형을 말한다. 즉, 병렬 추론에는 여러 개의 자료가 등장하지만 그 자료들은 모두 동일한 결론을 정당화한다는 공통의 목적을 갖고 있다. 병렬 추론을 다이 어그램으로 표현하면 다음과 같다.

$$R_1, \ R_2, \ R_3, \ R_4, \ \cdots, \ R_n, \ \therefore \ C$$

　병렬 추론은 사회과학 영역의 문헌고찰에서 자주 사용된다. 병렬 추론에서는 주장을 지지하기 위하여 여러 명의 저자 또는 여러 개의 이론이 사용된다. 즉, 전문가의 의견, 연구결과, 통계, 전문가의 언명, 기타 자료가 모두 동일한 결론을 내리는 데 일정한 기여를 하는 것이다. 병렬 추론의 기본 원리는 <그림 4.2>와 같이 표현할 수 있는데, 여러 개의 증거들이 모두 하나의 동일한 결론을 지지하는 모습, 즉 결론에 수렴하는 형식을 이루고 있다.

　병렬 추론을 시각적으로 표현하면 수렴적 매핑이 된다. <그림 4.2>는 어떤 주장을 제시하기 위한 수렴적 매핑의 구조를 보여 준다. 수렴적 매핑은 여러 개 자료가 각각 독립적으로 어떤 하나의 결론을 지지하는 사례에 적용할 수 있는 추론의 유형을 표현한다. 결론을 정당화하는 자료의 수가 많을수록 주장이 정당화되는 정도가 높아지므로 논리적인 면에서 보면 병렬 추론은 누적적인 성격을 띠고 있다. 예를 들면, '저녁 뉴스의 일기예보는 내일 비가 온다고 예보하였다, 라디오에서 내일 비가 온다고 예보하였다, 인터넷에서도 비를 예보하고 있다, 그러므로 내일 비가 올 확률이 높다'라는 일련의 진술은 병렬 추론의 형식을 띠고 있다.

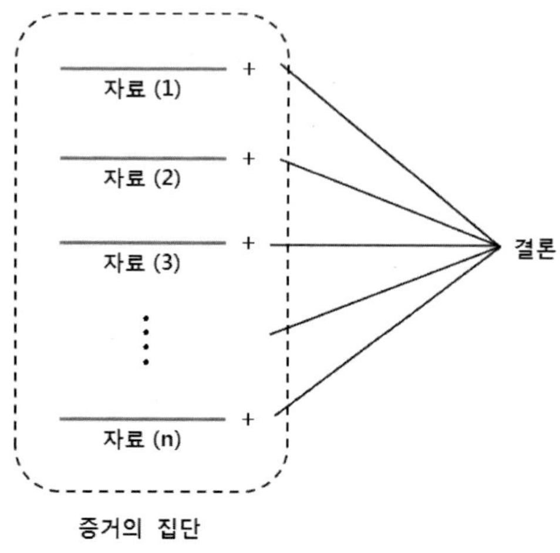

〈그림 4.2〉 수렴적 매핑(convergent mapping)

자료: Machi & McEvoy, 2009, p. 89.

(3) 연쇄 추론

연쇄 추론(chain reasoning)도 논증의 영역에서 널리 사용되는 추론 유형 가운데 하나이다. 연쇄 추론은 본질상 순차적이고 연속적인데, 특정 결론을 정당화하는 하나 또는 여러 개의 이유를 제시하는 일로부터 연쇄 추론이 시작된다. 연쇄 추론의 근간은 일대일 추론(one-on-one reasoning)이다. 즉, 여러 개의 일대일 추론이 순차적으로 연결되면 그것이 바로 연쇄 추론이다. 구체적으로 보면, 첫 번째 일대일 추론의 결론이 두 번째 일대일 추론의 증거로 사용되며, 두 번째 일대일 추론의 결론이 세 번째 일대일 추론의 증거로 사용된다. 이러한 논리적 방식은 최종 결론이 정당화될 때까지 반복된다. 연쇄 추론의 다이어그램은 다음과 같이 표현된다.

$$(R_1 \ \therefore \ C_1) + (C_1 \ \therefore \ C_2) + (C_2 \ \therefore \ C_3) + \cdots + (C_{n-1}) \ \therefore \ C_n$$

　　연쇄 추론의 기본개념은 <그림 4.3>에 제시되어 있다. 이 그림에서는 사슬을 이루는 각각의 연결고리가 다음 결론을 주장하는 전제(premise)가 되고 있다. 연쇄 추론의 사고 유형은 '만약 …하면, …이다(한다), A 때문에 B가 된다, B 때문에 C가 된다'이다. 각 단계의 결론은 다음 단계의 결론을 구축하는 이유로서 사용되는 방식이 순차적으로 이어지고 있다.

<그림 4.3> 연쇄 추론

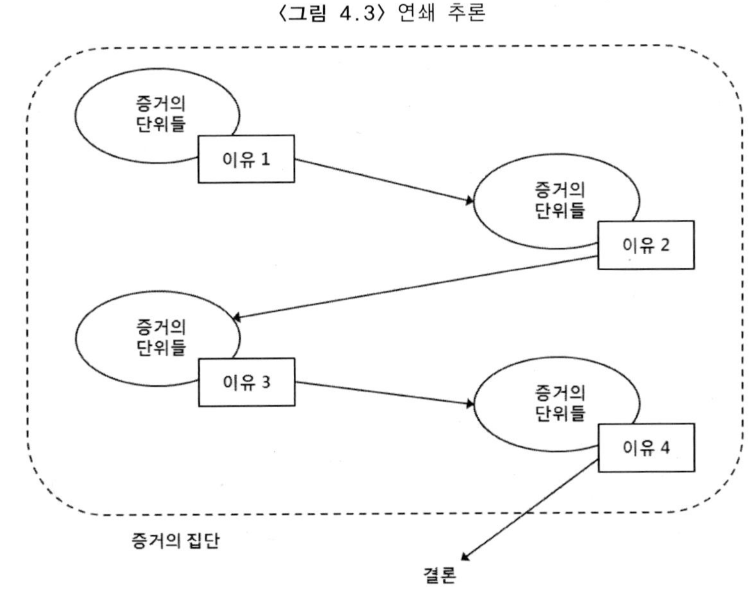

자료: Machi & McEvoy, 2009, p. 90.

　　앞서 언급한 바와 같이, 전반적인 결론을 도출하기 위하여 제시

된 여러 개의 이유들을 연결시키는 추론의 유형이 바로 연쇄 추론
이다. 어느 한 세트의 자료의 주장이 다른 세트의 자료의 주장 위
에 바탕을 두고 있는 이러한 연결 관계는 하나의 주장과 다른 주장
과의 관계를 한정하는 의미를 담고 있다. 즉, 연쇄 추론은 주장들
사이의 인과관계, 주장들 사이의 연관, 하나의 주장에서 다른 주장
으로의 진화적 연결 등의 뜻을 표현하고 있다. 연쇄 추론의 매핑은
시간 순서에 따른 자료의 전개나 이론의 발달과정을 추적하는 데
유용한 도구이다. 다음은 연쇄 추론의 예이다. "자동차의 속도가 느
릴 때 엔진은 더 적은 연료를 소모하므로 저속으로 운행하는 차량
은 적은 양의 연료를 소모하고 있다는 것을 의미한다. 소모되는 연
료가 적을수록 독성 배기가스의 배출량도 적어진다. 배출되는 독성
배기가스의 양이 적을수록 공기오염도 낮아진다. 그러므로 주행속
도를 낮추는 것이 곧 공기오염을 줄이는 일이다."

(4) 합동 추론

합동 추론(joint reasoning)은 논증에 제시된 이유들이 개별적으로는
아무런 기능을 수행하지 못하지만 여러 개의 이유들이 한데 모여야
비로소 결론을 정당화하는 증거의 집단으로서의 역할을 수행하게
되는 유형의 추론을 말한다. 합동 추론의 다이어그램은 다음과 같
이 표현할 수 있다.

$$(R_1 + R_2) \therefore C$$

위 다이어그램에서 첫 번째 이유(R_1)나 두 번째 이유(R_2) 가운데 어느 것도 혼자서는 결론의 정당성을 제공하지 못한다. 두 개의 이유가 함께 모여서야 비로소 논리적으로 결론을 도출한다. 이러한 사고의 유형을 예를 들어 설명하면 다음과 같다. '만약 X가 존재하면, 그렇다면 Y가 존재하고, 그렇다면 Z가 존재한다.' 만약 증거집단의 부분을 이루는 모든 이유(즉, X와 Y)를 제시하지 못하면, 정당한 결론을 얻을 수 없게 된다. 합동 추론의 예로는 '기온이 빙점 이하로 하강하고, 충분한 습기가 존재한다면, 아마도 눈이 올 것이다'라는 추론을 들 수 있다. 이 추론의 예에는 기온이 빙점 이하로 내려가고 충분한 습기가 존재한다는 두 개의 이유가 동시에 모두 충족되어야만 비로소 눈이 올 것이라는 결론이 실현될 것이라는 주장이 내포되어 있다.

합동 추론의 기본 개념은 <그림 4.4>와 같다. 일련의 자료들이 하나의 이론이나 입장을 형성하고 있을 때는 합동 추론을 사용하여 논증을 구성하는 것이 바람직하다. 합동 추론의 논리는 부가적(additive)이다. 개별 자료는 그 자체만으로는(즉, 개별적으로는) 결론을 정당화하지 못한다. 오직 여러 개의 자료들이 뭉쳐 자료의 집단을 이룰 때 결론이 정당성을 얻는다. 합동 추론에서 자료는 하나의 이론이나 입장을 구성하는 개별적인 부품의 역할을 담당한다.

<그림 4.4> 합동 추론

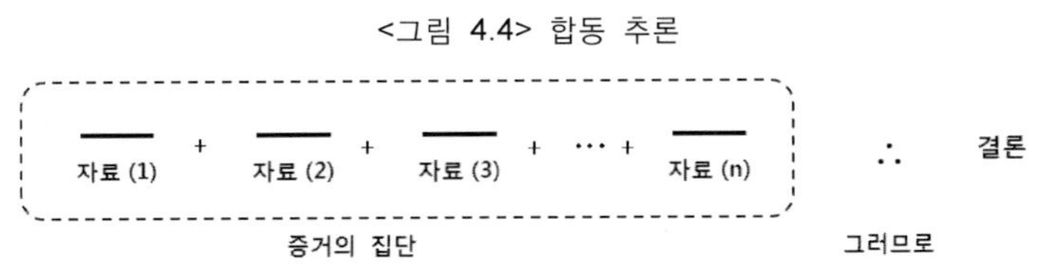

자료: Machi & McEvoy, 2009, p. 91.

3) 정보의 통합과 주장의 수립

앞서 설명한 추론의 유형을 정당화의 틀(warranting scheme)로 삼아 증거집단에 적용하면 정당화된 주장을 얻을 수 있다. 구체적으로, 연구자가 단일 주장을 생성하기 위해서는 아래 <표 4.4>의 문헌검색 기록 매트릭스의 (5)열에서 (8)열까지를 작성하여야 한다.

〈표 4.4〉 문헌검색 기록 매트릭스: 제2단계

	제2단계: 정보의 종합			
	증거범주 (5)	근거의 틀과 단일 논증 (6)	단순주장진술 (7)	주장의 수용 가능성 (8)
	자료를 증거집단에 기재하는 작업	증거집단을 만드는 데 사용된 근거의 틀	자료의 등재가 이 주장의 증거임	주장이 수용 가능성 기준을 충족하는가? (yes or no)
저자, 학술지 권호, 쪽수 (A)				
저자, 학술지 권호, 쪽수 (B)				
저자, 학술지 권호, 쪽수 (C)				
⋮				
저자, 학술지 권호, 쪽수 (n)				

자료: Machi & McEvoy, 2009, p. 93.

첫째, 증거의 범주별로 자료집단을 확인하는 일이 이 과업의 첫 단추이다. 자료들이 어떻게 서로 어울리는지(fit) 확인한다. 이어서 각 증거집단에 올바른 추론의 유형을 적용한다.

둘째, 각 자료집단별로 문헌검색 기록 매트릭스의 (6)열에 추론의 유형(정당화의 틀)을 기록한다.

셋째, 각각의 체계화된 증거의 유형으로부터 연역적으로 도출된 결론을 찾아낸다. 이 결론을 서술문으로 표현하면 연구자의 주장(claim)이 된다.

넷째, 문헌검색 기록 매트릭스의 (7)열에는 증거에 의해 생성된 주장(claim)이나 단언(assertion)을 기록한다.

다섯째, 연구자가 주장 진술(claim statements)을 완성한 다음에는 각 주장의 수용 가능성(acceptability)을 평가하여야 한다. 즉, 그 주장이 논지에 맞고, 강력하며, 지탱할 수 있고, 이해할 수 있는가를 평가한다(주장의 수용 가능성은 앞서 제3장에서 거론한 바 있다).

끝으로, 연구자의 주장에 대한 평가를 문헌검색 기록 매트릭스의 (8)열에 기록한다.

3. 자료 유형의 분석

연구자는 자신의 주제에 관하여 현재 무엇이 알려져 있는가를 설명하기 위하여 발견의 논증(discovery argument)을 구축한다. 문헌검색 기록 매트릭스의 (7)열에 기록된 단일 주장들(simple claims)을 적절하게 배열하여 복합 논증(complex argument)으로 변환시키는 과정을 통해 발견의 논증을 만들 수 있다. 이 과업은 분석을 필요로 하는데, 분석은 선행연구의 분류와 정리 단계의 목적이다.

단일 주장들을 논리적으로 맺어 주는 연결의 유형을 찾아내기 위하여 제2단계에서 만들어진 단일 주장들을 평가하는 일로부터 분석이 시작된다. 이 연결의 유형은 이치에 맞는 순서에 따라, 즉 정당화의 틀(warrant scheme)에 따라 주장들을 제시한다. 이 과정을 통해 단일 주장들은 복합 논증의 전제들로 변환된다.

연구자는 비판적인 시각에서 증거와 주장을 분석하여야 한다. 이때 연구자가 제기하는 질문은 다음과 같다. '일련의 자료가 무엇을 의미하는가?' '줄거리가 무엇인가?' '일련의 사실들이 어떻게 서로 어울리는가(fit together)?' 탐정소설의 명탐정마냥 연구자는 '무슨 일이 생겼는가?'와 '누가 그 일을 하였는가?'에 대한 대답을 구하기 위하여 실마리를 풀어내야 한다. 증거의 분석은 여러 개의 주장들을 의미 있는 방식으로 결합하는 방식으로 이루어진다. 이것이 곧 연구자가 줄거리를 구성하는 일, 다시 말해, 논증을 만드는 일이다. 탐정이 어떻게 증거와 주장을 논리적으로 발전시켜 좋은 줄거리를 만드는가를 생각해 보면 좋을 것 같다. 논증의 틀을 길잡이로 삼아 연구자는 논증의 윤곽이나 지도를 그릴 수 있다. 논증의 윤곽을 그려 보면 연구주제에 관하여 현재 무엇이 알려져 있는가에 관하여 대략적으로 알려 주는 탐색적 원고의 초안을 작성할 수 있다(탐색적 글쓰기에 대해서는 제6장에서 상술한다).

주장을 체계적으로 정리하여 복합 논증을 만들기 위해 종종 사용되는 추론이 복합 추론(complex reasoning)이다. 이 정당화의 틀(warrant scheme)은 일대일 추론, 병렬 추론, 연쇄 추론, 합동 추론이라는 네 개의 기본적인 추론의 유형 가운데서 두 개 또는 그보다 많은 추론의 유형을 동시에 사용한다. 복합 유형은 발견의 논증(discovery argument)을 형성하는 전제(premises)를 만드는 재료로 쓰기 위해 기본적인 추론의 유형들을 결합시킨다(복합 논증의 기본개념은 앞 장의 <그림 4.5>에 제시된 복합 논증의 구성 원리를 참조하기 바람). 발견의 논증을 성립시키는 복합적인 정당화의 틀에는 두 가지 유형이 있는데, 하나는 분기 추론(divergent reasoning)이며 다른 하나는 비교 추론(comparative reasoning)이다.

1) 분기 추론(분기매핑)

분기 추론(divergent reasoning)은 주로 학술 논쟁에서 사용된다. 이 추론의 유형은 병렬 추론(side-by-side reasoning)의 파생물이다. 분기 추론의 다이어그램은 다음과 같다.

$$R_1, R_2, R_3, R_4, \cdots, R_n \therefore C_A \qquad 대 \qquad R_1, R_2, R_3, R_4, \cdots, R_n \therefore C_B$$

연구자는 먼저 여러 전문가들의 의견, 연구결과, 통계자료, 전문가의 언명, 기타 자료를 사용하여 문제의 한 측면을 지지하는 증거의 유형을 제시한다. 연구자는 이어서 반대 입장을 함께 고려하기 위하여 다른 일련의 자료를 제시한다.

분기 추론의 기본개념을 시각적으로 표현하면 분기 매핑(divergent mapping)이 된다. <그림 4.5>의 분기 매핑에는 선행연구들에서의 상반된 견해가 대립되어 표현되어 있다. 이처럼 연구자는 서로 충돌하는 여러 저자들의 입장, 연구결과, 이론을 설명하기 위하여 이 유형을 사용한다. 상반되는 입장의 자료를 지도로 그려 보면 시각적인 차원에서 각 입장의 관점과 초점을 이해할 수 있다. 이를 통해 논쟁의 각 측면의 강점과 약점을 찾아낼 수 있다.

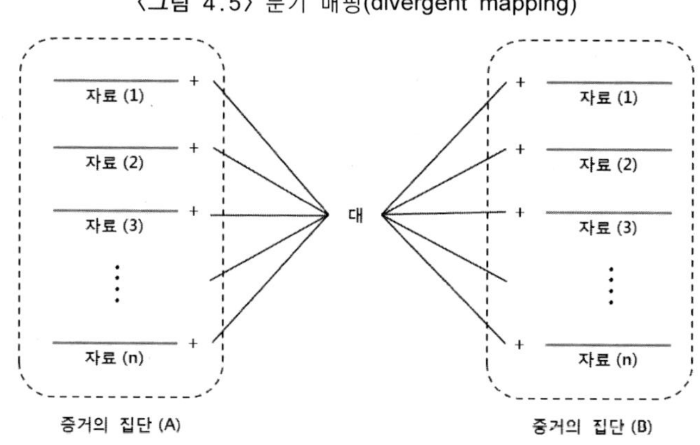
〈그림 4.5〉 분기 매핑(divergent mapping)

자료: Machi & McEvoy, 2009, p. 95.

2) 비교 추론

비교 추론(comparative reasoning)의 틀은 여러 자료집단 사이의 연결이나 관련을 보여 준다. 연구자는 각 입장과 관련된 증거와 주장을 비교하고 대조함으로써 각 집단의 비슷함과 차이점을 평가한다. 이 복합 추론의 유형은 다음과 같은 공식으로 표현된다.

$$R_1, R_2, R_3, R_4, \cdots, R_n \therefore C_A \qquad \wedge \qquad R_1, R_2, R_3, R_4, \cdots, R_n \therefore C_B$$

병렬 추론(side-by-side reasoning)과 마찬가지로, 연구자는 첫 번째 무리의 주장들을 지지하는 증거집단을 구성하기 위하여 전문가의 의견, 연구결과, 통계자료, 전문가의 언명, 기타 자료를 사용한다. 동시에 연구자는 두 번째 무리의 주장들을 지지하는 증거집단을 만들기 위하여 다른 자료 세트를 제시한다. 연구자는 제시된 자료 사이의 비슷함과 차이점을 주목하면서, 이 두 개의 병렬 논증을 비교하고 대조한다. <그림 4.6>은 비교 매핑의 원리를 설명하는 벤다이어그램이다. 벤다이어그램은 두 개 또는 그보다 많은 수의 자료들 사이의 관계를 지도로 표현하는 수단이다. 벤다이어그램은 이론적인 자료들, 반대되는 입장들, 두 개의 모집단, 대안적인 방법들 사이의 관계를 시각적으로 표현할 때 흔히 사용된다. 벤다이어그램 안에 있는 각 원은 하나의 증거집단을 의미한다. 두 개의 원이 서로 겹치는 부분은 결합된 주장의 공통적인 내용이며, 서로 겹치지 않는 부분은 두 집단 사이의 차이점을 나타낸다.

<그림 4.6> 비교 매핑을 설명하는 다이어그램

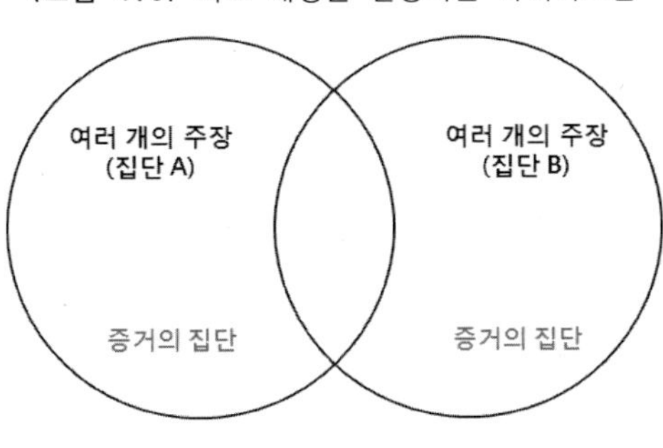

비교와 대조

자료: Machi & McEvoy, 2009, p. 96.

3) 발견의 논증 만들기: 예시

다음은 Machi & McEvoy (2009)가 특정 연구논제에 관한 논증을 만들기 위하여 복합 추론을 사용한 예이다. 연구의 주제는 '20세기 인간지능의 정의: 인지적 관점'이다. 연구자는 선행연구의 분류와 정리를 통해 해당 주제에 관한 중요한 선행연구를 기록하였다. 선행연구의 검색 단계에서 평가임무를 마친 후에 다음과 같은 세 가지 주제가 등장하였다.

① 인간의 지능은 단일구조로 이루어져 있다는 입장이 있는 반면, 인간의 지능이 여러 영역이나 차원으로 구성된 복합구조라는 입장도 있다.

② 인간의 지능은 정확한 측정이 가능하다는 입장이 있는가 하면, 인간의 지능을 정확하게 측정하는 것은 불가능하다는 입장도 있다.

③ 인간의 지능은 유전되며 정적이라고(static) 보는 입장이 있고, 반면에 인간의 지능은 가변적이며 발달한다는 입장도 있다.

연구자는 자료를 체계화하기 위한 틀로서 분기 매핑을 선택하였으며, 따라서 단일 지능과 복합 지능을 <그림 4.7>과 같이 도식화하였다. 이 사례에서 두 개의 이론은 일반지능이론(General Theory of Intelligence)과 다중지능이론(Theory for Multiple Intelligence)이다. 이 그림에 제시된 바와 같이, 여러 단일 논증들이 두 개의 지능이론을 지지하는 두 개의 증거집단을 각각 구성하고 있다.

발견의 논증을 만들기 위하여 연구자가 가장 먼저 할 일은 각각의 단일 논증을 만드는 일이다. 여러 저자들의 이론이 각각 단일 논증이다. 이 사례의 경우 단일 논증들이 각각 특정 저자의 이론에 바탕을 두고 있다. 다음으로, 연구자는 대립되는 두 개의 이론을 구성하는 여러 단일 논증들을 분류하고 지도로 표시하여야 한다.

이제 복합 논증을 만들기 위해 추론 유형을 개발할 단계이다. 연구자는 논증을 위한 전반적인 틀로서 분기 매핑을 사용하였다. 병렬 추론(side-by-side reasoning)을 사용하여 일반지능이론과 다중지능이론이라는 두 이론의 증거의 집단을 구축하였다. 이것을 다이어그램으로 표현하면 다음과 같다.

$$R_1, R_2, R_3, R_4, \cdots, R_n \therefore C_A \qquad \text{대} \qquad R_1, R_2, R_3, R_4, \cdots, R_n \therefore C_B$$

연구자는 자신의 결론을 정당화하는 개별적인 이유로 사용하기 위하여 각각의 단일 주장(단일 논증)을 축적하였는데, 이것은 병렬 추론의 부가적 역할(additive role)을 사용하는 것이다. Spearman, Galton, Jensen, 그리고 다른 저자들의 논증을 결합하여 일반지능이론을 지지하는 주장에 찬성하는 증거의 집단을 만들었다. 마찬가지로, Guilford, Thurstone, Gardner, 그리고 다른 저자들의 연구를 결합하여 다중지능이론을 지지하는 증거의 집단을 구성하였다.

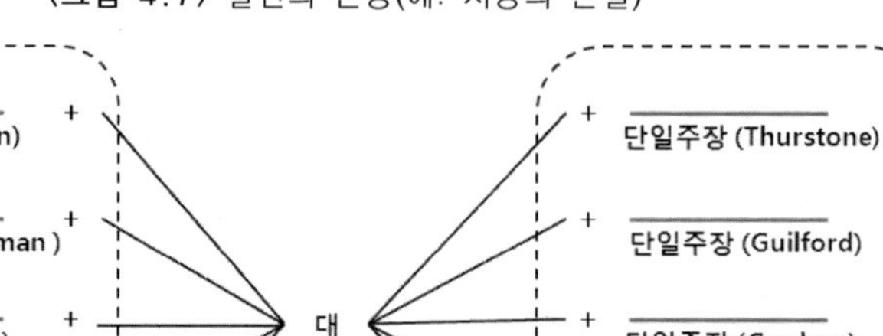

〈그림 4.7〉 발견의 논증(예: 지능의 본질)

자료: Machi & McEvoy, 2009, p. 98.

추론의 유형은 선행연구의 분류 및 정리 단계에서 사용할 수 있는 매우 가치 있는 보조기구이다. 단일 추론의 유형은 단일 논증과 주장을 만들기 위하여 사용된다. 이러한 단일 주장들은 복합 논증의 전제가 되며, 복합 논증의 증거로 조직된다. 복합 추론의 유형은 복합 논증의 주요 주장을 정당화하기 위한 정당화의 틀로서 사용된다. 발견의 논증을 위한 복합 추론을 구축하기 위해서는 문헌검색 기록 매트릭스의 제3단계 표를 사용한다(<표 4.5>).

〈표 4.5〉 문헌검색 기록 매트릭스: 제3단계

	제3단계: 자료 유형의 분석		
	단일 주장 진술(전제) (9)	근거의 틀과 복합 논증 (10)	복합주장 진술 (11)
	주요 주장의 증거로서의 단일 주장의 배치	복합 논증을 정당화하기 위해 사용된 근거의 틀	발견의 논증의 주제
저자, 학술지 권호, 쪽수 (A)			
저자, 학술지 권호, 쪽수 (B)			
저자, 학술지 권호, 쪽수 (C)			
· · ·			
저자, 학술지 권호, 쪽수 (n)			

자료: Machi & McEvoy, 2009, p. 100.

4) 발견의 논증의 구축

분석을 시작하기 위해서는 먼저 문헌검색 기록 매트릭스의 (8)열
에 있는 주장(claim)을 평가하여야 한다. 이를 위해 앞서 설명한 복
합 추론의 유형을 사용하여 이 주장들을 재조직한다. 즉, 복합 추론
의 유형에 따라 각 주장에 관해 제시된 서로 대조되는 논증들을 재
분류한다. 이제 재조직된 주장을 기록 매트릭스의 (9)열에 기록하는
데, 이것이 논증의 전제(premise)이다. (9)열에 기입된 전제를 분석

하면서, 발견의 논증의 복합 주장(주제)을 지지하는 정당화의 틀(warranting scheme)로 기능하는 추론의 유형이 무엇인지 파악한다. 이 정당화의 틀을 (10)열에 기입한다. 궁극적으로는 이와 같은 과정을 통해 찾아낸 발견의 논증의 주제 진술을 (11)열에 기록한다.

5) 논증의 분석

연구자가 선행연구의 분류 및 정리를 마치고 자신의 연구주제에 관하여 '현재 무엇이 알려져 있는가?'라는 질문에 관한 대답을 지도로 그릴 수 있고 그 윤곽을 설명할 수 있게 되었다면, 이제 그 발견의 논증의 정당성(soundness)에 대하여 평가하여야 한다. 발견의 논증의 정당성을 평가하는 질문은 다음과 같다.

〈복합 논증의 평가〉
- 연구주제의 복합 논증은 무엇인가?
- 어떤 전제들이 복합 논증을 구성하고 있는가?
- 주제에 관한 결론을 내리기 위해 전제는 어떻게 정당화되고 있는가?
- 논증의 논리적 틀은 무엇인가? 어떤 추론의 유형(원인과 결과, 병렬, 연쇄)이 사용되고 있는가? 복합 논증이 논리적인가?
- 부적절한(out of place) 것이 있는가? 논증과 무관한 단일 주장들이 있는가? (논제와 관련 없는 정보를 제공하거나 논제의 주제를 벗어난 정보를 제공하는 진술은 배제되어야 한다.)

〈단일 논증의 평가〉
- 단일 주장들이 정당하게 추론되었는가? 다시 말해, 단일 논증들이 증거와 근거에 의해 지지받는 단일 주장을 만들어 내는가?
- 주장이 증거에 의해 적절하게 지지받고 있는가?
- 각각의 단일 논증들이 주장을 정당화하는 건전한 추론의 유형에 의해

서 올바르게 정당화되고 있는가?
- 앞뒤가 맞지 않는 주장이나 증거 진술이 있는가? 그러한 주장이나 진술을 정당화시킬 필요가 있는가, 아니면 버려야 하는가?

이 장의 주요 내용을 요약하면 다음과 같다. 선행연구의 분류 및 정리는 연구주제에 관하여 현재 무엇이 알려져 있는지 파악하는 과업이다. 선행연구의 분류 및 정리는 자료를 조사하기 위한 문헌검색 기록 매트릭스를 만드는 일로부터 시작하며, 이어서 수집한 자료의 사실성에 대하여 최종 평가를 실시한다. 다음으로, 주장(claim)을 만들기 위하여 문헌검색 기록 매트릭스에 기입된 자료를 체계화하고 분류하여 증거(evidence)로 만든다. 자료를 연도순이나 주제별로 정리하는 방법 또는 이 두 방법을 조합하여 분류하는 것이 보통이다. 일단 자료를 분류한 후에 연구자는 단일 논증을 수립하기 위하여 추론의 유형을 시각적으로 제시할 수 있다. 단일 주장들을 체계적으로 조직하여 주요 논증의 전제(premise)로 만들게 되며, 이로써 연구자는 발견의 논증을 수립하게 된다(<그림 4.8> 참조).

〈그림 4.8〉 선행연구의 분류와 정리 – 발견의 논증

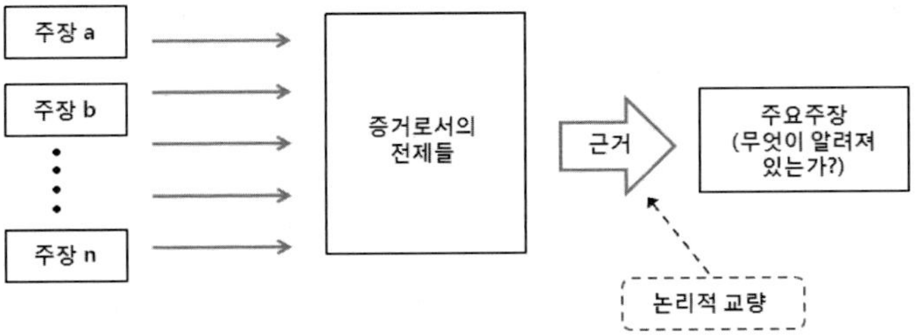

　지금까지 선행연구의 분류 및 정리에 대하여 고찰하였다. 특히 연구주제에 대하여 무엇이 알려져 있는가를 알아보는 발견의 논증 (discovery argument)을 구축하는 임무에 대하여 중점적으로 학습하였다.

　이제 연구자는 발견의 논증에서 한 걸음 더 나아가 주장의 논증 (advocacy argument)으로 진입하여야 한다. 다음은 연구자가 비판적 시각에서 주장의 논증을 구축하기 위해 자신에게 제기하여야 할 질문이다. '연구주제에 관하여 현재 알려져 있는 것'이 함축하는 바는 무엇인가? 연구주제에 관한 기존의 지식체계가 연구자가 가졌던 애초의 연구질문에 대한 대답이 될 수 있는가? 괴리, 생략, 논쟁이 눈에 띈다거나 추가적인 연구가 필요하다고 여겨지는 논제에 관한 질문이 존재하는가? 연구주제에 관하여 현재 알려져 있는 지식으로부터 우리는 어떤 결론을 내릴 수 있는가? 이 모든 질문은 연구자가 논제에 관한 현재의 지식을 비판하도록 요구한다. 선행연구의 비판에 대해서는 다음 장에서 다룬다.

V

선행연구의 비판과 해석

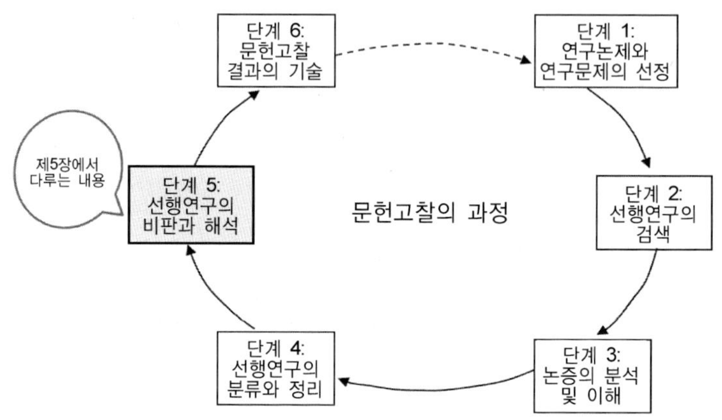

 ## 학습 목적

연구자는 문헌고찰을 통해 자신의 연구주제를 뒷받침하는 강력한 논거 (case)를 확보하여야 한다. 발견의 논증과 주장의 논증은 선행연구의 논증을 평가하는 핵심 도구이다. 이 장에서는 발견의 논증과 주장의 논증을 사용하여 선행연구 안의 논증을 비판적으로 평가하고 해석하는 방법에 대하여 학습한다.

 ## 다룰 내용

- ○ 함축적 추론
- ○ 발견의 논증과 주장의 논증
- ○ 논증의 유형
- ○ 지지
- ○ 잘못된 논증

1. 함축적 추론

비판(critiquing)은 과학적 또는 기술적(technical) 목적을 달성하기 위하여 작성된 학문적 작품의 의미를 해석하는 솜씨(art)이다. 비판은 대상 작품에 대한 자세한 분석과 평가에 근거를 둔(즉, 근거가 충분한) 논증으로 이루어져 있다.

선행연구의 비판(literature critique)이라 함은 현재 연구자의 연구논제에 관한 지식수준이 어떤 상태인가를 평가하고 이와 같은 지식수준이 연구자의 연구질문에 어떤 대답을 내놓을 수 있는가를 판단하는 일이다. 연구자는 선행연구를 비판할 때 "문헌고찰을 통해 이 주제에 관하여 현재 내가 알고 있는 바에 의하면, 나의 연구질문에 대한 대답은 무엇인가?"라는 질문을 떠올릴 수 있다. 이 질문에 대한 대답이 명확할 뿐만 아니라 그것이 발견의 논증(discovery argument)에 의해 도출된 것이라면, 연구자는 문헌고찰의 주제(thesis)를 찾아냈으며, 따라서 문헌고찰은 소기의 목적을 달성하였다고 결론지을 수 있다.

그러나 고급연구의 경우, 연구자는 단순히 현재 알려져 있는 지식
수준을 종합하는 단계를 뛰어넘어 기존의 지식을 확장할 것을 요구받
는다. 박사학위논문이 그 대표적인 예이다. 고급 연구자는 추가적인
연구질문을 제기할 필요가 있다. "어떤 독창적인 연구가 기존의 지식
을 확충할 수 있는가?" "발견의 논증에 의해 찾아낸 연구주제에는 어
떠한 간격(gap), 모순(contradiction), 생략(omission), 논쟁(debate)이 존
재하는가?" 요컨대, 박사학위 과정에서의 선행연구 고찰은 연구주제
에 관하여 현재 알려져 있는 지식수준을 이해하는 단계보다 한 걸음
더 앞으로 나아가야 한다. 즉, 발견의 논증(argument of discovery)을
바탕으로 주장의 논증(argument of advocacy)을 전개하여야 한다. 박
사과정 학생은 새로운 연구, 일차적인 연구, 독창적인 연구를 필요로
하는 연구질문을 설정하여야 한다.

연구논제에 관한 기존의 지식을 해석하는 주제이건 아니면 새로
운 독창적인 연구를 위한 주제이건 간에 연구자는 자신의 주제를
정당화시키는 견고한 주장의 논증을 제기하여야 한다.

선행연구 비판의 논증(literature critique argument)은 함축적 추론
(implicative reasoning)을 사용하여 결론을 정당화시킨다. 함축적 추
론은 구체적인 결론의 전제가 되는 명제를 만들어 내기 위해 증거
를 논리적으로 해석하는 것을 말한다. 함축적 추론의 논리에 따르
면, 만약 A가 사실이라면, B도 사실이라고 가정할 수 있다. 선행연
구를 비판하는 논증의 경우, 연구자는 문헌고찰의 주제를 주장하기
위한 증거로서 발견의 논증(argument of discovery)에서 찾아낸 주장
을 사용한다. 선행연구의 분류와 정리 그리고 선행연구의 비판과
해석은 모두 '만약 …하면, …한다(if … then …)'는 논거에 따라

순차적으로 이어진다.

간단한 예를 들어 보자. "만약 비가 온다면, 귀하는 외출할 때 우산을 지참하여야 한다"는 진술에는 "만약 비가 온다면"과 "우산을 지참하여야 한다"의 두 개의 논증이 들어 있다. 이 두 개의 논증은 각각 두 개의 독립적인 주장을 지니고 있는데, 이 주장들은 별도로 증명되어야 한다. 첫 번째 논증인 "만약 비가 온다면"은 비가 올 것이라는 증거(proof)를 필요로 한다. 비가 올 것이라는 논증의 근거 (warrant)는 비가 올 가능성이 높다는 것을 확인하는 직접적인 관찰이다(예: 일기예보의 시청, 기압계의 확인, 먹구름의 목격 등). 일단 비가 올 것이라는 것이 증명되었다면, 외출할 때 우산을 지참하는 것이 합리적이라는 것을 제안할 필요가 있다. 즉, 논리적인 면에서 우산의 필요성을 언급하는 주장이 뒤따라야 한다. 비가 올 것이라는 증명된 주장이 두 번째 논증의 증거를 위한 전제가 된다. "비가 온다면, 무엇을 해야 하는가?" 두 번째 논증은 합리적인 행동을 취할 필요성이 있다는 사실을 함축적으로 주장하여야 한다. 예를 들면, 논자는 논증을 통해 '비가 올 것이기 때문에 밖에 나가면 비에 젖을 것이며, 비에 젖지 않으려면 우산을 지참하여야 한다'는 점을 보여 주어야 한다. 근거의 힘을 지지하는 것은 우산을 지참함으로써 비에 젖지 않았다는 과거의 경험이다. 근거는 우산의 지참이 합리적인 결론이라는 것을 정당화하는 논리적 교량(logical bridge)을 제공하고 있다.

2. 발견의 논증과 주장의 논증

'선행연구의 분류와 정리'의 단계에서 찾아낸 여러 주장(claims)을 '선행연구의 비판과 해석'의 단계에서 도출된 결론(conclusions)과 연결시키기 위해서는 '만약 …하면, …한다(if… then…)' 논증을 사용하는 것이 좋다. 이와 같은 연결의 논증은 다음과 같이 표현한다. "만약(if) 이것이 연구주제에 관하여 우리가 알고 있는 것이라면, 그러면(then) 주어진 연구질문과 관련하여 …과 같은 함축적인 결론을 내릴 수 있다." 이러한 함축적 결론이 선행연구 고찰의 주제 진술(thesis statement)이 된다.

일반적으로 선행연구 고찰의 과정에서는 "만약 …하면, …한다(if… then…)"라는 논증을 구축하기 위하여 연쇄 추론(chain reasoning)을 많이 사용한다. 발견의 논증과 주장의 논증을 사용하는 선행연구 고찰의 논거는 <그림 5.1>과 같이 매핑할 수 있다.

<그림 5.1> 선행연구 고찰의 논거

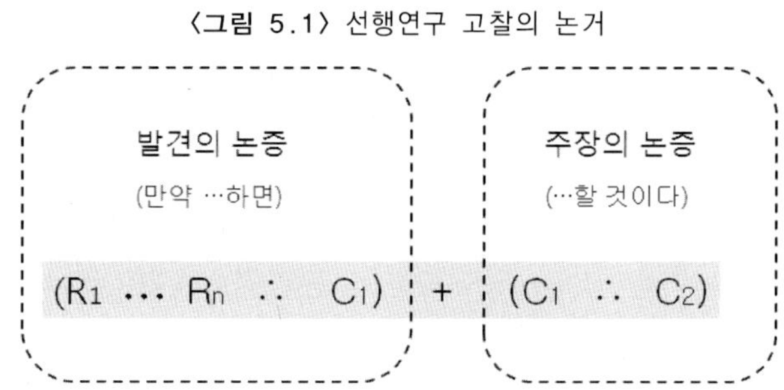

위 <그림 5.1>에서 '(만약 …하면)'의 논증은 선행연구의 분류와 정리 단계에서 이루어지는 발견의 논증(discovery argument)을

설명하는 부분이다. 여기서 연구자는 증거의 자료를 연구주제에 관한 현재의 지식수준을 판단하는 이유로 사용한다. 발견의 논증의 단계에서 만들어진 주장들은 그 성격상 최종산물이 아니라 매개체이며, 장차 연결되는 주장의 논증의 단계에서의 전제가 된다. 즉, <그림 5.1>에서는 첫 번째 논증의 주장(C_1)이 두 번째 논증의 전제(C_1)가 되고 있는데, 결국 첫 번째 논증의 주장이 선행연구 비판 논증의 가장 기본적인 증거로서의 역할을 수행한다.

<그림 5.1>의 '(…할 것이다)'의 논증은 주장의 논증(advocacy argument)에 해당하는데, 여기서 연구자는 연구주제에 관하여 현재 무엇이 알려져 있는가를 설명하는 전제(premises)를 사용하여 최초의 연구질문에 대답하려는 노력을 경주한다. 만약 주제에 관하여 X가 알려져 있다면, X가 연구질문에 대하여 어떤 대답을 하는가? 이 질문에 대한 대답을 구하는 과정이 곧 주장의 논증이며, 결과적으로 논거의 결론(C_2)인 선행연구 고찰의 주제 진술이 만들어진다.

<그림 5.2>는 연쇄 추론(chaining reasoning)을 사용하여 "만약 … 하면, …한다(if… then…)"는 논증을 제시함으로써 선행연구 고찰의 논거를 구축하는 방법을 설명하는 다이어그램이다.

<그림 5.2>에는 선행연구 고찰의 논거가 되는 두 개의 논증이 들어 있다. 먼저, 선행연구의 분류와 정리의 단계에서 연구자는 '발견의 논증'을 구축하였다. 이어서, 선행연구의 비판과 해석의 단계에서 연구자는 '주장의 논증'을 구축하였다. 발견의 논증에서 정당화된 복합 주장들이 이제 선행연구 비판을 위한 기본적인 증거가 되는 것이다.

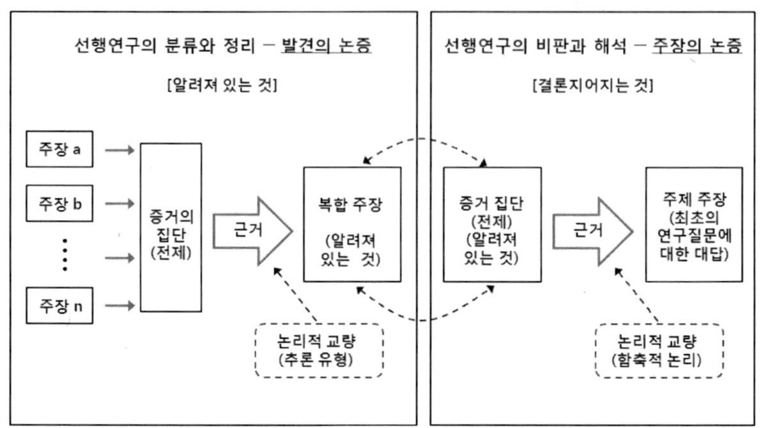

자료: Machi & McEvoy, 2009, p. 109.

주장의 논증은 "만약 …하면, …한다(if … then …)"의 논증이다. 발견의 논증의 단계에서 찾아낸 주요 주장들이 사실이라면, 연구자는 연구질문에 대한 답변(즉, 주제)에 관한 결론을 내려야 한다. 주장의 논증은 함축적이기(implicative) 때문에 증명(정당화)의 틀을 사용하여 그 함축성의 정당성을 입증하여야 한다. 앞서 예로 든 '만약 비가 오면, 우산을 지참하여야 한다'의 사례에서는 함축적인 경험의 논리를 사용하여 우산의 지참을 정당화하였다. 그 경험은 정당화를 위해 목표 - 수단의 추론 유형을 사용하였다. 여기에는 다음과 같은 논리가 함축되어 있다. "만약 비가 온다면, 그리고 우리가 비에 젖지 않기를 바란다면, 경험에 비추어 볼 때 우산을 지참하는 것이 그와 같은 목적을 달성하는 최적의 수단이 된다." 이 예에서처럼, 연구자는 발견의 주장 단계에서 찾아낸 복합 주장을 사용하여 주장의 논증을 구축함으로써 연구질문에 대한 대답을 구하여야 한다. 논증 안에 사용된 함축된 논리야말로 연구주제의 타당성을 결정하는 매우 중요한 요인이다.

3. 논증의 유형

연구자가 선행연구 비판(literature critique)의 논증을 구축하기 위해서는 다음과 같은 질문을 제시하는 것이 좋다. "만약 연구문제에 관해 현재 알려져 있는 사실을 진술하는 전제들이 X라면, 나는 무슨 결론을 내릴 수 있는가?" 이 질문에 대답하기 위한 첫 단계 작업은 현재 알려져 있는 전제들과 연구질문 사이의 관계를 이해하는 일이다. 다음은 전제들과 연구질문 사이의 관계를 이해하기 위한 질문의 예이다.

- 연구질문이 찾고 있는 정보는 무엇인가?
- 전제들은 연구질문에 대하여 어떤 대답을 주는가?
- 어떠한 논리적 연동장치(logical link)가 '만약 …하면, 그러면 …할 것 이다'라는 연결 구조를 만드는가?

Ehninger & Brockreide (1963)의 고전적인 연구에 따르면, 함축적인 논증에서는 정당화의 틀로 9개의 기본적인 논증의 유형이 사용된다(Machi & McEvoy, 2009, pp. 110-116). 이 9개의 논증의 유형은 연구질문과 발견의 논증의 주장들 사이의 관계를 설명한다. 정당한 논리의 규칙(sound rule of logic)이 각 유형의 토대가 된다. 따라서 연구자는 전제들과 주제(결론) 사이의 논리적 관계를 가장 잘 제시하는 논증의 유형을 선택하여야 한다.

올바른 논증의 유형을 찾아내기 위해서는 연구질문이 찾고 있는 대답과 선행연구의 분류와 정리 단계에서 도출된 증거와 전제들 사이의 연결 관계를 찾아내야 한다. 예를 들면, 다음과 같은 간단한 연구질문을 예로 들어 보자. "어린이들의 어떤 섭식태도가 비만(obesity)으로 이어지는가?" 이 질문에 대답하기 위해서는 비만이라는 결과를 초래한 원인에 관한 정보를 입수하여야 한다. 이 경우에 딱 들어맞는 논리적 연동장치는 원인과 결과의 연결구조이다. 이 질문은 어떤 원인이 특정 결과를 초래하고 있는가를 묻는 형식을 갖추고 있기 때문에 발견의 논증을 통해 어린이 비만으로 이어지는 섭식 및 행동 습관을 설명하는 전제들을 제시하여야 한다.

<표 5.1>은 선행연구 비판의 단계에서 주장의 논증을 구성할 때 기본적인 논리적 유형을 적용하는 방법을 보여 준다. 즉, 선행연구 비판의 논증을 구성할 때 사용되는 함축적 논증의 9가지 유형이 정리되어 있는데, 각 유형은 논증을 구성할 때 연구자가 반드시 제시하여야 할 논리규칙과 선행조건을 설명하고 있다.

〈표 5.1〉 논증의 9가지 유형

논증의 유형	논리규칙(rule of logic)	연구자가 보여 주어야 할 선행조건
원인과 결과	모든 원인에는 결과가 뒤따른다.	증거 무리(body of evidence)가 (어떤 결과의) 직접 원인이 되는 자료임
결과에서 원인으로	모든 결과는 원인을 갖고 있다.	증거 무리가 연구질문 안에 정의된 논거가 야기하는 직접적인 결과를 포함하고 있음
신호	증상, 신호, 기호가 사건이나 행동에 선행한다.	증거 무리에 의해 확인된 자료가 연구질문 안에 정의된 행동이나 사건의 징후가 됨
표본에서 모집단으로	표본에 해당되는 것은 모집단에도 해당된다.	증거 무리에 의해 확인된 표본이 연구질문에 의해 정의된 모집단을 대표함
모집단에서 표본으로	모집단에 해당되는 것은 전체를 대표하는 일부에도 해당된다.	연구질문에 의해 정의된 표본이 실제로 증거 무리에 의해 확인된 모집단을 대표함
병렬 사례	두 개의 사례가 비슷할 경우, 첫 번째 사례에 해당되는 것은 두 번째 사례에도 해당된다.	증거 무리에 의해 확인된 사례가 연구질문에 의해 정의된 사례와 매우 비슷하여 두 사례를 병렬시킬 수 있음
유추	두 항목이 서로 비슷하기 때문에 한쪽에서 나온 결론을 다른 편의 결론으로 간주할 수 있다.	증거 무리에 의해 확인된 사례가 연구질문이 정의하는 사례 속에 포함된 비슷한 특성을 설명하거나 명료하게 만드는 특성을 보유하고 있음
권위	어떤 사람이 특정 이슈에 대하여 많이 알면 알수록 그 이슈에 관한 주장은 사실적이 된다.	증거 무리 안에 제시된 증언이 믿을 만한 전문가의 증언을 사용함
목표 – 수단	결과는 지정된 행동을 수행한 탓으로 직접 돌릴 수 있다.	증거 무리가 확인한 행동이 연구질문에 의해 확인된 목표를 달성할 것임

자료: Machi & McEvoy, 2009, p. 111.

1) 원인과 결과

'원인과 결과(cause and effect)'의 논증 유형은 '원인은 결과로 이어진다'는 논리의 규칙을 함축하고 있다. 이 논증의 유형에서 증거 무리(a body of evidence)가 전제하고 있는 바는 원인이 결과를 야기한다는 점이다. 원인과 결과라는 논증의 유형을 사용하는 연구질문의 예는 다음과 같다.

- "어떤 요인이 도시지역에 거주하는 10대 청소년들의 고등학교 중퇴율에 영향을 미치는가?"
- "무엇이 세대 간 복지 의존을 야기하는가?"

위의 연구질문에는 모두 어떤 결과(effect)에 대한 언급이나 설명이 포함되어 있으며 그러한 결과의 원인(cause)이 무엇인지를 묻는 질문이 들어 있다. 첫 번째 연구질문의 경우, 도시지역 10대 청소년들의 고등학교 중퇴율이 높다는 점이 연구질문이 설명하는 '결과'이며, 그에 영향을 미치는 요인이 '원인'이다. 따라서 연구자는 발견의 논증에 의해 확립될 전제(premises)가 주제 논증(thesis argument)으로 이어지는 인과적인 증거를 제시하여야 한다. 즉, 연구자는 먼저 발견의 논증을 통해 고등학교 중퇴율에 영향을 미치는 요인을 밝혀내고 이어서 원인 – 결과의 논증을 통해 양자 간의 인과관계를 주장하여야 한다. 두 번째 연구질문의 경우도 마찬가지이다. 세대 간 복지 의존의 존재가 이 연구문제의 '결과'이며, 그에 영향을 미치는 요인이 '원인'이다. 따라서 연구자는 먼저 발견의 논증을 통해 세대 간 복지 의존의 원인을 규명하고 이어서 그러한 원인이 복지 의존을 야기한다는 논증을 제기하여야 한다.

2) 결과에서 원인으로

'결과에서 원인으로(effect to cause)'의 논증 유형에서는 원인과 결과의 논증 유형에서 사용된 것과 정반대의 논리가 사용된다. 이 논증 유형은 '모든 결과는 원인(들)로부터 나온다'는 논리규칙을 내포하고 있다. 연구자는 일련의 증거들이 연구논거(case)가 야기한 결과를 제대로 설명한다는 사실을 알 수 있을 때 이 논증 유형을 사용할 수 있다. 이 논증의 유형에 해당하는 연구질문의 예는 다음과 같다.

- "10대 알코올 중독에 대한 조기 개입의 결과는 무엇인가?"
- "강경한 근로계약 협상이 근로자의 사기에 미치는 영향은 무엇인가?"

이 논증 유형에 속하는 연구질문은 원인(cause)을 설명하고, 그 원인으로부터 어떤 결과(effect)가 나오는지를 묻고 있다. 이 논증 유형에서는 발견의 논증으로부터 생성된 전제가 주제 논증(thesis argument)으로 이어진다는 증거를 제시하여야 한다.

3) 신호

신호(signal)의 논증 유형은 연구질문이 어떤 사건이나 행동과 관련 있는 정당한 신호, 지표, 증상 등을 필요로 할 때 사용되는 논증의 유형이다. 이 유형에 내포되어 있는 논리의 규칙은 증상, 신호, 지표 등이 사건이나 행동보다 선행한다는 점이다. 이 유형을 사용하기 위한 전제조건은 전제들이 연구질문에 의해 정의되는 논거의 정당한 증상, 신호, 지표이어야 한다는 사실이다. 이 논증의 유형을 사용하는 연구질문의 예는 다음과 같다.

- "어린이 자폐증(autism)의 조기 경고 신호는 무엇인가?"
- "역기능적인 집단의 특성은 무엇인가?"

각각의 연구질문은 그 속에 규정된 조건에 적용할 수 있는 신호
나 기호를 제공하는 전제들을 필요로 한다. 이 전제들이 결국에는
연구자의 주장이 된다. 발견의 논증에서 생성되는 전제들은 주제
논증(thesis argument)으로 이어지는 증거로서 증상, 기호, 지표를
제시한다.

4) 표본에서 모집단으로

연구질문이 어느 모집단의 특성을 평가하기 위하여 그 모집단으
로부터 추출된 대표성 있는 표본을 조사하는 경우에는 '표본에서
모집단으로(sample to population)'의 논증 유형을 사용한다. 여기에
적용되는 논리의 규칙은 표본에 해당되는 것은 전체(즉, 모집단)에
도 그대로 해당된다는 것이다. 한 무리의 증거에 의해 확인된 표본
이 연구질문이 정의하는 모집단을 실제로 대표하여야 한다는 점이
매우 중요하다. 그러므로 표본에 적용되는 사실이 모집단에도 적용
된다는 규칙은 전제와 결론을 연결시키는 논리적 근거이다. 이 논
증의 유형을 사용하는 연구질문의 예는 다음과 같다.

- "지난 10년간 수학능력시험의 점수에 근거할 때, 강남 지역 고교졸업
  생이 우리나라의 전체 고교졸업생보다 더 높은 수준의 대학교육 수학
  능력을 갖추었는가?"
- "변호사 시험 합격률을 볼 때, 미국변호사협회의 후원을 받는 대학에
  재학 중인 학생들이 그러한 후원을 받지 못하는 대학에 재학 중인 학
  생들보다 더 높은 수준의 학력을 갖고 있는가?"

위에 제시된 각각의 연구질문은 연구의 대상이 되는 모집단과 표본에 관한 자료를 필요로 한다. 연구자는 표본(sample)이 실제로 모집단(population)을 대표하고 있다는 점을 보여 주어야 한다. 주장은 증거의 자료로서 반드시 대표성 있는 표본을 사용하여야 한다. 이러한 논리의 규칙이 충족되었을 때 전제들은 모집단에 관한 논리적 결론(주제)을 보여 준다.

5) 모집단에서 표본으로

'모집단에서 표본으로(population to sample)'의 논리 유형은 연구질문이 모집단에 관한 자료를 가지고 표본을 정의하거나 설명하려고 할 때 또는 표본의 행동을 예측하려고 할 때 사용된다. 이 경우 논리의 규칙은 모집단에 해당하는 것은 전체를 대표하는 부분(즉, 표본)에도 그대로 적용된다는 것이다. 이 논증의 유형은 표본에서 모집단으로(sample to population)의 유형과는 정반대의 논리를 갖는다. 이 논증에서는 전제들이 전체 모집단의 특성을 대표하고 있는데, 이러한 전제들이 연구질문에 의해 정의되는 표본에 그대로 적용된다. 이 논증의 유형을 사용하는 연구질문의 예는 다음과 같다.

- "클라이언트의 협력을 이끌어 내기 위하여 보건의료전문가들이 어떠한 대인관계 의사소통 기술을 사용하고 있는가?"
- "근로자의 헌신과 협조를 유도하기 위하여 관리자들이 어떤 리더십 전략을 사용하는가?"

이 두 개의 연구질문은 표본과 직접적인 연관 있는 전체 모집단에 관한 증거로부터 전제들을 도출하도록 요구한다. 모집단(population)의 특성이 대표성 있는 표본(sample)으로부터 도출되는 경우에 이 유형의 논증이 기능한다. 연구자가 이 유형의 논증을 사용하기 위해서는 연구질문에 의해 정의된 표본이 증거의 집단에 의해 확인된 모집단을 실제로 대표한다는 사실을 보여 주어야 한다.

6) 병렬 사례

연구질문이 두 개의 사례를 비교하는 경우가 드물지 않다. 병렬 사례(parallel case)는 서로 비슷한 두 개의 사례를 가지고 비판의 논증(critique argument)을 제기할 때 종종 사용되는 논증의 유형이다. 이 유형은 두 개의 서로 비슷한 사례의 논리를 비교한다. 두 개의 사례가 비슷할 경우, 첫 번째 사례에 해당하는 것은 두 번째 사례에도 해당한다는 것이 병렬 사례의 논리의 규칙이다. 이 논증의 유형을 사용하는 연구질문의 예는 다음과 같다.

- "학생들의 과학과목 수학능력을 향상시키기 위해서는 특정 학교에서 도입하고 있는 교수 전략 가운데 어느 것을 다른 학교에 적용할 수 있는가?"
- "긍정적인 의사소통을 촉진시키기 위해서는 효과성이 높은 표본집단이 사용하고 있는 대인관계 기술 가운데 어느 것을 효과성이 낮은 다른 표본집단에 사용할 수 있는가?"

이 두 개의 연구질문은 각각 두 개의 예증 사례(exemplary cases)들이 서로 비슷하다는 사실을 암시하고 있으며, 또한 그 사실이 연구질문이 정의하는 논거(case)를 다루는 전제(premise)로 사용되고 있다. 이 논증의 유형을 사용하려면 연구자는 한 무리의 증거에 의해 확인된 사례가 연구질문에 의해 정의된 사례와 비슷하다는 것을 보여 주어야 한다.

7) 유추

연구질문이 원형(archetype), 표준(prototype) 또는 고정관념(stereotype)과의 비유를 통해 특정사례의 특성을 명확하게 하거나 밝히려 하는 경우에는 유추의 논증(analogy argument)을 사용하는 것이 바람직하다. 유추의 논증에서는 비유의 논리가 사용된다. 설명이나 명료화의 목적을 달성하기 위하여 유추의 논증은 정의된 사례 안에 있는 유사한 부분들을 원형적인 사례 속의 부분들에 비유한다. 이러한 유추 논증의 비유는 병렬 사례(parallel case)의 비교와는 다르다. 병렬 사례는 비교를 통해 두 개의 '사례'가 비슷하다는 점을 주장한다. 유추의 논증은 각각의 사례에 포함된 '특성들이나 부분들'이 서로 비슷하다는 점을 주장한다. 유추 논증을 사용하는 연구질문의 예는 다음과 같다.

- "기관의 내부 활동을 설명하고자 할 때, 기관은 어떤 면에서 유기체에 비유되는가?"
- "문헌고찰의 과정은 퍼즐 맞추기와 얼마나 비슷한가?"

어떤 사례가 기존의 익숙한 사례로는 설명되지 않을 경우에 그 사례를 명확하게 하거나 설명하기 위하여 사용되는 것이 유추의 논증이다. 따라서 유추의 논증을 사용하는 연구자는 한 무리의 증거에 의해 확인된 사례가 기존의 사례로는 설명되지 않는 새로운 내용을 명료하게 만들거나 설명하고 있다는 것을 보여 주어야 한다.

8) 권위

연구질문을 만들 때 가장 빈번하게 사용하는 방법이 권위(authority)를 참조하거나 권위에 의지하는 것이다. 권위의 논증에서는 신뢰할 만한 전문가의 증언이나 관찰을 연구질문 속의 사례에 얼마나 직접적으로 적용할 수 있는가에 따라 논리의 강도가 결정된다. '전문가가 해당 사례를 사실이라고 인정하였고, 전문가의 판단은 타당성이 인정되기 때문에, 그 사례는 사실이다'가 권위의 논증의 논리의 규칙이다. 이와 같은 논증의 유형을 사용하는 연구질문의 예는 다음과 같다.

- "인간 지능의 본질은 무엇인가?"
- "복잡한 조직에서의 효과적인 리더십의 특성은 무엇인가?"

이러한 연구질문은 결론(즉, 주제)을 정당화시키기 위하여 관련 전문가의 증언을 증거로써 효과적으로 사용한다. 권위의 논증을 사용하는 연구자는 증거집단에 의해 확인된 사례가 연구질문에 대한 권위 있는 답변을 제시한다는 것을 보여 주어야 한다.

9) 목표 – 수단

　바람직한 방향, 방법, 행동 등을 요구하는 연구질문은 비판의 논증을 만들기 위해 목표 – 수단(ends-means)이라는 논증의 유형을 사용한다. 이 논증 유형은 '결과는 선택된 행동의 수행에 직접적으로 기인한다'는 논리의 규칙을 내포하고 있다. 이 논증의 유형에서는 전제들에 의해 주장된 방향이나 행동을 통해 연구질문이 구하고 있는 목표가 성취된다. 다음은 이러한 논증의 유형을 사용하는 연구질문의 예이다.

- "생산적인 제3자 개입을 실행하기 위하여 훈련요원은 어떤 상호작용 기술을 갖추어야 하는가?"
- "1차년도 인턴들의 업무수행을 지도하기 위하여 멘토에게 어떤 지도의 기술이 필요한가?"

　위의 예에서 연구질문이 제기하는 이슈의 해결책을 제시하는 명제를 찾을 수 있을 것이다. 연구자가 목표 – 수단의 논증을 성공적으로 사용하기 위해서는 증거집단에 의해 확인된 행동이 연구질문이 제시하는 목적을 달성하기 위하여 마련된 것이라는 점을 보여주어야 한다.

　지금까지 살펴본 9개의 논증의 유형은 모두 주장의 논증(argument of advocacy)에서 주장(결론)에 대한 전제(증거)의 정당성을 보여 주는 논리의 규칙을 제공하고 있다. 다시 말해, 9개의 추론의 유형은 결론(즉, 선행연구 고찰의 주제 진술)을 정당화시키는 수단을 제공한다. 그러므로 이 9개의 논증은 기본적인 논증의 규칙을 만족시키고 있다.

4. 지지(backing)

근거(warrant)는 매우 중요한 논증의 요소 가운데 하나이지만, 때로는 근거가 널리 이해되거나 받아들여지지 않는 상황이 생길 수 있다. 이때 논자 또는 화자는 근거를 지키거나 보충하는 다른 자료를 사용한다. 이 요소가 바로 지지(backing)이다. 다시 말해, 논증에서 근거의 뒷받침(backing for warrant) 역할을 하는 것을 지지라고 부른다.

지지는 근거를 강화하는 역할을 한다(Toulmin, 1999). 근거를 강화하거나 뒷받침하는 조건들이 제대로 충족되지 못하면 논증의 유형을 형성하는 논리의 규칙을 사용할 수 없다. 앞서 제시한 <표 5.1>을 보면, 9개의 기본적인 함축적 논증에 필요한 지지의 규칙과 전제조건을 알 수 있다.

연구자는 연구질문과 발견의 논증(argument of discovery)에서 드러난 전제들 사이의 논리적 관계를 찾아내기 위하여 적절한 논증의 유형을 사용하는데, 이것이 곧 주장의 논증(argument of advocacy)을 구축하는 일이다. 이 과정을 통해 연구자는 문헌고찰의 주제를 논리적으로 정당화한다.

강력한 주제 논거(thesis case)를 확보하는 일은 연구자라면 누구나 관심을 갖는 중요한 사안이다. 주제 논거를 완벽하게 만들기는 어렵지만 그것은 가능한 한 정당하여야 한다. 이것은 연구자가 제시한 논거가 반박의 논증(rebuttal argument)을 이겨 낼 수 있어야 한다는 의미이다. 또한 정당하여야 한다는 말은 학문 공동체(academic community)를 구성하는 동료집단이 논거의 전제와 주제를 이해하고 수용할 수 있어야 한다는 의미이기도 하다.

앞 장에서 소개한 '지능이론의 역사'를 다시 사용하여 선행연구 비판의 방법에 대하여 고찰한다. <그림 5.3>은 발견의 논증을 사용한 지도이다. 이 지도는 '인간 지능의 정의는 무엇인가?'라는 질문에 대한 대답을 이끌어 내기 위하여 만들어진 바 있다. <그림 5.3>의 왼쪽 끝을 보면 연구자가 여러 명의 이론적 기여자(즉, 저자)로부터 인간의 지능에 관한 다양한 주요 이론을 수집하였음을 알 수 있다. <그림 5.3>의 중앙을 보면 연구자가 증거의 집단을 만들기 위하여 자료를 정리한 결과 여러 이론적 관점들이 두 개의 집단으로 나뉘었다. 연구자는 단일 주장들을 조직화하여 각각의 주요 이론을 지지하는 증거를 만들기 위해 병렬 추론(side-by-side reasoning)이라는 복합적인 정당화의 틀을 사용하고 있다. 분기 매핑(divergent mapping)은 서로 상반되는 두 개의 이론적 집단이 존재함을 보여 준다. 이러한 복합적인 추론의 틀이 20세기에 인간지능의 본질에 관한 두 개의 저명한 이론이 주창되었음을 주장하는 근거가 되고 있다. <그림 5.3>의 오른쪽 끝에는 주요 주장(복합 주장)이 제시되어 있다.

〈그림 5.3〉 20세기 인지적 관점－발견의 논증

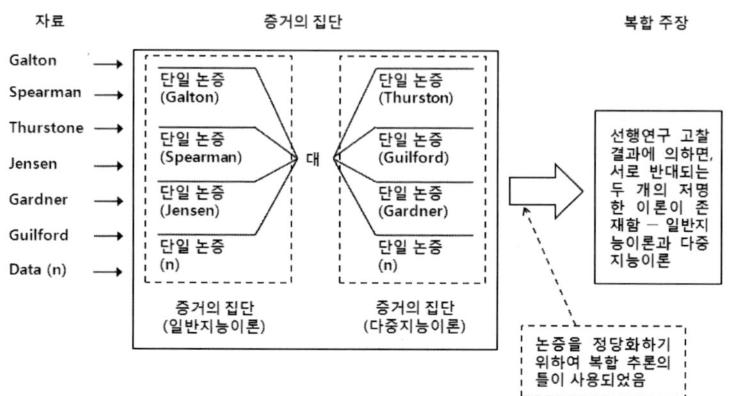

자료: Machi & McEvoy, 2009, p. 118.

발견의 논증(argument of discovery)이라는 과정을 통해 선행연구 고찰로부터 얻어지는 결과인 주요 주장(major claim)은 이제 주장의 논증(argument of advocacy)을 제기하기 위해 사용되는 전제(premise)로 변환되었다. <그림 5.4>는 주장의 논증이 어떻게 논거의 주제를 지지하는가를 설명하는 그림이다.

주장의 논증을 구축할 때는 최초에 설정되었던 연구질문을 다시 한번 상기하는 것이 좋다. 선행연구 고찰의 주제는 반드시 이 최초의 연구질문을 다루어야 한다. <그림 5.4>의 예에서는 "인지적 관점에서 인간 지능의 본질을 다루는 20세기에 주창된 저명한 이론은 무엇인가?"가 최초의 연구질문이었다. 연구자의 선행연구 고찰의 주제는 이 연구질문에 대한 대답을 제시하여야 한다. 따라서 연구자는 인간의 지능에 관한 저명한 인지이론에 관한 자료를 조립하고, 현재 그가 인간의 지능에 대하여 얼마나 이해하고 있는지 밝혀야 한다.

이 작업은 현재 알려져 있는 지식수준을 제시하는 일로부터 시작된다.
<그림 5.4>의 왼쪽을 보면, 연구자는 발견의 논증에서 만들어진 주장들을 주장의 논증의 전제(premise)로 변환시키고 있음을 알 수 있다. 이러한 주장들은 이제 연구질문에 대한 대답을 준비하는 연구자의 논증을 지지하는 증거로 사용된다. <그림 5.4>의 예에서는 전제를 종합한 결과, '선행연구를 고찰한 결과, 서로 반대되는 두 개의 저명한 이론이 대두되었는데, 일반지능이론과 다중지능이론이 바로 그것이다'라는 전제가 도출되었다. 발견의 논증에서 찾아낸 단일 주장들이 갖고 있는 증거들이 이와 같은 전제를 지지하기 위한 자료로 사용된다.

<그림 5.4> 20세기 인지적 관점 – 주장의 논증

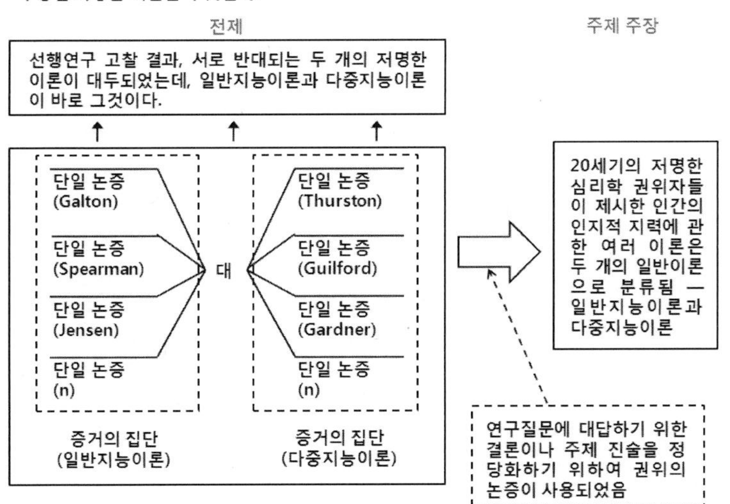

자료: Machi & McEvoy, 2009, p. 120.

이제 연구자는 연구질문에 관한 현재의 지식수준을 모두 언급하였다. 그렇다면 위의 과정을 통해 도출된 전제가 연구질문에 대한 만족스러운 대답을 제공하고 있는가? 전제를 연구질문에 적용할 때, 그 전제가 만족할 만한 대답이었다고 가정하자. 즉, 20세기의 심리학자들은 인간의 지능에 관하여 두 개의 중요한 이론을 주창하였다는 정보가 연구질문에 대한 올바른 대답이라면, 선행연구 고찰은 연구질문을 다루는 정당한 증거를 제시하는 것이다. 그러나 주장이나 주제 진술이 증명되었는가? 무엇이 이 증거를 믿을 수 있는 증거로 만드는가? 여기서 연구자는 전제의 신뢰성과 사실성을 정당화하기 위하여 분기 추론의 유형(divergent reasoning pattern)을 검토하여야 한다(제4장 참조). 그 후에 연구자는 이러한 전제들이 신뢰할 수 있고 타당하다는 것을 강력하게 주장할 수 있다.

연구자는 어떤 논리에 따라 '여러 학자들이 이러한 이론적 원리를 주장하였기 때문에 그들의 증언이 연구자의 주제의 정당성을 인정하는 근거가 된다'고 주장할 수 있는가? 이 경우 연구자는 <그림 5.4>의 오른쪽 부분에 제시된 바와 같이 주제를 정당화하기 위하여 함축적인 권위의 논증(implicative argument of authority)을 사용하고 있다. 연구자의 주제는 "20세기의 저명한 심리학 권위자들이 제시한 인간의 인지적 지력에 관한 여러 이론은 두 개의 일반이론으로 분류됨. 일반지능이론과 다중지능이론"으로 진술되었다.

위의 예를 보면, 발견의 논증에서 찾아낸 전제들 사이의 함축적인 관계를 설정하기 위하여 연구자는 그러한 전제들의 특성을 조사하고 그러한 전제들이 권위의 증거에 기반을 두고 있음을 밝혀냈다. 증거의 집단이 전문가의 증언에 근거하고 있기 때문에 권위로부터의 추론은 이치에 맞는다. 그러므로 정당화의 틀로서 권위의 유형을 사용하면 주장의 논증은 합리적인 결론에 도달하게 된다.

그러나 여기에 비판이 전혀 없는 것은 아니다. 전제를 지지하는 증거가 분기 매핑으로부터 유래하였다는 점에 주목할 필요가 있다. 연구자는 주제 진술(thesis statement)을 보다 자세하게 설명하고 그 범위를 구체적으로 제한하기 위하여 서로 반대되는 여러 입장들의 반박의 논거를 제시하여야 할 책임을 지고 있다. 선행연구 비판을 마무리하기 위하여 연구자는 논쟁의 요점과 반대요점을 함께 제시하여야 한다. 평가의 마무리 토론에서 연구자는 특정 이론이 다른 이론보다 더 강한 설득력을 지니고 있음을 밝힐 수도 있다. 또한 연구자는 새로운 연구질문을 개발함으로써 연구주제에 관한 현재의 지식수준을 확장시키려는 노력에 일조할 수도 있을 것이다.

5. 잘못된 논증

연구자는 잘못된 논증(fallacious arguments)이라는 함정에 주의하여야 한다. 잘못된 논증은 '틀렸거나 오도된 결론(mistaken or misleading conclusion)'으로 이어지는 논증을 말한다. 설득력 있는 자료의 결핍, 부적절하거나 앞뒤가 맞지 않는 자료, 정당하지 않은 주장이 모두 잘못된 논증으로 이어질 수 있다. Damer (2009)와 Machi & McEvoy (2009)가 소개하고 있는 잘못된 논증의 몇 가지 예를 들어 보자.

- 잘못된 결론으로 건너뛰기(jumping to faulty conclusions). 이것은 논자가 피상적인 증거에 근거하여 결론을 내리거나 증거를 완전하게 평가하지 않는 경우에 발생하는 논증의 오류이다.
- 대안적인 설명의 간과(overlooking alternative explanations). 이는 논자가 다른 모든 대안들을 적절하게 검토하지 않고 하나의 결론만을 제시하는 논증의 오류를 말한다. 연구자들이 적절한 대안의 검토 없이 일방적인 논증을 하는 경우란 거의 없다. 만약 그런 경우가 있다면, 그것은 연구자가 스스로 선호하는 결론에 맹목적으로 경도되어 있거나 연구자가 다른 대안을 찾기 위한 최선의 노력을 경주하지 않은 경우이다.
- 인신공격(name calling)의 논증. 이것은 상대방의 성격, 행동, 신념 등의 특성이 그 사람의 논증이나 주장의 가치와 아무런 관련이 없음에도 불구하고 그 사람의 '개인적 특성(personal character)'을 공격하는 논증을 말한다.
- 감정(emotions)에 호소하는 논증. 이 논증은 증거보다는 대중 감정에 기반을 둔다. 대중 감정이라고 할 때의 대중은 쉽사리 감정이 조작(manipulation)될 수 있으며 쉽게 동요하는 분별력 없는 사람들을 지칭한다. 그러므로 이 오류는 '군중심리에 호소하는 오류' 또는 '격정이나 인기감정에 의지하는 오류'라고 부를 수 있다. 감정에 호소하는 논증은 흔히 강한 편견을 드러내는 언어와 극적인 태도를 사용한다. 그러나 감정에 대한 호소는 결론과는 아무런 관련이 없다. 아부, 부정적 감정, 집단 충성심, 수치심에 대한 호소는 특정한 결론이나 행동을 승인받기 위해 관련 없는 고려사항들을 이용하는 방식에 불과하다. 감정에 호소하는 오류는 몇 가지 유형으로 분류할 수 있다(Damer, 2009, p. 112). 첫째, 다른 사람을 설득하는 데 탁월한 효과를 발휘하는 아부(flattery)를 사용한다. 예를 들면, "여러분은 대학에서 사회복지학을 전공한 전문가들이며, 또한 신중한 사람들이기 때문에, 나는 여러분이 나의 제안이 지닌 장점을 명확하게 파악할 수 있을 것이라고 생각한다"가 아부의 예가 될 수 있다. 물론 과도한 칭찬이 그 자체로 오류가 되지는 않는다. 과도한 칭찬이 증거를 대신하는 경우에는 오류가 된다. 둘째, 좋지 않은 평판을 가진 집단이 반대 견해를 주장하였다는 점을 강조함으로써 대중의 부정적 감정을 북돋운다. 이렇게 부정적 감정에 호소하면, 상대방은 자신이 부정적으로 평가하고 있는 사람들과 연루되고 싶지 않을 것이므로 논자의 입장을 승인하게 된다. 셋째, 집단 충성심(group loyalty)에 호소한다. 먼저 상대방을 특정 집단(예: 가족, 클

립, 학교, 운동 팀, 종교집단, 회사, 국가 등)의 한 구성원으로 만든 다음에 그 집단이 논자의 관점을 승인하고 있으므로 상대방도 그래야 한다고 설득한다. 그러나 집단 충성심이 어떤 주장의 옳고 그름을 판단하거나 행위과정을 결정하는 가장 중요한 요인인가에 대해서는 의문의 여지가 많다고 하겠다. 넷째, 수치심(shame)에 호소한다. 우리는 종종 사회적·도덕적인 면에서 바람직스럽지 못한 방식으로 행동할 때 수치심을 느낀다. 수치심에 호소하려는 논자는 대중의 의견과 거리가 있는 주장을 하거나 유별난 방식으로 행동하는 사람에게 수치심을 심어 주려 한다. 그러나 상대방이 왜 수치심을 가져야 하는가는 명확하게 밝히지 않는다.

- 무지(ignorance)에 호소하는 논증. 이것은 어떤 주장이 잘못되었다고 증명된 바가 없기 때문에 그것이 사실이라고 주장하는 논증을 말한다. 구체적으로, 이것은 증거나 증명이 없기 때문에 또는 상대방이 설득력 있는 증거를 제시할 능력이 없거나 제시하려고 하지 않기 때문에 그 주장이 옳거나 그르다고 가정하는 논증이다.[7] 이것은 정당한 논증 방식이 아니다. 왜냐하면 어떤 생각이 매우 불합리하거나 사소한 것이어서 아무도 신경 쓰지 않을 정도라면 그러한 주장에 반박하고 나설 사람이 없을 것인데, 그런 주장이 반증된 적이 없다고 하여 그것이 사실이라고 주장하는 것은 명백한 잘못이다.

- 잘못된 인과관계(misplaced causality)를 사용하는 논증. 이러한 유형의 오류는 논자가 '원인에서 결과로' 또는 '결과에서 원인으로'라는 논증을 사용할 때 발생한다. 인과관계를 증명하기 위해서는 원인과 결과 사이에 논박할 수 없는 관계가 존재한다는 것을 입증하여야 한다.

- 순환논증(arguing in a circle)의 오류. 이것은 결론을 이미 옳은 것(또는 승인할 만한 것)으로 간주해야만 전제가 옳은 것(또는 승인할 만한 것)으로 간주될 수 있는 논증 유형이다. 순환논증은 명백히 또는 암묵적으로 논증의 결론 자체를 증거(evidence)로 사용한다. 따라서 순환논증은 증명을 제시하는 것이 아니라 결론을 다른 방식으로 주장하는 것이다. 이렇게 함으로써 상대방으로 하여금 증명되지 않은 것을 증명

---

7) 이러한 사고방식이 받아들여지는 것처럼 보이는 경우가 있다. 재판과정에서는 피고의 죄가 증명되지 않는 한 피고는 무죄로 추정된다. 그러나 이것은 무지에 호소하는 논증이 아니다. 이런 맥락에서 사용하는 무죄라는 용어의 의미는 실제로는 죄가 증명되지 않았다는 것을 의미하는 전문적인 법률용어이다. 이 경우 무죄의 판결이 내려진다면, 그 판결은 피고가 기소된 행동을 범하지 않았다는 것을 의미하는 것이 아니라, 단지 기소내용을 증명하기에는 증거가 충분하지 않다는 것을 의미할 뿐이다(Damer, 2009, p. 166).

된 것으로 승인하도록 유도한다.

- 앞뒤가 맞지 않는 결론(disconnected conclusion)을 사용하는 논증. 주장을 지지하는 증거를 제시하지 않거나 제시된 증거와 제안된 주장 사이에 아무런 논리적 연관성이 없을 때 이와 같은 논증이 나타난다.
- '누구나 그것을 알고 있다(everybody knows that)'는 주장을 사용하는 논증. 이것은 정당한 논거가 없음에도 불구하고 논거를 만드는 방식을 말한다. 논자는 잘못 정의된 논거 또는 모호한 용어로 된 논거에 근거하여 결론을 만든다. 증거가 제시되지도 않고, 전문가의 증언도 없으며, 직접적인 관찰도 없다. 대신에 논자는 잘못된 전제나 의견에 근거하여 자신의 주장을 펼친다.
- 유도질문(loaded question)을 사용하는 논증. 유도질문은 하나 또는 그보다 많은 잘못되거나 의심스러운 가정(presupposition)을 포함하고 있는 질문을 지칭한다. 고전적인 예는 "귀하는 언제 아내폭행을 중단하였습니까?"라는 질문이다. 여기에서 질문의 초점은 아내폭행을 중단한 시점이지만, 그 이전에 상대방에게 아내가 있고 그 사람이 아내를 폭행하였다는 가정이 전제되어 있다. 이러한 유도질문은 확실한 증거를 제시하지 않은 채 질문받은 사람에게 그 의심스러운 가정을 받아들이도록 강요하고 있는 것이다.
- '우물에 독약 뿌리기(poisoning the well)'는 어떠한 사람이 특수한 상황에 처해 있거나 온당치 못한 동기를 갖고 있다는 이유만으로 그 사람의 논증을 거부하는 오류를 말한다. 물론 어떤 사람이 성별·나이·종교·직업·경제력, 정치적 신념 등에서 특수한 상황에 있기 때문에 신뢰할 만한 증언자가 될 수 없는 경우도 있다. 그러나 논증의 대상이 되는 문제에 관한 그 사람의 논증마저 검토할 가치가 없다고 단언하는 것은 잘못이다. 예를 들어, 어떤 어린이가 노인복지정책에 대하여 논증을 제시한다고 가정하자. 노인으로서의 경험을 갖고 있지 않다는 이유로 그 어린이의 논증마저 아예 검토할 가치가 없다고 주장하는 것은 옳지 않다. 비록 그 어린이가 노인복지에 대한 신뢰할 만한 증언자는 아니라고 할지라도 그 어린이의 논증만큼은 기꺼이 검토하는 것이 타당하다.

위에 예시한 잘못된 논증은 몇 가지 예에 불과하다. 실로 수많은 논증의 오류가 있다. 강력한 '발견의 논증'과 '주장의 논증'을 만드는 일이 곧 잘못된 논증을 피하는 최선의 방법임을 유념할 필요가 있다.

6. 논거의 중요성

논거는 매우 중요하다(The case is everything). 주제의 논거(thesis case)는 문헌고찰의 가장 중요한 부분이다. 문헌고찰을 통해 주제를 뒷받침하는 강력한 논거를 얻지 못한다면 그러한 문헌고찰은 목적을 달성하는 데 실패한 것이며 따라서 신뢰성도 얻을 수 없다. 논거의 제시, 논증의 강력함, 논리의 명료성은 모두 선행연구 비판에 있어서 가장 중요한 관심사항이다. 선행연구를 비판할 때 연구자는 자신이 올바른 논거를 구축하고 있는가에 대하여 끊임없이 확인하는 수고를 게을리하여서는 안 된다. 어느 연구에서든지 주제의 질은 그 주제를 지지하는 논거의 질에 달려 있다. "좋은 통이 좋은 와인을 만든다(A good cask makes good wine)"라는 이탈리아 속담은 이 점을 암시하고 있다.

지금까지 다룬 내용을 요약하면 다음과 같다. 이 장에서는 선행연구 고찰의 논거를 지지하는 데 필요한 주장의 논증을 제시하는 방법에 대하여 고찰하였다. 먼저 선행연구 비판의 목적과 그것을 달성하는 과정에 대하여 학습하였다. 또한 주제의 토대로서 '만약 … 하면, …한다(if… then…)'의 논리를 사용하여 발견의 논증과 주장의 논증 사이의 관계를 탐구하였다. 9개의 연결 유형은 '연구질문'과 '연구주제를 정당화하는 전제들'을 연결시키는 강력하고 함축적인 논리적 틀을 제공하였다. 좋은 선행연구 비판은 주장의 논증을 증명하여야 할 뿐만 아니라 주제가 함축하고 있는 바를 완전하게 설명하는 데 필요한 증거를 제시하여야 한다. 끝으로, 좋은 논증의 장애요인이 되는 논증의 오류에 대하여 살펴보았다.

문헌고찰 결과의 기술

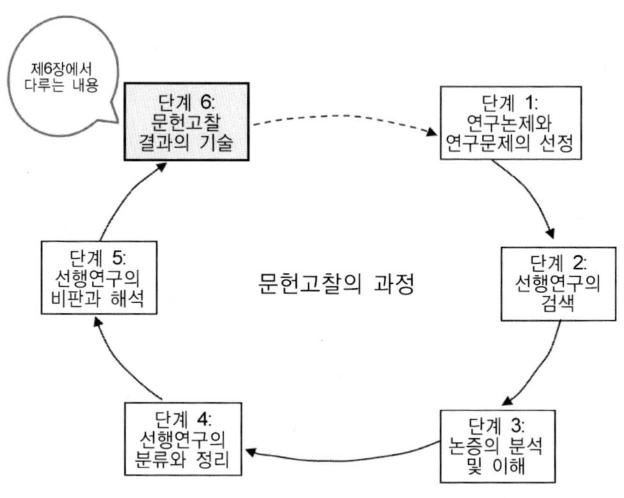

 ## 학습 목적

문헌고찰은 논문작성자라면 누구나 다 하여야 하는 과업이지만 그렇다고 누구나 다 잘하는 것은 아니다. 문헌고찰의 결과는 연구자의 숙련도를 알려 주는 리트머스 시험지의 역할을 한다. 그렇다면 문헌고찰의 결과를 어떻게 정리할 것인가? 이 장에서는 학술적인 글쓰기의 기초개념을 이해함과 아울러 문헌고찰 결과를 체계적으로 기술하는 기법과 논리구조에 대하여 학습한다.

 ## 다룰 내용

○ 학술적인 글쓰기의 기초개념 이해
○ 개념 중심의 고찰 및 기술
○ 문헌고찰 장의 본론 구조

1. 학술적인 글쓰기의 기초 개념

1) 학술적인 글쓰기의 과정

논문작성의 준비 단계에서 연구자(필자 또는 논자)는 자료를 신중하게 생산하고 조립하고 정제하는 과업을 수행하여야 한다. 최종 작품이 어떤 모습일까를 상상하는 일이 곧 글쓰기의 시작이다. 연구자는 작문(composing), 검사(auditing), 편집(editing)이라는 일련의 교정(revision)을 통해 최초의 아이디어를 최종 작품으로 발전시킨다. <그림 6.1>에 제시된 바와 같이, 좋은 글쓰기는 2단계의 과정을 거친다. 제1단계에서 연구자는 스스로 '이해하기 위하여 글을 쓴다(write to understand).' 이어서 제2단계에서 연구자는 독자를 '이해시키기 위하여 글을 쓴다(write to be understood).' 전자가 무슨 말을 할 것인가에 관한 글쓰기라면, 후자는 그것을 어떻게 말할 것인가에 관한 글쓰기이다.

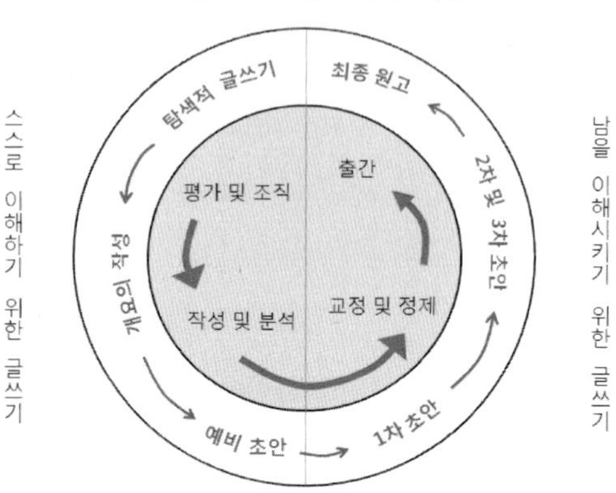

〈그림 6.1〉 글쓰기의 과정

자료: Machi & McEvoy, 2009, p. 128.

　　스스로 이해하기 위한 글쓰기를 할 때 연구자는 먼저 주제나 대상에 깊이 빠져들어야 한다. 대상 자료를 깊이 이해하면 그에 대하여 비판적으로 생각하는 능력이 길러진다. 메모한 내용을 보지 않고도 해당 주제에 대하여 유창하게 토론할 수 있을 정도가 되어야 비로소 연구자가 글쓰기 준비를 마쳤다고 할 수 있다. 연구자는 먼저 탐색적인 글쓰기와 개요 작성을 시작하며, 이어서 예비 초안을 작성한다. 한편, 독자를 이해시키기 위한 글쓰기의 단계는 1차 초안을 작성하는 일로부터 시작되며, 이어서 독자에게 들려줄 '이야기 줄거리'가 만들어질 때까지 1차 초안을 수정하고 편집하는 일을 계속한다.

　　연구자는 먼저 무엇을 말할 것인가를 생각하여야 하며, 뒤이어 그것을 어떻게 말할 것인가를 생각하여야 한다(<그림 6.1> 참조). 스스로 이해하기 위한 글쓰기(writing to understand)와 독자를 이해시키기 위한 글쓰기(writing to be understood)에는 각각 고유 임무가 있는데, 이러한 임무의 완수를 통해 연구자는 출간에 적합한 수준의 정제된 최종 원고를 만들 수 있다.

① 스스로 이해하기 위한 글쓰기의 임무

스스로 이해하기 위한 글쓰기는 세 개의 임무로 이루어져 있는데, 탐색적 글쓰기, 개요(윤곽)의 작성, 예비 초안의 작성이 그것이다.

- 탐색적 글쓰기는 연구자가 해당 주제에 대한 자신의 지식을 정리하고 평가하기 위하여 탐색적 수준으로 글을 쓰는 것을 의미한다. 이러한 탐색적 글쓰기를 통해 연구자는 자신이 해당 주제를 얼마나 잘 이해하고 있는가, 글쓰기의 내용을 얼마나 잘 편성할 수 있는가, 그리고 만약 생각이나 문서화에 있어서 어떤 괴리(gap)가 존재한다면 그것을 얼마나 잘 드러낼 수 있는가를 스스로 평가할 수 있다.
- 개요(outline)의 작성은 글쓰기의 전반적인 윤곽을 그리는 일이다. 개요의 작성은 주제나 대상에 관한 자료를 차례대로 나열하고 정리하는 작업을 통해 이루어진다.
- 예비 초안은 글쓰기를 위한 최초의 세밀한 연출(rendition)을 의미한다. 연구자는 정확성과 계속성을 높이기 위하여 이 예비 초안을 편집한다.

② 남을 이해시키기 위한 글쓰기의 임무

남을 이해시키기 위한 글쓰기는 네 개의 임무로 구성되어 있는데, 1차 초안, 2차 초안, 3차 초안, 최종 원고의 작성이라는 단계를 거친다.

- 1차 초안을 작성하기 위해서는 예비 초안을 편집하여야 한다. 즉, 예비 초안이 바로 1차 초안의 재료이다. 1차 초안을 마련하는 일은 독자(audience)를 이해시키기 위한 글쓰기 과정의 첫걸음이다.
- 2차 초안은 1차 초안을 편집한 것이다. 연구자는 보다 정제된 작품이

나올 수 있도록 구체적인 편집전략을 사용한다.
- 3차 초안의 작성단계에서도 2차 초안의 작성 단계와 마찬가지로 구체적인 편집전략을 사용하여 글쓰기 작업을 계속한다.
- 최종 원고의 작성은 글쓰기 과정의 마지막 단계이다. 2차 초안과 3차 초안의 교정(revisions) 작업을 거쳐 최종 원고를 만든다. 연구자는 아이디어를 개발하고 정리하고 정제하고 교정함으로써 명확하고 논리적인 작품을 만들어 낸다.

결국 연구자는 먼저 글을 쓰고, 이어서 오류와 누락된 내용을 찾아내기 위해 검사하며, 끝으로 수정하고 편집하는 일련의 과정을 진행한다. 이와 같은 글쓰기 임무의 순환과정은 <그림 6.2>와 같이 단순화시킬 수 있다.

글쓰기가 끝나면 검사(auditing)가 시작된다. 검사는 글을 쓴 직후에 그것을 세밀하게 조사하는 일이다. 개요나 초안을 검사할 때는 내용을 점검하고 정렬시킨 다음에 주의 깊게 교정보아야 한다. 검사의 목적은 두 가지이다. 첫째, 작품에 있는 결점을 찾아낸다. 둘째, 초안이 본래의 의도대로 쓰였는지 평가한다.

편집의 단계에서 연구자는 작문의 내용과 흐름을 조정하고 작품의 구성 체계와 문법을 수정한다. 앞 단계에서 만들어진 작품을 수정한 것이 곧 편집의 결과물이다. 글쓰기, 검사하기, 편집하기의 임무는 글쓰기 과정의 각 단계에서 모두 이루어져야 한다. 이러한 임무들은 작품을 정제하는 기능을 한다.

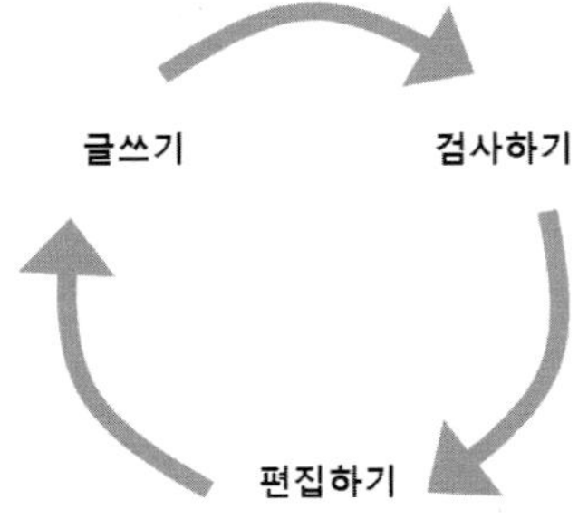

〈그림 6.2〉 글쓰기 임무의 순환과정

2) 스스로 이해하기 위한 글쓰기

스스로 이해하기 위한 글쓰기(writing to understand)는 연구자가 연구대상을 학습하고 자기 것으로 만드는 일종의 형성적 행위(formative action)이다. 먼저, 연구자는 연구의 내용을 이루는 아이디어를 모아 조직하여야 한다. 연구자는 이러한 아이디어를 받아들이고(assimilate) 정리하여 좋은 글을 쓸 수 있는 체계적인 설계도로 만들어야 한다. 자료를 요약하고 변환하여 새롭고 독창적이며 응집력 있는 모습의 자료로 만드는 일로부터 작문, 즉 글쓰기 작업이 시작된다. 연구자는 이야기(줄거리)의 양식을 만들어야 하는데, 이것은 비유적으로 말하면 개개의 아이디어라는 실을 사용하여 작문이라는 천을 짜는 일이다. 오직 연구자만이 이 일을 할 수 있다. 퍼즐 맞추기의 예를 들어 보자. 퍼즐 맞추는 사람은 맨 먼저 상자 위에 있는 그림을 살펴보면서 퍼즐의 각 조각들이 어떤 모습으로 맞추어져야 할 것인가를 상상한다. 연구자(즉, 필자) 역시 명료한 글을 쓰기 위해서는 먼저 머릿속으로 주제에 관한 개략적인 그림을 그려 보아야 한다. 만약 이와 같은 심리적 이미지가 떠오르지 않는 다면 글쓰기 작업이 순조롭게 진행되지 않을 것이다. 그렇다면 이러한 이미지는 어떻게 만들어지는가?

연구자가 글쓰기의 주제나 대상을 마음속으로 받아들여 해석하려면 먼저 그 대상을 이해하여야 한다. 다음으로, 연구자가 재료를 다루면서 글쓰기를 진행하는 과정에서 독창적인 아이디어와 양식이 떠오르게 된다. 끝으로, 연구자는 이러한 아이디어와 양식을 실로 꿰듯이 한데 조합하여 글의 기본이 되는 새로운 의미를 만들어 낸다. 스스로 이해하기 위한 글쓰기는 탐색적 글쓰기, 개요의 작성, 예비 초안의 작성이라는 과정을 거쳐 진행된다.

(1) 탐색적 글쓰기

① 글쓰기 준비

연구를 수행하는 처음 단계에서 연구자는 외부 관찰자의 입장에 놓여 있다. 자료를 수집하고 증거를 찾아내며 논거를 확립하는 일은 모두 다른 사람의 아이디어를 다루는 활동이다. 연구가 진행됨에 따라 연구주제에 대한 연구자의 지식수준은 점점 높아지겠지만 그 지식은 회상(recall)에 근거한 것이며, 아직도 추상적(abstract)이고, 뒤죽박죽이며(disjointed), 검증된 것도 아니다(untested). 연구자는 노트 필기, 메모, 개요, 지도 등에 의존한다. 대상 자료는 반드시 연구자에 의해 내면화되어야 한다. 이 단계에 들어선 이후부터 연구자는 더 이상 남의 자료를 참고하고 기록하는 국외자(outsider)가 아니다. 이제 연구자는 새로운 의미를 창조하고 그것을 글로 쓰는 중요한 내부자(insider)의 입장에 놓인다.

② 선행연구 고찰

특정 연구주제에 관한 글을 쓰기 위해서 연구자는 마치 시험을 준비하듯이 글쓰기 재료에 대한 조사를 철저히 수행하여야 한다. 연구자가 한 무리의 학생들에게 해당 재료에 대한 강의를 한다고 가정해 보자. 그 연구자는 학생들에게 강의할 수 있을 정도로 그 재료에 대하여 충분하게 알고 있는가? 연구자는 그 재료를 마음속에 체계적으로 조직하고 있는가? 그 연구자는 강의를 듣는 학생들로부터 어떤 질문이 나올 것인지 예상하고 있는가? 만약 이러한 질문 가운데 단 하나라도 '아니요'라는 대답이 나온다면 그 연구자는 더 많은 강의 준비를 하여야 한다. 글쓰기 준비도 강의 준비와 마찬가지이다.

글을 쓰는 사람들은 대개 글쓰기가 지식의 결정판임을 알고 있다. 전혀 모르는 사항에 대하여 학술적인 글을 쓴다는 것은 어불성설(語不成說)이다. 막상 글을 쓰기 시작하면 이 평범한 진리가 통렬할 정도로 명확해진다. 어떤 논제(topic)에 대한 성공적인 글을 쓰려면 연구자(즉, 필자)는 완전한 학습을 통해 그 사항을 완벽하게 숙지하여야 한다. 재료를 완벽하게 학습하지 않은 채 글을 쓰려고 한다면, 이것은 천 없이 실만으로 옷을 기우려는 것이나 다름없다고 비유할 수 있다.

연구자는 스스로에게 다음과 같은 두 개의 질문을 던지는 것이 좋다.

- 나는 실제로 이 주제나 대상에 대하여 무엇을 알고 있는가?
- 내가 알고 있는 사항을 다른 사람들에게 어떻게 설명할 것인가?

연구자는 탐색적 글쓰기 과정을 연구에 대한 친밀(즉, 정통)과 이해의 정도를 검증하는 기회로 활용할 수 있다. 이 단계에서 연구자는 보조재료나 배경재료가 없는 상태에서도 연구주제에 관하여 알고 있는 바를 순탄하게 글로 쓸 수 있어야 한다. 다음은 탐색적 작문을 위한 길잡이 활동이다.

◆ **탐색적 작문을 위한 길잡이 활동(Guided Exercise)**

연구자는 자신의 생각만으로 탐색적 글을 쓸 수 있어야 한다. 노트 필기나 메모 등 보조재료를 사용하지 않는 것이 바람직하다. 다음 질문에 대한 대답을 5쪽 이내의 분량으로 작성할 수 있는지 확인할 필요가 있다.
- 내 논제(topic)는 무엇인가?
- 나는 내 논제에 대하여 무엇을 알고 있는가?
- 논제를 둘러싸고 있는 상황(context)이나 배경(background)은 무엇인가?
- 논제는 얼마나 중요한가(significant)?
- 나의 중심 주장(central claim) 혹은 주제(thesis)는 무엇인가?
- 나는 그것을 어떻게 증명할 수 있는가?
- 나는 어떤 결론을 이끌어 냈는가, 그리고 어떤 이유가 그 결론을 지지하는가?
- 내 연구가 갖는 학문분야에 대하여 함의(implications)는 무엇인가?

글쓰기를 마친 다음에는 그 글을 멀찌감치 제쳐 두고 가급적 며칠 동안은 그것을 읽지 말아야 한다. 며칠 후 다시 그 글을 보면서 문헌고찰을 위한 자신의 준비 상태(readiness)를 점검할 수 있다. 연구자가 해당 주제에 대한 친밀도를 알아보기 위해서는 다음과 같은 검사 질문(audit questions) 사용하는 것이 좋다.
- 나는 논제(topic)와 그 논제의 연구논제를 정확하게 정의하였는가?
- 내 논제는 명확하고 간결한가?
- 나는 논제에 관한 영감을 제공한 일반 논점이나 관심사항에 대하여 설명하였는가?

- 나는 내 접근법이 어느 학문 영역에 속하는지 확인하였는가, 그리고 내가 사용하는 언어는 해당 학문 영역에서 통용되는 것인가?
- 그 논제는 내가 처음에 가졌던 관심을 분명하게 설명하고 있는가? 그 논제는 나의 관심사항을 어떻게 설명하고 있는가?
- 내 증거는 내 연구가 학문적으로 중요하다는 것을 보여 주는가?
- 나는 논제에 관한 사실을 제시하기 위해 얼마나 강력한 발견의 논증 (argument of discovery)을 구축하였는가?
- 주장의 논증(argument of advocacy)이 문제를 어떻게 다루는가?
- 내 주제(thesis)의 증거(evidence)는 무엇인가?
- 내 결론이 내가 최초로 관심을 가졌던 문제나 질문을 해결하는가?
- 내 결론과 주장이 하나의 통합된 논거(unified case), 즉 하나의 강력한 통일체로서 작용하고 있는가?

연구자는 먼저 위와 같은 검사 질문에 대한 대답을 검토한 다음에 논제를 이해하기 위하여 무엇이 더 필요한가에 대해서도 생각해 보아야 한다. 즉, 연구자는 다음 단계로 나아갈 것인지 아니면 앞 단계로 되돌아가서 연구논거 (research case)를 보다 잘 이해하기 위하여 더 많은 정보를 수집하여야 할 것인가를 결정하여야 한다.

자료: Machi & McEvoy, 2009, pp. 132-133.

(2) 개요의 작성

탐색적 작문에 대한 검사(audit)를 마치고 나면 연구자는 글쓰기에 즉각 돌입하고픈 충동을 느낄 수도 있겠으나 연구자는 이것을 억눌러야 한다. 탐색적 작문을 통해 얻은 생각, 줄거리, 양식은 먼저 잘 조직된, 응집력 있는, 완전한 지식으로 정리되어야 한다. 비유적으로 말하면, 연구자는 퍼즐의 모든 조각들을 제자리에 배치하여야 한다. 지금은 분석과 숙고의 시간이다. 연구자는 개요(outline)의 작성을 통해 이 과업을 달성하는 것이 바람직하다.

개요의 작성은 스스로 이해하기 위한 글쓰기 과정의 두 번째 과업이며, 공식적인 글쓰기를 시작하는 단계이다. 개요는 연구자가 연구에 대한 자신의 생각을 문서로 만든 일종의 서류철이다. 개요를 작성하는 목적은 세 가지이다.

첫째, 개요는 여러 생각을 통합하고 변환하는 장치이다. 즉, 생각을 통합하는 장치로서의 개요는 연구자의 연구를 한 편의 이야기로 변환하는 통로를 제시한다. 예를 들면, 문헌고찰을 마친 연구자는 개요의 작성을 통해 연구주제와 관련 지식에 대한 이해의 폭과 깊이를 넓힐 수 있다. 심사숙고를 통해 연구자는 아이디어를 수집하고 보고하는 단계를 넘어 그것을 이해하고 분석하고 통합하는 임무를 수행한다. 연구자는 줄거리 구성과정(storytelling process)이라 할 수 있는 개요 작성의 모든 단계마다 심사숙고하게 되는데, 이때 연구자는 자신을 관찰자의 입장에서 참여자의 입장으로 변환시킨다.

둘째, 개요는 연구자의 생각을 순서에 맞게 정리하는 장치로서의 기능을 수행한다. 개요를 기술하기 위해 연구자는 정보를 조직하고, 아이디어를 정리하며, 작문을 위한 줄거리와 양식을 만들어 내야 한다. 즉, 연구자는 구체적인 아이디어를 떠올리고, 그와 같은 아이디어를 논리적인 순서에 따라 배열하며, 논리적인 기술 양식을 설정하여야 하는데, 이와 같은 일련의 결합과정을 통해 응집력 있는 생각의 양식이 만들어진다. 개요의 작성과정에서 연구자는 어떤 정보는 이미 검토되어 개요에 포함되었고, 어떤 정보는 현재 검토되고 있으며, 논리적인 면에서 다음에는 어떤 정보를 검토하여 포함할 것인지에 대하여 끊임없이 심사숙고한다. 개요는 자료의 배열 순서를 기록한 문서이며, 동시에 글쓰기를 위한 로드맵(road map)이다.

셋째, 개요는 문헌고찰의 결과를 기술하기 위한 총괄적인 계획 (general plan)이다. 개요는 글의 전반적인 줄거리를 보여 줄 뿐만 아니라 중요한 특징을 설명한다. 연구자에게 있어 개요는 자신이 지으려고 하는 집의 청사진(blueprint) 또는 설계도이다. 요컨대, 개요는 작문의 설계도이다. 개요는 큰 그림을 명확하게 보여 줄 뿐만 아니라, 각 부분을 구성하는 구체적인 조각들의 치수도 알려 준다.

청사진과 마찬가지로, 개요는 작품의 전반적인 줄거리, 즉 밑그림을 보여 준다. 또한 개요는 작문의 정확한 내용, 즉 구체적인 치수에 대한 설명을 담고 있다. 글의 구체성을 판단하기 위해서는 완성된 개요를 검토하는 것이 좋다. 앞으로 연구자가 글쓰기를 진행하면서 추측과 재고(rethinking)를 최소화할 수 있을 정도로 개요에 명확한 방향과 충분한 정보가 포함되어 있는가? 개요는 견고한 전반적인 설계도인가? 개요에는 설계도의 실행을 지원하는 데 필요한 모든 세부사항이 다 들어 있는가?

개요를 작성할 때는 목차(table of content)를 구성하는 일부터 시작하는 것이 좋다. 이것은 작품의 주요 부분을 논리적으로 순서에 맞게 배열하는 계획을 짬으로써 작문을 위한 틀을 만드는 일이다. 연구논문 속의 문헌고찰의 장을 구성하는 세 가지 핵심요소는 서론 (introduction), 본론(body), 요약(summation)이다(Machi & McEvoy, 2009, pp. 135-140). 서론은 연구의 윤곽(profile)을 제시한다. 이것은 독자들에게 작품의 필수적인 주요 내용을 보여 줌으로써 그들의 개입을 유도하는 역할을 한다. 본론은 연구자가 연구주제(research thesis)를 정당화하기 위하여 논거(case)를 제시하고 그것을 조목조목 정리하는 곳이다. 요약은 문헌고찰의 결과를 압축적으로 보여 준다. 서론,

본론, 요약은 모두 주제별로 세분된다.

① 서론(introduction)

문헌고찰의 장(chapter)의 서론은 연구자가 선행연구 고찰의 결과를 어떻게 구성하고 체계화할 것인가를 설명하는 부분이다. 서론을 구성하는 여섯 개의 기본적인 조각이나 구역은 다음과 같다.

- 도입 진술(introductory statement)
- 연구논제 진술(study topic statement)
- 배경 진술(context statement),
- 중요성 진술(significance statement)
- 문제 진술(problem statement)
- 편제 진술(organization statement)

첫째, 도입 진술(introductory statement)은 독자들을 작품 속으로 이끄는 일을 한다. 도입 진술은 신랄한 예일 수도 있고, 질문에 관한 토론의 핵심일 수도 있으며, 또한 연구에 의해 제기되는 질문일 수도 있다. 독자의 주의를 잡아채려는 교묘한 서두 문구(narrative hook)는 감정, 태도, 신념을 이용하여 독자들이 글을 계속 읽도록 유도하는 역할을 한다. 다음 예를 보자. "최근 국내의 이혼율이 급증하는 주요 원인 가운데 하나는 배우자의 외도 문제이다. 이것은 가정 해체의 주요한 원인임에도 불구하고 사회적 금기로 인식되어 심도 있게 다루지 못했던 것이 사실이다. 외도는 이미 은밀하게 확산되어 세간에서는 기혼자들을 두 부류로 나눌 때, 하나는 배우자 외의 애인이 있는 사람과 또 다른 하나는 애인을 구하고 있는 사람이라는 말이 있을 정도이다. 이처럼 전통적인 성개념이 붕괴되어

가고 이에 따라 가정도 붕괴되고 있는 것이 오늘날 사회 현실이다"(전요섭, 2002, p. 339). 이 예문 속에는 외도에 관한 냉철한 진단과 신랄한 풍자가 들어 있다. 이 주장은 독자로부터 감정적인 반응을 이끌어 내 글을 계속 읽도록 흥미를 불러일으키려는 목적을 갖고 있다.

둘째, 연구논제 진술(study topic statement)은 연구의 주제를 정의한다. 이 부분은 연구의 핵심 아이디어를 알려 주는 간결한 진술이어야 하며, 각 아이디어는 명확하게 정의되어야 한다. 연구의 논제를 설명하는 진술의 길이는 2~3개의 단락이 적당하다.

셋째, 배경 진술(context statement)은 연구의 배경(setting)을 다룬다. 배경 진술은 연구문제를 둘러싸고 있는 환경 또는 연구문제를 만들어 낸 상황이나 사건을 자세히 설명한다. 이와 같은 환경이나 상황은 대개 학문적 논쟁인 경우가 많지만 실용적·실천적인 논점인 경우도 있다. 배경 진술은 연구문제의 환경을 정의하는 정보를 제시하여야 한다.

넷째, 중요성 진술(significance statement), 즉 욕구 진술(needs statement)은 연구의 정당성을 제시한다. 이 부분은 연구주제에 대한 연구자의 개인적 관심을 자세하게 설명하며, 해당 연구가 학계에 기여하는 가치의 정당성을 언급한다. 가치 있는 연구는 해결책을 제시하는 실천적 문제를 다룰 수도 있고, 명료화나 분석을 필요로 하는 학문적 논점일 수도 있다.

다섯째, 문제 진술(problem statement), 즉 주제 질문(thesis question)은 해당 연구로부터 대답을 얻을 수 있는 질문이다.

끝으로, 편제 진술(organization statement)은 서론의 대미를 장식한다.

편제 진술은 독자에게 선행연구 고찰의 본문(body)과 요약(summation) 안에 어떤 내용이 담길 것인가를 알려 주는 간략한 스케치(thumbnail sketch)를 제시한다.

② **본론(body)**

문헌고찰 장의 본문은 주제의 논거(case for the thesis)를 제시하는 곳이다. 문헌고찰의 본론은 다음과 같은 두 개의 논증을 다루는 부분으로 구성되어 있다.

- 발견의 논증(discovery argument)
- 주장의 논증(advocacy argument)

첫째, 발견의 논증은 연구의 논제에 관하여 현재 알려져 있는 것을 설명하는 일, 즉 연구의 배경을 소개하는 것이다(Machi & McEvoy, 2009). 연구의 배경은 연구의 줄거리를 알려 준다. 여기서 연구자는 연구의 논제에 관하여 현재 알려져 있는 것을 다루는 주장을 개략적으로 언급한다. 문헌검색 기록 매트릭스(literature survey tally matrix)와 발견의 논증이 연구의 배경을 작성할 때 참고할 수 있는 가장 중요한 참조문헌이다. 이러한 보조 자료는 근거 자원이다. 보조 자료는 논증을 구축하기 위하여 주장 진술, 증거, 적절한 인용문, 근거의 정당화 등을 기록하고 분류한다. 연구자는 이와 같은 참조 자료를 이용하여 배경 진술을 작성할 수 있다.

둘째, 주장의 논증은 결론(주제)으로 이어지는 논증에 대하여 설명하는 일이다(Machi & McEvoy, 2009). 연구자는 이 부분에서 자신의 연구주제를 밝히는데, 다시 말해 자신의 주제 논증(thesis argument)을 발전시킨다. 또한 연구자는 이 부분에 선행연구 검색(literature survey)과 선행연구 비판(literature critique)의 결과를 기술한다.

③ 요약(summation)

문헌고찰의 장 가운데 요약 부분은 주제 논증을 짤막하게 정리하는 역할을 한다. 이 부분은 다음과 같은 세 부분으로 구성된다.

- 주제 진술(thesis statement)
- 주제 분석(thesis analysis)
- 연구의 함의(study's implications)

첫째, 요약 부분의 첫머리는 주제 진술이 차지한다. 즉, 요약은 연구주제를 다시 설명하면서 시작된다.

둘째, 요약에서는 주제 분석을 통해 주제에 대한 상세한 해석과 설명을 제시한다. 여기서 연구자는 주제의 핵심 아이디어에 대한 설명을 기록하고, 그러한 아이디어를 추가적으로 정의하며, 다양한 관점에서 주제를 탐색한다.

끝으로, 연구의 함의라 함은 실제적인 논점이나 연구의 동기를 부여한 학술적 질문에 대한 연구의 영향을 언급하는 것을 말한다. 이 부분에서 연구자는 주제가 어떻게 연구문제를 해결하는가에 관하여 기술한다.

일단 연구자가 개요의 작성을 마친 다음에는 적어도 하루 이틀 정도 그것을 들여다보지 않는 것이 좋다. 심사숙고에 필요한 적당한 시간이 경과한 후 연구자는 비로소 자신이 작성한 개요를 철저하게 검토하여야 한다. 이것은 완전하고, 적절한 순서에 따라 배열된, 장차 글쓰기에 사용할 지도를 그릴 수 있을 정도로 명확한 개요를 만들기 위함이다.

- 개요가 주요 아이디어로부터 다음 아이디어로 사리에 맞게 흐르는 방식으로 작성되어 있는가?
- 개요가 완벽한 내용을 담고 있는가?
- 주장들이 강력한 증거에 의해 지지되는가?
- 모든 결론들이 증명되는가?
- 주제의 요점들이 하나의 요점에서 다음 요점으로 논리적으로 흐르고 있는가?
- 개요가 통합된 전체를 설명하고 있는가?

이 모든 질문에 대하여 긍정적인 대답이 나올 때까지 연구자는 개요의 작성을 되풀이하여야 한다. 연구자는 자신이 만든 개요를 철저히 재검사하여야 한다. 여기에는 오류를 찾아내기 위한 목적뿐만 아니라 개요의 깊이, 연결성, 계속성을 확보하기 위한 목적도 있다. 연구자는 재검사 후에 필요한 수정을 하여야 함은 물론이고, 그 과정에서 실수를 범하지 않도록 주의하여야 한다.

④ 흔히 범하는 개요 작성상의 잘못이나 오류

개요를 잘 만들기 위해서는 개요 작성 단계에서 흔히 저지르기 쉬운 다음과 같은 오류를 피하여야 한다.

- 오로지 사실과 아이디어의 목록(a list of facts and ideas)만을 만들려는 충동을 억제하여야 한다. 인용할 내용과 아이디어를 무작위 순서로 나열한 목록을 만들기는 쉽다. 그러한 목록으로부터 상세한 정보를 얻

을 수 있으나, 글쓰기에 필요한 전후관계와 주제를 얻을 수는 없다. 목록은 전반적인 그림을 보여 주지는 않는다.

- 연구자는 연구를 수행하면서 모은 관련 정보를 모조리 개요에 포함시켜야 한다. 관련 정보가 하나라도 누락되면 불완전한 개요가 마련될 것이며, 이것은 불완전한 글쓰기로 이어진다.
- 필자가 주제에 대한 개인적인 기억력을 과신하거나 지나치게 의존하면 너무 간략하거나 애매한 개요가 만들어질 수도 있다. 간략하거나 애매한 개요에는 구체성이 없다.
- 개요가 예비 초안(preliminary draft)의 속기록(shorthand version)이 되어서는 안 된다. 개요에 너무 많은 정보를 담으려는 경향이 있다. 그러다 보면 개요에 너무 자세한 내용이 담기게 되며, 결과적으로 큰 그림의 뜻을 모호하게 만들고 만다. 개요는 집을 짓는 것이 아니라 집을 짓기 위한 청사진을 만드는 것이라는 점을 기억하여야 한다.

어떻게 하면 위에서 지적한 여러 가지 실수를 저지르지 않을 수 있을까? 개요에는 글쓰기의 방향이 담겨 있어야 한다. 연구자는 개요를 작성할 때 모든 관련 정보를 조립하여야 한다. 줄거리를 구성하는 데 필요한 인지 구조와 내용 주제를 만들기 위하여 연구자는 스스로 수집한 자료를 충분한 시간을 들여 면밀하게 검토하는 것이 좋다.

⑤ 초안 작성

일반적으로 최종 원고가 만들어질 때까지 여러 단계에 걸쳐 단계별 초안이 만들어진다. 글쓰기는 어떤 아이디어를 착상시키고, 차차 성장시키며, 성숙시키는 일련의 과정이다. 첫째, 아이디어는 먼저 착상되어 종이 위에 기록으로 남아야 한다. 일단 종이 위에 기록되고 나면 그 아이디어는 연구자와 독자를 이어 주는 의사소통의 매개체가 된다. 마음의 눈으로 상상하던 것을 종이 위에 글로 정리하기 위해서는 그 아이디어가 일정한 양식으로 표현되고 정제되어야 한다.

이와 같은 변환과정 내내 연구자를 이끄는 도구가 바로 초안이다. 초안은 단순히 다시 고쳐 쓰는 것만을 의미하지는 않는다. 글쓰기 과정을 통해 연구자의 처음 생각이 최종 원고로 발전되어 가는 발달과정을 기록한 문서가 초안이다. 초안은 의도적인 글쓰기의 결과물이다. 초안은 글쓰기의 1단계(스스로 이해하기 위한 글쓰기)와 2단계(독자를 이해시키기 위한 글쓰기)를 연결하는 교량의 역할을 담당한다.

각 초안은 모두 나름의 고유한 목적을 가지고 있다. 각 초안을 작성하는 단계에서 연구자가 지켜야 할 규칙이 있다. 여기서 말하는 규칙은 작문, 문법, 논문작성법 등의 규칙을 말한다. 생각의 흐름에 따라 글쓰기 작업이 순차적으로 이루어지듯이 단계별 초안의 작성도 순차적으로 이루어져야 한다. 하나의 초안을 마치고 다음 초안을 작성하는 단계로 들어가면서 연구자는 교정 작업을 수행한다. 초안의 작성은 곧 교정 작업을 수행하는 일이다. 다음은 연구자가 초안을 작성할 때 고려하여야 할 사항이다.

- 국어사전, 영어사전, 논문작성 매뉴얼 등 참고자료와 보조재료를 미리 준비하면 글쓰기에 큰 도움이 된다. 글 쓰는 도중에는 적재적소에 맞는 알맞은 단어를 선택하기 어려운 경우가 드물지 않고 그 단어의 동의어를 찾기 어려운 경우도 적지 않다. 이 경우 참고자료와 보조재료로부터 좋은 아이디어를 얻을 수 있다.
- 좋은 글쓰기는 벼락치기로 이루어질 수 있는 간단한 작업이 절대 아니다. 불과 15분 만에 한 편의 문헌고찰을 모두 마칠 수는 없을 것이다. 일단 충분한 시간을 확보한 다음에 글쓰기 작업에 들어가는 것이 좋다. 시간 사용 계획을 수립할 때는 분 단위의 계산보다는 시간 단위의 계산이 더 바람직하다.
- 글 쓰는 도중에는 규칙적으로 휴식시간을 갖는 것이 좋다. 휴식시간에

는 스트레칭 등을 통해 에너지를 재충전할 수 있을 것이다.
- 문헌고찰의 장의 전체 길이를 하나의 미리 정해놓고, 그 목표를 달성하기 위하여 노력하는 것이 바람직하다. 또한 매일의 작업에서 달성하여야 할 분량에 대해서도 미리 목표를 세워 두는 것이 좋다. 글 쓰는 작업을 할 때마다 그날 달성할 목표를 머릿속으로 그려 보고, 주요 아이디어와 세부 내용을 구상한다.

(3) 예비 초안

연구자는 개요 작성을 통해 자신의 생각을 체계적으로 조직화한다. 다음으로, 연구자는 개요를 확장하여 이치에 맞는 문장, 완성된 단락, 응집력 있는 작문을 만든다. 예비 초안은 연구자가 글쓰기 재료를 얼마나 잘 이해하고 있는가를 판단할 수 있는 첫 번째 시험이다. 연구자가 주제에 대하여 실제로 무엇을 알고 있는가? 연구자는 주제에 관하여 알고 있는 지식을 글로 표현할 수 있는가? 이 질문에 대답하는 것은 예비 초안을 작성하는 것과 같다. 초안 작성은 연구자가 구체적인 진술을 순서에 맞게 글로 표현하는 첫 시도이다. 예비 초안을 작성하는 임무는 주제에 관한 연구자의 생각과 아이디어를 종이 위에 옮기는 것이다.

예비 초안을 만드는 전략은 연구자의 글쓰기 능력과 주제에 관한 지식에 따라 달라진다. 일반적으로 권장되는 전략은 글쓰기(write), 검사하기(audit), 편집하기(edit)이다. 첫째, 초안을 작성할 때는 초안의 의도와 목적에 맞도록 글을 쓴다. 다음으로, 초안의 내용, 순서, 작문, 문법, 응집력 등에 관하여 검사한다. 끝으로, 괴리(gap)를 채우고 오류를 수정하기 위하여 초안을 편집한다.

예비 초안의 작성을 통해 달성하고자 하는 목표는 다음 세 가지이다.

- 첫째, 이야기의 줄거리를 어떻게 구성할 것인가를 결정한다.
- 둘째, 초기 단계에서 마음속으로 구상하였던 주제에 관한 모형을 구체적인 형태로 전환시킨다.
- 끝으로, 주제에 관한 연구자의 지식을 점검한다.

예비 초안을 작성하는 일이 매우 힘든 작업처럼 느껴질 수도 있다. 전체 작업을 여러 개의 공정으로 나누어 한 번에 하나의 임무를 수행하는 것이 좋다. 개요를 사용하면 글쓰기 과정을 계획하는 일이 한결 쉬워질 것이다. 먼저 하나의 절을 선택하여 글쓰기 작업을 시작한다. 예비 초안을 작성할 때는 그 절이나 논제에 관하여 알고 있는 모든 것을 기록한다. 연구자의 아이디어는 추상적인 존재로부터 문장이라는 구체적인 형태로 전환된다. 글쓰기의 흐름을 놓치지 않도록 유의하되, 아이디어의 흐름이 논리에 맞도록 아이디어들을 논리 순서에 따라 배열하여야 한다. 요컨대, 연구자는 자신의 생각이 구체적이고 논리에 맞도록 예비 초안을 작성하여야 한다. 이 과정에서 아이디어가 떠오를 수 있도록 충분한 시간을 갖는 것이 좋다. 또한 아이디어를 명확하게 정의할 수 있도록 노력하여야 한다. 어느 특정 아이디어에 너무 많은 생각이나 시간을 소모함으로써 다른 아이디어를 희생시키는 일이 생겨서는 곤란하다. 다음 단계에서 연구자는 아이디어를 검사할(audit) 기회를 갖게 될 것이다.

(4) 예비 초안의 검사(audit)

연구자는 두 가지 목적을 달성하기 위해 예비 초안(preliminary draft)을 검사한다. 첫째, 검사를 통해 연구자는 연구주제의 개요를 담고 있는 첫 번째 작품을 정리해 본다. 둘째, 검사를 통해 연구자는 내용을 교정하고 작품의 응집력을 향상시킨다. 예비 초안의 검사는 다음 과정을 통해 이루어진다.

첫째, 초안 작성을 마무리한 다음 보통 일주일, 아니면 적어도 2~3일은 그것을 그대로 두는 것이 좋다. 이 기간 동안에 연구자는 초안을 작성하면서 마음속에 새겨 넣은 그림을 지울 수 있으며, 따라서 신선한 시각과 열린 마음으로 작품을 대할 수 있을 것이다. 예비 초안에는 어중간한 생각, 생각의 오류, 무의미한 문장, 애매한 표현, 논리상의 잘못 등이 포함되어 있는 경우가 적지 않다. 애초에 훌륭하다고 여겼던 것들이 다시 보니 아주 초보적이고 서투른 것이었음을 알게 되는 경우도 있다.

둘째, 예비 초안을 작성할 때 줄 간격을 매우 넓게 설정하는 것이 좋다. 줄과 줄 사이의 여백에 참고사항이나 의견을 적어 넣어야 하기 때문이다. 다음으로, 예비 초안을 프린트하여 종이로 된 초안을 읽어 보는 것이 좋은 방법 가운데 하나이다. 종종 컴퓨터 화면에서는 쉽게 눈에 띄지 않던 것들이 종이 위에서는 분명하게 발견된다. 이어서, 초안을 소리 내어 읽어 보는 것이 좋다. 마치 그 초안을 처음 읽어 보는 것처럼 단어와 그 단어가 의미하는 생각을 들어 본다. 이 과정에서 연구자는 부조화, 중복, 생략을 찾아내야 한다. 아래의 사례는 작가들의 글쓰기 과정을 소개한 글인데, 학술적인 글쓰기를 하는 연구자도 참고할 만한 가치가 충분하다고 생각된다.

　　셋째, 연구자는 예비 초안을 읽으면서 그 내용을 검사한다(audit).
생각의 흐름이 일관적인가를 체크한다. 논리 그리고 지식 안에 있
는 괴리(gap)를 찾아낸다. 여러 생각이 올바른 순서대로 배열되어
있는가를 검토한다. 어떤 주요 생각에서 다른 주요 생각으로 넘어
갈 때 적절한 이행부(proper transition)를 배치하였는지 확인한다.
각 단락마다 도입, 본문, 결론 부분이 있는지 점검한다.

　　넷째, 내용 검사를 마친 다음에 연구자는 문법, 작문, 문체에 대
한 검사를 실시하여야 한다. 문법, 단어와 단락의 오용 사례, 구두
점과 맞춤법, 인칭의 일관성, 문장 구성의 경제성 등을 점검한다.

　　다섯째, 초안과 주제 개요를 나란히 맞추어 봄으로써 검사는 완

료된다. 개요가 적힌 종이와 수정사항이 기록된 예비 초안을 나란히 놓고 보자. 이 둘을 조화시키기 위해서는 개요의 내용을 하나하나 추적하는 것이 좋다. 초안에 무엇을 추가하고, 초안의 내용 가운데 무엇을 제거하며, 무엇을 명료하게 만들 것인가? 연구자는 초안을 정렬하기 위하여 기록 매트릭스나 다른 참고자료를 사용하기도 한다. 이 단계에서 연구자는 필요한 수정을 하며, 필요한 인용문을 삽입한다.

끝으로, 검사를 마친 후에 연구자는 작품의 전반적인 모습을 보기 위하여 초안을 다시 한번 읽는다. 내용의 완전성과 논리를 점검하고, 불완전한 아이디어를 찾아낸다. 생각을 전환할 때 적절한 이행부를 넣었는지 확인한다. 여러 아이디어의 배치 순서를 재확인한다.

(5) 예비 초안의 편집(edit)

검사(audit)가 끝난 다음에 연구자는 교정을 보아야 한다. 연구자는 검사과정에서 조목조목 기록한 초안을 가지고 작업을 시작한다. 한 줄씩 기록한 내용대로 교정 작업을 진행한다. 교정 작업을 진행하면서 정확함과 명확함을 확인하기 위해서는 문장이나 단락을 꼼꼼하게 다시 읽어 본다. 이러한 작업을 전체 초안을 대상으로 진행한다. 작은 소리를 내면서 교정본을 읽는 것이 효율성의 증진에 도움이 되는 경우도 있다. 눈이 놓친 오류나 매끄럽지 못한 부분을 귀가 잡아낼 수 있기 때문이다.

예비 초안의 편집이 완료되면 이제 연구자의 주제에 관한 지식이 종이 위로 옮겨진 것이다. 연구자는 예비 초안의 검사를 통해 주제에 관한 지식을 연구자의 고유 작품으로 변환시킨다. 연구자는 글쓰기의 검사와 편집 과정을 거쳐 자신의 작품을 글로 표현한다. 여기서 하나의 질문이 제기된다. 다른 사람들은 연구자의 글을 쉽고 올바르게 이해할 수 있을까?

3) 독자를 이해시키기 위한 글쓰기

독자를 이해시키기 위한 글쓰기(writing to be understood)는 작품의 초안을 만들고 교정하는 일련의 과정을 통해 연구자의 주제에 관한 아이디어를 남에게 정확하고 적절하게 전달시킬 수 있는 글로 만드는 일이다. 연구자의 작품이 그가 애초에 의도한 대로 줄거리를 이야기하고 있는가? 연구자는 올바른 줄거리를 이야기하였는가? 독자들은 줄거리를 제대로 이해하고 있는가? 연구자는 지금 독자를 염두에 두고 글을 쓰고 있다. 이 단계에서 중요한 것은 다른 사람과의 파트너십이다. 다른 사람과 작품의 형식과 내용에 대하여 논의함으로써 연구자는 장차 교정 단계에서 활용할 수 있는 유용한 정보를 얻을 수 있다. 후술하는 바와 같이, 외부 검토자에 의해 지적되는 문제점에 바탕을 두고 연구자는 작품의 명확성, 계속성, 내용의 완전성을 향상시키는 정제과정을 진행한다.

각 초안은 작품의 교정 작업이 진행되어 온 발달과정을 보여 주는 결과물이다. 이 단계에서 각 초안은 점차 진화되어야 하고, 보다 구체적인 그림이 그려져야 하며, 더욱 일관성 있는 흐름을 더욱 유지하여야 할 뿐만 아니라, 더 정확하게 주제를 묘사하여야 한다. 연구자가 독자에게 던져야 할 질문은 "귀하는 내가 이해하는 바를 그대로 이해하고 있는가? 만약 그렇지 않다면, 보다 명확한 그림을 그리기 위하여 어떤 부분이 바뀌어야 하는가?"이다. 원하는 결과를 얻을 때까지 연구자는 각 초안의 수정 내용을 독자들에게 보여 주면서 검사와 편집 작업을 계속 수행하는 것이 좋다.

1차 초안의 초점은 문서의 명확성을 높여 독자의 이해를 증진시키는 일이다. 예비 초안은 1차 초안의 튼튼한 기반이 된다. 다른 사람에게 검토를 의뢰하기 전에 초안을 읽으면서 다음 사항을 확인하기 바란다.

- 구문(syntax), 태(voice), 단락 나누기(paragraphing)가 정합적인가?
- 문법이 올바른가?
- 능동태 문장이 주로 쓰였는가?
- 인칭이 일관적으로 사용되었는가?
- 동사의 시제가 일관적으로 사용되었는가?
- 단락이 제대로 구성되었으며 순서에 맞게 잘 배열되었는가?

(1) 분석

연구자가 초안을 분석하는 과정은 다음과 같은 단계를 거쳐 진행되는 것이 좋다. 첫째, 논문을 검토하고 주장 진술(claim statements)을 찾아 밑줄을 긋는다. 둘째, 다시 논문을 검토하고 증거 진술(evidence statements)을 찾아 그 주위에 동그라미를 그린다. 셋째, 논증의 근거 진술(warrant statements)과 단일 주장(simple claims)을 찾아낸 다음 그들을 적절한 주장 진술 및 증거 진술과 연결시킨다. 화살표를 사용하면 좋다. 만약 근거 진술이 함축적이라면, 주장과 증거가 제시되어 있는 곳의 여백에 그 내용을 적어 두는 것이 바람직하다. 넷째, 이렇게 함으로써 연구자는 각 단일 주장과 연구의 복합 주장에서의 주장 진술, 증거 진술, 근거 진술을 결합하게 된다. 개개의 논증 주위에 네모 박스를 그린다. 다섯째, 단일 주장 논증들을 검토한다. 단일 주장 논증들이 올바르게 구성되어 있는가? 만약 그렇지 않다면, 문제 영역을 검토하고 필요한 내용을 교정한다. 마지막으로, 만약 주장이나 논증이 불완전하다면, 그것을 다시 기술한다.

(2) 평가

분석을 마친 다음에 연구자는 논증을 평가하는 일을 진행하여야 한다. 논거를 이루고 있는가? 즉, 논증들이 강력한 주장을 제시하고 있는가? 주요 주제 진술(thesis statements)을 평가하는 과업이 이 단계의 시작이다.

- 단일 주장(simple claims)이 주요 주제(major thesis)와 연결되어 있는가?
- 여러 개의 단일 주장 논증(simple claim arguments)이 서로 연결되어 있는가? 각 논증의 논리적 틀이 제대로 작동하고 있는가? 단일 주장들이 원인-결과의 진술 또는 연쇄의 유형으로 서로 연결되어 있는가?
- 주요 논증은 논리적인 면에서 합리적인가? 만약 단일 주장 논증이 주요 주장의 논리적 틀과 부합되지 않는 경우가 있다면 그것을 수정하여야 한다.
- 논증과 무관한 재미있는 사실 진술이 발견되면 그것을 제거하여야 한다. 관계없는 진술과 두서없는 설명이 때로는 재미있는 정보가 될 수도 있으나, 그것을 논쟁의 틀에 넣으면 논증이 약해진다.

주제 논증에 논리적 계획이 결여되어 있다고 판단되면 연구자는 그것을 교정하여야 한다. 어떤 정당화의 틀을 사용하면 단일 주장들을 주제 논증으로 가장 잘 이끌 수 있을 것인가에 대하여 심사숙고하여야 한다. 그 다음에 필요한 교정 작업을 진행한다. 뿐만 아니라, 연구자는 연구의 각 부분이 정당한 논거를 가지고 있는가에 대해서도 평가하여야 한다.

연구자는 개요, 논리적 지도, 기록 매트릭스를 사용하여 이와 같은 임무를 수행한다. 이러한 자료원은 논리적 순서에 맞는 신속한 글쓰기에 필요한 정보를 제공한다.

연구자는 연구의 특정 영역의 강점과 약점을 파악한 다음에 그것을 필요에 따라 교정하여야 한다. 일단 연구자가 최초의 초안을 완성한 다음에는 외부 인사에게 그 초안의 검토를 의뢰하는 것이 좋다.

(3) 외부 검토

연구자가 독자의 시각에서 자신의 글을 검토하는 것이 곧 독자들의 이해 수준을 높이는 길이다. 사람들은 누구나 나름의 논리와 시각을 견지하고 있기 마련이다. 독자들이 연구자의 관점을 반드시 그대로 받아들이지는 않을 것이다. 연구자가 남을 이해시키기 위한 글을 쓰자면 남들이 효과적으로 이해할 수 있는 언어와 논리를 사용하여야 한다. 외부 검토는 독자들이 연구자의 글을 얼마나 잘 이해할 수 있는가를 판단할 수 있는 중요한 수단이다. 다음은 연구자가 외부 검토자를 선발하고 초안의 검토를 의뢰할 때 고려하여야 할 사항이다.

첫째, 외부 검토를 담당할 사람은 해당 분야에서 전문성을 인정받는 사람이어야 한다. 몇 사람은 글을 잘 쓰고 편집도 잘하는 사람 중에서 고르고, 다른 몇 사람은 해당 주제에 대한 전문성을 갖춘 사람을 고를 수 있다면 그야말로 금상첨화일 것이다. 각자에게 초안을 정독한 다음 종합적인 평가를 내려 주도록 요청하기 바란다. 외부 검토자의 평가가 구체적이고 범위가 넓을수록 교정 작업은 더 수월해진다. 이 단계에서 연구자는 자신의 등을 두드려 주는 따뜻한 격려가 아니라 작품의 질을 높여 주는 사려 깊고 유용한 비판이 필요하다는 점을 명심해야 한다.

둘째, 외부 검토자에게 초안의 검토를 의뢰할 때는 구체적인 요구사항이나 요령을 명확하게 전달하여야 한다. 특히 외부 검토자의 의견이 필요하다고 여겨지는 영역은 형광펜 등으로 표시하는 것이 좋다. 외부 검토자가 작품을 비판적으로 평가할 때 자신들의 전문성에 근거하여야 함을 알려 주는 것이 좋다. 또한 모든 외부 검토자들에게 작품의 가독성(readability)을 판단하도록 요청하는 것이 바람직하다. 초안의 줄 간격을 넓게 설정하여 외부 검토자들이 의견을 적을 수 있는 공간을 제공하는 것이 좋다.

셋째, 외부 검토를 의뢰할 때는 초안의 회수 날짜를 미리 정해야 한다. 각 외부 검토자와 협의하여 초안의 회수 일자를 결정하되, 연구자는 회수된 초안을 정밀하게 검토할 충분한 시간을 확보할 수 있어야 한다.

끝으로, 2차 초안과 3차 초안의 작성 단계로 진입하기 전에 모든 외부 검토가 완료되어야 한다. 여러 외부 검토자들이 제시한 내용을 바탕으로 통합적인 교정 작업을 진행하는 것이 좋다. 외부 검토자들이 제시한 서로 다른 의견은 편집을 통해 조정할 수 있다.

(4) 2차 초안과 3차 초안

편집을 마친 1차 초안은 이제 외부 검토자가 이해할 수 있는 작품으로 변환되었다. 2차 초안과 3차 초안의 목적은 글의 명확성과 정밀성을 정제함으로써 연구자가 만들 수 있는 가장 좋은 작품을 만드는 데 있다. 대부분의 교정은 구체적인 독자들의 의견에 바탕을 둔다. 연구자는 학계의 수많은 독자들을 대상으로 글을 쓰지만, 실제로 이와 같은 독자 집단을 대표하는 것은 연구자의 논문을 검사하거나 심사하는 소수의 독자들이다. 이 소수의 독자는 학점을 매기는 과목담당 교수일 수도 있고, 논문심사위원회의 심사위원일 수도 있다. 연구자의 작품을 검사하는 사람들은 연구자의 초안을 한 단계 업그레이드시키는 데 도움이 되는 피드백을 제공한다. 2차 초안과 3차 초안의 목적은 작품의 심사를 담당하는 독자들의 기대에 맞도록 작품의 수준을 높이는 것이다. 이처럼 심사위원의 기대를 충족시키기 위해 연구자가 수행하는 검사가 곧 2차 및 3차 초안을 잘 만드는 성공의 열쇠가 된다.

(5) 최종 원고

① 최종 원고의 작성

최초 원고를 다듬는 일은 독자의 기대수준에 맞도록 작품을 정제하는 일이다. 최종 원고를 작성할 때는 작품의 독자가 누구인지 머릿속에 그려 보아야 한다. 연구자는 심사위원이 생각하는 방식대로 그대로 생각하여야 한다. 심사위원이 생각하는 고품질의 심사기준이 무엇인지 예상하는 자세가 필요하다. 이러한 관점에서 연구자는 작품을 교정하여야 한다.

최종 원고를 작성하는 단계에서도 작품을 소리 내어 읽어 보는 것이 좋다. 연구자는 심사자의 입장과 관점에서 자신의 작품에 귀 기울여야 한다. 예상되는 질문에 근거하여 원고를 검사하기 바란다. 또한 작품 내용의 정확성을 다시 한번 점검하는 것이 좋다. 문헌고찰의 장(chapter)에는 항상 최신의 지식을 담도록 노력하여야 한다.

② 최종 초안의 검사

최종 초안의 검사에도 가이드라인이 필요하다. 연구자는 자신이 최초의 초안을 검사할 때 사용한 가이드라인을 다시 한번 사용하여 최종 초안을 다듬는 것이 바람직하다.

6) 작성 양식

연구논문의 문헌고찰의 장은 공식 문서의 일부분이다. 따라서 문헌고찰의 결과를 기록하는 방식에는 일정한 룰 또는 정형성이 있다. 학위논문작성의 예를 들면, 일반적으로 학문 영역마다 혹은 대학교, 부서 등 기관마다 독자적인 연구논문작성양식이 정해져 있다. 연구자는 자신에게 해당되는 구체적인 규칙에 따라 논문을 작성하여야 한다.

2. 개념 중심의 고찰 및 기술

　문헌고찰의 단계 중 선행연구의 분류와 정리에 대해서는 제4장에서 상세히 다루었다. 여기에서는 제4장의 내용을 바탕으로 저자 중심의 고찰과 개념 중심의 고찰을 비교함으로써 문헌고찰의 본질에 대한 이해의 폭을 넓히고자 한다.

　문헌고찰은 개념 중심적(concept-centric)이어야 한다. 다시 말해, 문헌고찰은 특정 개념을 중심으로 이루어져야 하며, 그 결과를 기술하는 장(chapter)도 역시 개념을 중심으로 조직되어야 한다(Webster & Watson, 2002).

　개념 중심의 고찰방식과 대척점에 있는 접근법이 저자 중심적(author-centric) 고찰방식이다(〈그림 6.3〉). 저자 중심의 고찰은 선행연구의 저자, 즉 사람 중심으로 선행연구 고찰의 결과를 기술하는 것을 말한다. 예외가 없는 것은 아니지만, 일반적으로 문헌고찰의 결과를 기술함에 있어서 저자 중심의 접근법은 지양되어야 한다. 왜냐하면 저자 중심의 접근법으로는 여러 선행연구를 내용에 따라 체계적으로 종합하기 어렵기 때문이다.

〈그림 6.3〉 문헌고찰의 접근법

1) 저자 중심의 고찰

저자 중심의 고찰은 그것이 본문으로 서술되건 아니면 표의 형식
으로 제시되건 간에 바람직하지 않다. 아래 <표 6.1>는 문헌고찰
결과를 저자 중심으로 정리하는 표의 양식이며, <표 6.2>는 그 예
이다. 저자 중심의 고찰은 연구자가 지양하여야 할 기술방식이라는
점에서 아래 두 개의 표는 문헌고찰의 과업을 수행하는 연구자에게
반면교사(反面敎師)의 역할을 한다.

〈**표 6.1**〉 저자 매트릭스

저자	개념
1	A, B, C, D, …
2	A, C, E, H, …
3	B, C, D, …
4	X, Y, Z, …
…	W, A, B, C, E, …

아래 <사례 6.1>은 사회복지사의 직무만족에 영향을 미치는 요
인을 정리한 <표 6.2>를 본문의 형식으로 기술한 가상의 사례이
다. 이론적 고찰의 장을 작성함에 있어서 이와 같은 저자 중심의
고찰 및 조직은 지양되어야 할 기술방식임을 다시 한번 강조한다.

<表 6.2> 사회복지사의 직무만족 결정요인에 관한 선행연구

저자	직무만족 결정요인
강흥구(2006)	직무특성(기술다양성, 과업참여성, 과업중요성, 자율성, 피드백, 정체성, 전문성, 필요성), 자기효능감
김경희, 안정선(2006)	개인특성변인(자존감, 연령, 학력, 근무경력, 직위), 업무과제변인(업무의 자율성, 업무의 중대성, 업무 스트레스, 역할의 모호성), 조직특성변인(조직자원의 적절성, 전문적 발전을 위한 기회, 동료의 지지, 급여 및 복리후생)
김경희, 정은주(2006)	개인특성변인(학력, 실무경력), 업무과제변인(역할의 명확성, 업무의 자율성, 업무 스트레스), 조직특성(급여 및 복리후생, 동료의 지지, 전문적 발전을 위한 기회)
김용민(2009)	사회인구학적 특성(학력, 연령, 근무경력, 직위, 근무지역), 조직풍토(슈퍼비전, 개인의 자율성, 업무배정, 보상)
박석돈, 정운(2006)	성별, 연령, 업무 유형, 부양가족 수, 근무기간, 보수수준, 기관 유형
· · ·	(···생략···)
Poulin & Water(1992)	사회복지사의 자존감, 조직 자원의 적절성, 직원 간 상호작용, 조직의 보상체계에 대한 만족

◇ 사례 6.1: 저자 중심의 고찰 및 기술

선행연구에서 사회복지사의 직무만족에 영향을 미치는 것으로 확인된 변수는 매우 다양하여 일목요연한 분류가 용이하지 않다. 사회복지사의 직무만족 결정요인을 규명한 연구는 다음과 같다.

강흥구(2006)는 Hackman & Oldham(1975)의 직무특성모형에 따라 직무만족에 영향을 미치는 요인을 크게 직무특성요인과 자기효능감으로 나누었다. 구체적으로, 직무특성요인의 범주에는 기술다양성, 과업참여성, 과업중요성, 자율성, 피드백, 정체성, 전문성, 필요성을 포함시켰다. 또한 자기효능감은 사회복지사가 자신의 업무를 성공적으로 수행할 수 있다고 믿는 확신의 정도를 말하는데, 여러 연구에서 직무만족은 직무특성요인과 직무만족 사이의 관계에서 매개변수의 역할을 하는 것으로 밝혀졌다(남경동, 2003). (···중략···)

김경희, 안정선(2006)은 선행연구 고찰 결과를 토대로 슈퍼바이저의 직무만족에 영향을 미치는 요인을 개인특성요인, 업무과제요인, 조직특성요인이라는 3가지 범주로 구분하였다. 첫째, 개인특성요인은 사회복지사로서의 슈퍼바이저가 갖고 있는 인구사회학적 특성 및 개인적 배경을 말하는데, 구체적으로 연령, 성별, 결혼상태, 학력, 직위, 실무경험 및 자존감이 여기에 속하였다. 이 분석결과는 여러 선행연구의 연구결과와 사실상 궤를 같이하는 것이다(설진화, 1999; 오혜경, 1991; Glisson & Duric, 1988; Poulin & Walter, 1992). 둘째, 슈퍼바이저의 직무만족에 영향을 미치는 조직변인으로 조직자원의 적절성, 지속적인 전문적 발전의 기회, 동료들의 지지, 급여·복리후생의 적절성이 연구모형에 포함되었다. 이 역시 여러 선행연구의 연구결과와 사실상 다르지 않았다(Glisson & Duric, 1988; Jayaratne & Chess, 1984; Poulin, 1995; Poulin & Water, 1992; Vinokur-Kaplan, 1991). 셋째, 조직특성요인의 범주에는 업무의 자율성, 업무의 중대성, 역할의 모호성, 업무 스트레스 요인이 포함되었다(김성한, 1995; Acker, 1999; Glisson & Duric, 1988; Jayaratne & Chess, 1984; McNeely, Feyerherm & Johnson, 1986; Poulin, 1995; Poulin & Water, 1992; Vinokur-Kaplan, 1991).

서울지역 사회복지관에 근무하는 일선사회복지사의 직무만족에 영향을 미치는 요인을 규명한 김경희, 정은주(2006)의 연구에서는 개인특성변인, 업무과제변인, 조직특성이 유의한 독립변수군으로 확인되었다. 먼저 사회복지사의 직무만족에 영향을 미치는 개인특성은 학력과 실무경력이 유의하였다. 반면에, 사회복지사의 성별, 연령, 결혼, 직위는 직무만족에 유의한 영향을 미치지 않는 것으로 나타났다. 또한 업무과제변인 가운데 역할의 명확성, 업무의 자율성, 업무 스트레스 변인이 직무만족의 유의한 영향요인으로 분석되었다. 끝으로, 조직특성 변인 중에서는 급여 및 복리후생, 동료의 지지, 전문적 발전을 위한 기회 변인이 직무만족에 유의한 영향을 미치는 것으로 조사되었다.

사회복지관의 조직풍토가 사회복지사의 직무만족에 미치는 영향을 탐구한 김용민(2009)의 연구에서는 사회인구학적 특성과 조직풍토가 직무만족의 영향요인으로 밝혀졌다. 구체적으로, 사회인구학적 변인을 보면, 조사대상자의 학력이 대학원 재학 이상일수록, 나이가 많을수록, 근무경력이 짧을수록, 직위가 높을수록, 근무지역이 농어촌일수록 직무만족이 더 높았다. 또한 사회복지사가 조직풍토에 대해 긍정적으로 인식할수록 직무만족이 더 높은 것으로 조사되었다.

박석돈, 정운(2006)은 전국적으로 직업재활기금 사업을 실시하고 있는 전문인력을 대상으로 직무만족의 실태와 영향요인을 측정하였는데, 이 연구결과에 의하면 성별, 연령, 업무 유형, 부양가족 수, 근무기간, 보수수준, 기관 유형 등이 직무만족에 유의한 영향을 미치는 것으로 분석되었다. 구체적으로, 남성이 여성에 비해, 연령이 낮을수록, 지원고용과 직업지도업무를 담당하는 전문인력이 적응훈련업무를 담당하는 전문인력보다 직무만족이 더 높았다. 또한 부양가족 수가 적을수록, 그리고 근무기간이 짧을수록 직무만족이 더 높았다.

(…후략…)

2) 개념 중심의 고찰[8]

　문헌고찰의 초기 단계에서는 저자 중심의 접근법이 불가피하며 어느 정도 유용하다. 그러나 문헌고찰의 결과를 기술하기 위해서는 저자 중심의 접근법에서 개념 중심의 접근법으로의 전환되어야 하며, 이 과정에서 필요한 것이 개념 매트릭스(concept matrix)이다(<표 6.3>). 즉, 연구자는 문헌자료를 읽으면서 개념 매트릭스를 작성하여야 하며, 선행연구 읽기가 끝나 갈 즈음에는 <표 6.3>에 수록된 정보를 바탕으로 선행연구의 결과를 종합하여야 한다. 이것은 문헌고찰의 초점이 '저자 중심의 접근법'에서 '개념 중심의 접근법'으로 전환되었음을 의미한다.

〈표 6.3〉 개념 매트릭스

문헌자료	개념				
	A	B	C	D	...
1		○	○	○	○
2	○	○		○	○
3	○	○	○	○	
...	○	○		○	○

　위 <표 6.3>은 개념 중심의 고찰방식을 나타내는 표의 양식이다. <표 6.4>는 개념 중심으로 작성된 표의 예인데, 사회복지사의 직무만족에 영향을 미치는 사회인구학적 변수를 정리한 것이다. 즉,

---

8) 제4장에서는 문헌검색 기록 매트릭스(literature survey tally matrix)를 사용하여 선행연구로부터 자료를 수집하고 정보를 종합하며 자료의 유형을 분석하는 방식으로 발견의 논증을 구축하는 방법을 학습하였다. 이러한 방법 역시 개념 중심의 고찰의 일종으로 이해할 수 있다.

이 표는 여러 선행연구에서 사회인구학적 변수인 성별, 연령, 결혼, 학력이 사회복지사의 직무만족에 유의한 영향을 미치는지, 만약 그렇다면 그 영향력의 방향은 어떠한지를 알려 준다.

〈표 6.4〉 사회복지사의 직무만족에 영향을 미치는 사회인구학적 변수

저자	직무만족 영향요인			
	성별	연령	결혼	학력
강흥구(2006)	유의함			
김경희, 안정선(2006)	유의함	n/s	n/s	n/s
김경희, 정은주(2006)	n/s	n/s	n/s	정(+)의 영향
김기태(2004)	n/s			
김소정(2008)	유의함			
김용민(2009)	남성〈여성	정(+)의 영향		유의함
문영미(2007)	남성〉여성			
박석돈, 정운(2006)	n/s	부(−)의 영향	n/s	n/s
설진화(1999)		n/s		유의함
윤혜미(1996)	유의함		유의함	
원영희, 김욱(2008)	n/s	유의함		n/s
임희자, 정혜선, 구정완(2005)		유의함		
윤혜미(1996)	유의함			
최인섭, 초의수(2001)			n/s	
McNeely, Feyerherm & Johnson(1986)	유의함			
Poulin(1995)			유의함	
Poulin & Water(1992)		n/s		n/s

* n/s: 유의하지 않음(not significant).

위 <표 6.4>에 기술된 내용을 본문으로 정리한 것이 아래 <사례 6.2>이다. 이 사례에서 연구자는 개념 중심으로 정리된 <표 6.4>를 바탕으로 성별, 연령, 결혼, 학력별로 문헌고찰의 결과를 정리하였다. 이러한 고찰 및 기술이 바로 선행연구의 연구결과를 충분히 이해하고

'연구자 자신의 언어로 녹여내 재조립한' 결과물이라 할 수 있다.

◇ 사례 6.2: 개념 중심의 고찰 및 기술

2) 직무만족에 영향을 미치는 요인들
일반적으로 사회복지사의 직무만족 영향요인은 개인요인, 직무요인, 조직요인으로 대별할 수 있으며, 이 세 개 범주에는 다양한 요인들이 포함된다(강현주·조상미, 2010: 306; 김경희·안정선, 2006). 본 연구와 관련하여 구체적으로 언급할 필요성이 있는 요인들은 다음과 같다.

① 사회인구학적 변인
사회인구학적 변인은 사회복지사의 직무만족에 유의한 영향을 미치는 요인으로 확인된 대표적인 '개인요인'이다. 그런데 여러 선행연구에서는 <u>성별, 연령, 결혼상태, 학력 등 사회인구학적 변인의 직무만족에 대한 영향력</u>이 대체로 일관적이지 않다.
먼저, <u>성별</u>은 다수의 선행연구에서 사회복지사의 직무만족에 유의한 영향을 미치는 변수로 확인되었다(강흥구, 2006; 김경희·안정선, 2006; 김소정, 2008; 김용민, 2009; 윤혜미, 1996; McNeely, Feyerherm & Johnson, 1986). 일례를 들면, 전국 사회복지관에 종사하는 사회복지사를 대상으로 직무만족도를 측정한 김용민(2009)의 연구에서는 여성이 남성보다 더 높은 직무만족의 수준을 보였다. 반면에, 문영미(2007)의 연구에서는 노인복지시설 종사자 중 남성이 여성보다 직무만족의 수준이 더 높은 것으로 조사되었다. 한편, 성별이 직무만족에 유의한 영향을 미치지 않는다는 사실을 보고한 선행연구도 여럿 있다(김경희·정은주, 2006; 김기태, 2004; 박석돈·정운, 2006; 원영희·김욱, 2008).
<u>연령</u>의 직무만족에 대한 영향력을 연구한 선행연구의 결과도 일관적이지 않다. 먼저, 연령이 직무만족에 유의한 영향을 미치는 요인임을 밝힌 선행연구들이 있다(김용민, 2009; 박석돈·정운, 2006; 원영희·김욱, 2008; 임희자·정혜선·구정완, 2005). 예컨대, 김용민(2009)의 연구는 사회복지사의 연령이 많을수록 직무만족의 수준도 높아진다는 것을 보고하였다. 이와는 반대로 박석돈·정운(2006)의 연구에서는 직업재활기금사업 전문인력의 연령이 낮아짐에 따라 직무만족이 높아지는 것으로 조사되었다. 반면에, 연령과 직무만족 사이에 통계적으로 유의한 관계가 존재하지 않는다는 결과를 밝힌 선행 연구도 존재한다(김경희·안정선, 2006; 김경희·정은주, 2006; 설진화, 1999; Poulin & Walter, 1992). 예를 들면, 설진화(1999)의 정신보건 사회복지사의 직무만족도 조사에서는 연령과 직무만족도 사이에는 유의한 관계가 나타나지 않았다.

한편, 개념 매트릭스에 분석의 단위(unit of analysis)를 추가할 경우 더욱 정교한 분석틀을 만들 수 있다. 예를 들면, '의사소통 전략(communication strategy)'이라는 개념에 분석의 단위(예: 개인적 수준, 소직적 수준, 사회직 수준)가 추기될 경우 그에 따라 개념의 의미가 달라질 뿐만 아니라 더욱 분명해진다. 따라서 분석의 단위별로 의사소통 전략 개념의 의미를 구분하기 위해서는 개념 매트릭스에 분석의 단위를 추가할 필요가 있다(<표 6.5>).

<표 6.5> 분석의 단위가 추가된 개념 매트릭스(예시)

개념 분석단위 하위 개념	의사소통 전략											
	개인적 수준			조직적 수준			사회적 수준			...		
	A	B	C	X	Y	Z	P	Q	R	M	N	...
1			○		○				○			○
2	○				○	○		○				
...		○						○	○		○	

아래 <표 6.6>은 분석의 단위가 추가된 개념 매트릭스의 예인데, 지면의 제약으로 인해 실제보다 간소화된 표의 형식을 취하고 있다. 여기에서는 보육교사의 소진에 영향을 미치는 요인을 개인적 요인, 조직적 요인, 사회적 요인으로 나눈 뒤, 각 요인을 분석단위로 설정하고 있다.

〈표 6.6〉 보육교사의 소진에 영향을 미치는 요인에 관한 선행연구

개념 분석단위 영향요인	보육교사의 소진													
	개인적 수준					조직적 수준							사회적 수준	
	성별	연령	경력 기간	결혼 상태	…	동료 관계	재 교육	원장 지지	보상 체계	의사 결정	목표 일치	…	사회적 인정	사회적 지지
공계순 (2005)	○	○												
문채련, 이소은 (2005)		○		○										
박상희 외(2006)						○		○						○
안선희, 김지은 (2007)													○	○
양연숙 (2006)		○	○	○			○							
이명신 (2004)		○											○	
이영미, 성규탁 (1991)		○	○	○										
이은희, 김경호 (2008)		○												○
최윤이, 심숙영 (1999)						○			○	○	○			
Manlove (1993)			○											
Russel et al.(1987)														○
·														

아래 <사례 6.3>은 위 <표 6.6>의 내용을 본문으로 정리한 것이다. 이 역시 저자 중심의 기술이 아니라 개념 중심의 기술이며, 또한 보육교사의 소진에 영향을 미치는 요인을 분석단위에 따라 개인적 요인, 조직적 요인, 사회적 요인으로 나누고 있다.

2) 소진에 영향을 미치는 요인
선행연구 고찰 결과, 보육교사의 소진에 영향을 미치는 요인으로 확인된 변수는 그 종류와 수준이 매우 다양하여 일목요연한 분류가 쉽지 않다. 보육서비스를 포함한 돌봄 및 휴먼서비스 영역을 대상으로 소진 결정 요인을 고찰한 결과, 소진에 영향을 미치는 요인은 개인적 요인, 조직적 요인, 사회적 요인으로 구분할 수 있다(이은희, 김경호, 2008). 이하에서는 보육교사 및 휴먼서비스 실천 인력의 소진 결정 요인을 개인적 요인, 조직적 요인, 사회적 요인으로 나누어 고찰하기로 한다.

(1) 개인적 요인
여러 선행연구에서 소진에 영향을 미치는 개인의 배경 변수, 즉 개인적 요인은 연령, 교사 경력, 결혼상태, 학력, 직무만족 등인 것으로 확인되었다(공계순, 2005; 문채련, 이소은, 2005; 박상희 외, 2006; 안선희, 김지은, 2007; 양연숙, 2006; 윤혜미, 박병금, 2004; 심숙영, 1999; 이명신, 2004; 이소은 외, 2006; 이영미, 성규탁, 1991; 이은희, 김경호, 2008; 조성연, 2005a; 최윤이, 심숙영, 1999; 한주희, 강은주, 2010; 황혜신, 2008; Boyd & Schneider, 1997; Fuqua & Couture, 1986; Griffin & Thornburg, 1989; Manlove, 1993; Townley, Thornburg & Crompton, 1991).
성별이 소진에 미치는 영향력의 방향은 일관적이지 않다. 대체로 여성이 남성보다 소진되기 쉬운 성향을 갖고 있음을 보고한 연구들이 있다(Lloyd, King & Chenoweth, 2002). 반대로, 남성이 여성보다 소진에 취약하다는 연구결과도 있다(공계순, 2005). 한편, 남성과 여성 간 소진 차이가 유의하지 않음을 보고한 선행연구들도 있다(이명신, 2004; 이인수, 2006).
연령과 소진 사이의 관계를 조사한 여러 선행연구는 상반된 연구결과를 보이고 있다. 먼저, 나이가 어릴수록 소진의 정도가 심하다는 연구결과를 발표한 연구들(공계순, 2005; 윤혜미, 박병금, 2004; 이명신, 2004; 이영미,

성규탁, 1991; 이은희, 김경호, 2008; 한주희, 강은주, 2010; 황혜신, 2008)
이 있다.

성별이 소진에 미치는 영향력의 방향은 일관적이지 않다. 대체로 여성이
남성보다 소진되기 쉬운 성향을 갖고 있음을 보고한 연구들이 있다(Lloyd,
King & Chenoweth, 2002). 반대로, 남성이 여성보다 소진에 취약하다는
연구결과도 있다(공계순, 2005). 한편, 남성과 여성 간 소진 차이가 유의하지
않음을 보고한 선행연구들도 있다(이명신, 2004; 이인수, 2006).

연령과 소진 사이의 관계를 조사한 여러 선행연구는 상반된 연구결과를
보이고 있다. 먼저, 나이가 어릴수록 소진의 정도가 심하다는 연구결과를 발
표한 연구들(공계순, 2005; 윤혜미, 박병금, 2004; 이명신, 2004; 이영미,
성규탁, 1991; 이은희, 김경호, 2008; 한주희, 강은주, 2010; 황혜신,
2008)이 있다.

반면에, 나이가 많을수록 소진이 심해진다는 연구결과를 보고한 연구들(문
채련, 이소은, 2005; 박상희 외, 2006; 양연숙, 2006)도 있다. 예를 들면,
박상희 외(2006)의 연구에서 교사들의 연령이 많을수록 소진의 하위요인 가
운데 '비인격화'의 정도가 심해지는 것으로 조사되었다. 양연숙(2006)의 연
구에서도 교사의 교육수준이 높을수록 더 소진되는 것으로 분석되었다. 한편,
연령과 소진 사이에는 유의한 관계가 존재하지 않는다는 사실을 밝힌 선행연
구도 드물지 않다(유경숙 · 김수옥, 2004).

교사의 경력이 소진에 미치는 영향에 관한 연구결과는 일관적이지 않다.
먼저, 경력이 길수록 소진이 더 심하다는 사실을 보고한 연구들이 있다(양연
숙, 2006). 반면에, 경력이 짧을수록 소진이 더 심하다는 것을 밝힌 연구들
도 있다(심숙영, 1999; 안선희, 김지은, 2007; 이영미, 성규탁, 1991; 한
주희, 강은주, 2010; Boyd & Schneider, 1997; Fuqua & Couture,
1986; Manlove, 1993). 한편, 문채련, 이소은(2005)의 연구에서는 경력이
많을수록 '정서적 고갈'의 정도는 심해지나 '개인적 성취감의 감소'의 정도는
낮아지는 것으로 분석되었다. 끝으로, 교사의 경력은 소진에 유의한 영향을
미치지 않는다는 연구결과를 보고한 선행연구도 드물지 않다(유경숙 · 김수옥,
2004; 윤혜미, 박병금, 2004; 이명신, 2004).

결혼상태와 소진의 관계를 탐구한 선행연구의 결과는 상반된다. 먼저 미혼
자가 기혼자보다 소진이 더 심하다는 연구들(문채련, 이소은, 2005; 안선희,
김지은, 2007; 양연숙, 2006; 윤혜미, 박병금, 2004; 이소은 외, 2006;
이영미, 성규탁, 1991; 조성연, 2005a; 최윤이, 심숙영, 1999)이 있다. 예
를 들면, 최윤이, 심숙영(1999)의 연구에서는 미혼자가 기혼자보다 더 높은
수준의 '정서적 고갈'을 경험하였다. 반면, 기혼자가 미혼자보다 소진이 더
심하다는 연구들도 있다(황혜신, 2008). 한편, 결혼상태에 따른 소진의 차
이가 유의하지 않음을 보고한 선행연구들도 있다(박상희 외, 2006; 유경숙,

김수옥, 2004).

학력과 소진 사이의 관계는 일관적이지 않다. 먼저, 학력이 높을수록 소진이 더 높다는 연구결과를 보고한 일련의 연구들(문채련, 이소은, 2005; 조성연, 2005a; Griffin & Thornburg, 1989; Townley, Thornburg & Crompton, 1991)이 있다. 예를 들어, 조성연(2005a)의 연구에서는 전문대 졸업 이상의 학력을 가진 교사들이 고졸 학력의 교사들보다 소진수준이 더 높았는데, 연구자는 이 연구결과를 고학력의 교사들이 자신의 교육수준에 비해 급여수준과 사회적 지지가 낮다고 인식하기 때문에 나타난 현상이라고 해석하고 있다. 또한 교육수준이 높은 교사들은 자신의 일에 대한 철학과 신념에 관하여 저학력자보다 더 이상적인 기대치를 갖게 되는데 보육현실이 그런 기대치를 충족시키기 못하므로 소진의 정도가 상대적으로 더 심하다고 할 수 있다(안선희, 김지은, 2007). 반면에, 학력이 낮을수록 소진이 더 높다는 연구들(이영미, 성규탁, 1991; 한임순, 김향자, 1998)도 있다. 한편, 학력에 따른 소진의 차이가 유의하지 않음을 보고한 연구들도 있다(안선희, 김지은, 2007; 윤혜미, 박병금, 2004).

종교의 종류 또는 종교의 유무가 소진에 미치는 영향을 다룬 연구결과는 상반된다. 종교의 종류나 유무에 따라 소진이 영향을 받는다는 연구결과를 보고한 선행연구들(박상희 외, 2006)이 있는가 하면, 반대로 종교는 소진에 영향을 미치지 않음을 보고한 선행연구들(윤혜미, 박병금, 2004)도 있다.

급여(보수)와 소진 간의 관계를 탐구한 선행연구의 연구결과도 일관적이지 않다. 먼저 월수입이 적을수록 소진의 정도가 심하다는 연구결과를 밝힌 선행연구들이 있다(안선희, 김지은, 2007; 이영미, 성규탁, 1991). 안선희, 김지은(2007)의 연구에 의하면, 보수 변수는 보육교사의 신체적 소진보다는 심리적·정서적 소진을 높이는 효과가 있다. 문채련, 이소은(2005)의 연구에서는 월수입이 많을수록 오히려 정서적 고갈의 정도는 심해지지만, 개인적 성취감의 감소는 낮아지는 것으로 분석되었다. 한편, 보수수준에 따른 소진의 차이가 유의하지 않음을 밝힌 일련의 선행연구도 있다(유경숙, 김수옥, 2004; 조성연, 2005a).

직무만족은 소진을 감소시키는 효과를 갖는다(문채련, 이소은, 2005; 박상희, 2006; 윤혜미, 박병금, 2004; 조성연, 2005a; 황혜신, 2008). 예를 들면, 박상희 외(2006)의 연구에서 직무만족은 소진의 세 가지 하위영역(정서적 고갈, 비인격화, 개인적 성성취감의 감소) 모두에 있어서 소진의 정도를 감소시키는 것으로 조사되었다.

(2) 조직적 요인

보육교사의 소진에 영향을 미치는 조직 관련 요인 또는 근무환경 관련 변수로는 동료관계, 재교육의 기회, 원장의 지지 또는 상사와의 관계, 보상체계, 의사결정, 목표의 일치, 영유아의 연령, 영유아의 수, 기관 유형, 근무시간 등을 들 수 있다(김용미, 2003; 문채련, 이소은, 2005; 박상희 외, 2006; 심숙영, 1999; 안선희, 김지은, 2007; 양연숙, 2006; 유경숙, 김수옥, 2004; 이은희, 김경호, 2008; 조성연, 2005a; 최윤이, 심숙영, 1999; 한임순 외, 1997; 황혜신, 2008; Boyd & Schneider, 1997; Fuqua & Couture, 1986; Maslach & Jackson, 1986; Townley & Thornburg, 1986; Townley, Thornburg & Crompton, 1991).

동료관계와 소진 사이에는 긍정적인 관계가 존재하는데, 동료관계가 좋을수록 소진의 정도가 낮다(박상희 외, 2006). 박상희 외(2006)의 연구에서 동료관계는 소진의 하위요인 가운데 '비인격화'와 '개인적 성취감의 감소'를 유의하게 낮추는 것으로 조사되었다. 최윤이, 심숙영(1999)의 연구에서도 동료관계가 원만할수록 '정서적 고갈'과 '비인격화'의 정도는 낮아지는 것으로 나타났다.

재교육의 기회는 소진에 영향을 미칠 수 있다. 예를 들어, 장애전담 보육시설 보육교사의 소진을 조사한 양연숙(2006)의 연구결과에 의하면, 재교육의 기회가 많을수록 소진의 하위요인 모두에서 유의한 수준으로 소진이 감소되었다.

원장(시설장)의 지지 혹은 상사와의 관계는 소진에 영향을 미친다. 교사와 원장과의 관계가 좋을수록, 그리고 상사와의 관계가 원만할수록 보육교사의 소진은 낮아진다(박상희 외, 2006; 안선희, 김지은, 2007; 한임순 외, 1997).

보육시설 교사와 학부모와의 관계는 소진에 영향을 미친다. 학부모와 부정적인 관계를 가지는 교사의 소진수준이 그렇지 않은 교사보다 유의하게 더 높았다(Townley, Thornburg & Crompton, 1991).

보상체계는 소진의 영향요인 가운데 하나이다. 구체적으로, 적절하지 않은 보상체계는 소진을 높인다. 예를 들어, 최윤이, 심숙영(1999)의 연구에서 교사들이 보수, 특혜, 승진기회 등 보상체계가 공정하지 못하다고 느낄수록 '정서적 고갈'의 정도는 더 심해졌다.

의사결정도 소진의 영향요인에 해당하는데, 교사가 조직의 의사결정에 참여하는 정도가 낮을수록 소진이 더 심해진다는 선행연구의 연구결과가 있다. 예를 들면, 최윤이, 심숙영(1999)의 연구에서 교사들이 느끼는 자율성의 정도와 기관의 결정에 참여하는 정도가 적을수록 교사들은 아동에게 무관심해지고 냉정해지는 비인격화의 정도가 더 심해지는 것으로 확인되었다.

보육교사의 목표의 일치는 소진에 영향을 미칠 수 있다. 예컨대, 보육교사들이 프로그램의 철학에 대한 명확한 이해를 공유하면서 공통의 목표를 갖고 일한다는 의식이 결여될 경우 소진의 정도는 심해진다(최윤이, 심숙영, 1999; Boyd & Schneider, 1997).

보육교사가 담당하는 영유아의 연령이 소진에 영향을 미치는 것으로 알려져 있지만, 그에 관한 연구결과는 상반된다. 먼저, 아동의 연령이 낮을수록 교사의 소진이 심하다는 연구결과가 있다. 예컨대, 영아(2세 이하)를 담당하는 교사의 소진이 상대적으로 더 심한 것으로 보고되었다(Fuqua & Couture, 1986). 반면에, 아동의 연령이 높을수록 교사의 소진이 심해진다는 연구결과도 있다(황혜신, 2008). 예를 들면, 유아(3~5세)를 담당하는 교사의 소진이 상대적으로 더 심한 것으로 보고된 바 있다(안선희, 김지은, 2007).

교사가 담당하는 아동의 수가 많을수록 교사의 소진은 더 심해진다(문채련, 이소은, 2005; 심숙영, 1999; 황혜신, 2008). 문채련, 이소은(2005)의 연구에서는 교사의 담당 아동 수가 많을수록 소진의 하위요인 가운데 '비인격화'의 정도가 심해지는 것으로 밝혀졌다. 한편, 학급 원아 수의 크기는 소진에 유의한 영향을 미치지 않음을 보고한 선행연구도 드물지 않다(유경숙, 김수옥, 2004).

기관(조직) 유형과 소진 사이의 관계는 일정하지 않다. 보육교사의 경우 보육시설의 유형에 따라 보육교사의 소진 정도가 다르다는 것을 밝힌 선행연구가 많다.

예를 들면, 국공립보육시설의 교사들이 직장·민간·가정보육시설의 교사들보다 더 낮다는 사실을 보고한 연구들(박상희 외, 2006)이 있다. 또한 직장보육시설 교사들의 소진이 다른 유형의 보육시설에 근무하는 교사들보다 더 높다는 연구결과(조성연, 2005a)도 있다. 또한 문채련, 이소은(2005)의 연구에서 공립 및 사립유치원과 사립어린이집 교사들이 법인어린이집 교사보다 정서적 고갈의 정도가 심한 것으로 조사되었다. 한편, 사회복지사의 경우에도 기관유형에 따른 소진의 차이가 확인되었다. 예를 들면, 사회복지사의 소진을 조사한 이은희, 김경호(2008)의 연구에서는 행정기관에 근무하는 사회복지사가 민간사회복지시설에 근무하는 사회복지사보다 소진이 더 심했다. 끝으로, 기관유형은 소진에 유의한 영향을 미치지 않음을 보고한 선행연구들도 있다(유경숙, 김수옥, 2004).

소진은 근무여건에 포함되는 여러 변수 가운데 근무시간의 영향을 많이 받는다. 여러 선행연구에서 근무시간이 길수록 소진이 높아지는 것으로 조사되었는데(김용미, 2003; 심숙영, 1999; 안선희, 김지은, 2007; 유경숙, 김수옥, 2004; Maslach & Jackson, 1986; Townley & Thornburg, 1986; Townley, Thornburg & Crompton, 1991), 그 이유는 근무시간이 길수록 정서적 고갈이 심해지고 만성적 피로가 나타나며 성취감이 저하되기 때문이다(안선희, 김지은, 2007). 구체적으로, 최윤이, 심숙영(1999)의 연구에서는 교사의 근무시간이 길수록 소진의 하위요인 가운데 '정서적 고갈'과 '개인적 성취감의 감소'가 더 심해지는 것으로 조사되었다.

(3) 사회적 요인

사회적 관점에서 보면 보육교사나 다른 휴먼서비스 전문직이 열악한 근무여건에도 불구하고 정체성과 긍지를 지니며 실천현장에서 활동할 수 있는 것은 그 일의 가치에 대한 자각과 그 일을 수행하는 사람에 대한 사회적 인정 때문이다(이은희, 김경호, 2008). 소진에 영향을 미치는 대표적인 사회적 요인은 사회적 인정, 사회적 지지 등이다.

먼저, 사회적 인정은 소진에 유의한 영향을 미치는 변수이다. 사회적 인정은 클라이언트로부터의 인정, 조직 내에서의 인정, 지역사회의 인정, 다른 전문직으로부터의 인정 등으로 구분할 수 있다. 이와 같은 사회적 인정은 소진을 감소시키는 효과를 갖는다(안선희, 김지은, 2007; 윤혜미, 2005; 이명신, 2004).

한편, 사회적 지지는 특정 조직 내에서 개인이 직무상 경험하는 배려의 정도라고 정의할 수 있다(이은희, 김경호, 2008, p. 171). 사회적 지지(상사의 지지 혹은 동료의 지지)는 소진을 낮춘다(김용미, 2003; 박상희 외, 2006; 신강현, 2003; 안선희, 김지은, 2007; 최명민, 현진희, 2006; Russell, Altmaier, Van Velzen, 1987; Schaufeli & Greenglass, 2001). 직장 내에서 상사와 동료의 지지는 개인에게 중요한 정보적·실제적·정서적 지원을 제공하기 때문에 소진을 낮추는 효과를 갖고 있다(Schaufeli & Greenglass, 2001). 한편, 유정이(2002)의 연구에서는 가족들의 지지가 초등학교 교사들의 심리적 소진을 유의하게 낮추는 것으로 분석되었다.

자료: 강미자, 2012, pp. 32-38.

요컨대, 문헌고찰은 기본적으로 개념 중심의 접근법에 바탕을 두어야 한다. 비록 연구 초기에는 저자 중심의 고찰이 필요하다 할지라도 문헌고찰의 결과를 기술할 때는 개념 중심의 접근법이 필요하다는 점을 기억하여야 한다.

3. 문헌고찰 장의 본론 구조[9]

모든 선행연구는 저마다 다른 독특한 성격을 지니고 있기 때문에 문헌고찰의 결과를 기술하는 단 하나의 공통된 틀을 찾아내기란 거

---

9) 이 부분은 김경호, 차은진, 2012a, pp. 211-242의 내용을 수정·보완하였음.

의 불가능하다. 다행스럽게도 학계에는 문헌고찰 장의 본론(body)을 기술할 때 사용할 수 있는 여러 가지 기술방식이 제안되어 있다.[10] 여러 학자들의 견해를 종합한 결과, 문헌고찰 장의 본론을 기술하는 전략과 기법은 다음과 같이 정리할 수 있다(Bathmaker, Hunt, McCulloch & Sikes, 2005; Derntl, 2009; Hofstee, 2006; Petrina, 2009; Rudestam & Newton, 2007; Ridley, 2008; Swales & Feak, 2000; Weissberg & Buker, 1990).

- 역(逆)삼각형 방식: 일반적인 것부터 구체적인 것으로의 순서로 기술하기
- 조각보 방식: 조각을 합하여 전체를 짜 맞추기(patch working)
- 공통부분 찾아내기
- 이론적 접근법에 따라 정리하기
- 연구방법론별로 정리하기
- 선행연구의 장점이나 결점에 따라 정리하기
- 주제별 또는 논제별로 정리하기
- 연도순으로 정리하기
- 여러 가지 견해(viewpoint), 이론(theory), 방법(method)을 비교하고 대조하기
- 서로 다른 의견을 갖고 있는 학자들을 대조하기

연구자들은 문헌고찰의 결과를 기술하는 여러 방식 중에서 자신의 연구 성격에 맞는 하나의 방식을 채택하거나 혹은 둘 이상의 기술방식을 조합하여 사용할 수 있을 것이다.

---

10) 예를 들면, Weissberg & Buker (1990, pp. 45-46)는 선행연구 고찰의 결과를 정리하는 세 가지 방식을 제안하고 있는데, 구체적으로 보면 접근법의 유형에 따라 기술하는 방식, 먼 것부터 가까운 것 순으로 인용하는 방식, 연도순으로 인용하는 방식이 그것이다. 반면에, Wellington, Bathmaker, Hunt, McCulloch & Sikes (2005, p. 82)는 단계적 확대(zooming), 공통부분 찾기(finding intersections), 조각을 합하여 전체를 짜 맞추기(patch working), 깔때기 만들기(funnelling) 네 가지 방식을 제시하고 있다. 한편, Petrina (2009)는 글쓰기에 대한 일반적인 접근법으로 모래시계(hourglass) 방식, 깔때기(funnel) 방식, 역(逆)깔때기(inverted funnel) 방식을 제안하였다.

1) 역(逆)삼각형 방식

　문헌고찰의 결과를 기술할 때 가장 많이 사용되는 방식은 역(逆)삼
각형 혹은 역(逆)피라미드 방식이다. 이것은 일반적이고 범위가 넓은
주제나 논제를 다룬 선행연구를 먼저 인용하고, 뒤이어 점차 구체
적이고 지엽적인 주제나 논제를 다룬 선행연구를 인용하는 방식을
말한다. 이 기법은 탐구의 범위(scope)는 점점 좁아지지만 탐구의
강도(intensity)는 점점 더 강해진다는 특징을 갖고 있다. 여러 학자
들은 다양한 은유(metaphor)와 논리를 사용하여 이 기술방식의 타
당성과 정당성을 주장하고 있다(<그림 6.4>).

<그림 6.4> 역(逆)삼각형 방식의 기술

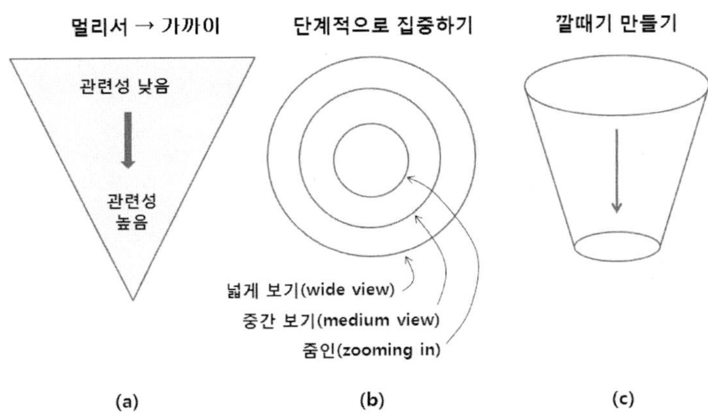

자료: Wellington, Bathmaker, Hunt, McCulloch & Sikes, 2005, p. 82.

　먼저, Weissberg & Buker (1990, pp. 45-46)는 이러한 기술방식을
'멀리서→가까이로(distance to close)의 방식'이라고 부르고 있는데,

이것은 문헌고찰의 장(chapter)에 '가장 먼 것부터 가장 가까운 것의 순서로 배열된 인용문(citations ordered from distant to close)'을 넣는 것을 말한다. 다시 말해, 연구자의 연구주제와 가장 관련성이 낮은 문헌자료들부터 인용하기 시작하여, 종국에는 가장 관련성이 높은 문헌자료들을 맨 나중에 인용함으로써 극적인 효과를 높이는 것이다. 이러한 기술방식을 비유적으로 표현하여 '역(逆)삼각형 방식'이나 '역(逆)피라미드 방식'이라고 부르기도 한다(<그림 6.4>의 (a) 참조).

이와 비슷한 맥락에서, Ridley (2008, p. 84)는 '일반적→구체적'의 기술방식을 '단계적으로 집중(확대)하기(zooming)' 또는 '깔때기 만들기(funnelling)'라고 호칭하였다(<그림 6.4>의 (b)와 (c) 참조). Hofstee (2006, p. 94)는 이것을 '깔때기 방법(funnel method)'이라고 명명하였다.

'단계적으로 집중하기'는 선행연구 고찰의 과정에 영화나 사진 촬영의 기법을 도입한 은유적인 표현인데, 연구자의 연구주제와 선행연구 사이 관련성 정도에 따라 '넓게 보기(wide view)', '중간 보기(medium view)', '줌인(zoom in)'으로 나누어진다. 이것은 각각 '원거리 촬영(long shot)', '중거리 촬영(medium shot)', '클로즈업(close-up)'으로 표현되기도 한다(Rudestam & Newton, 2007, pp. 68-70).

첫째, '넓게 보기', 즉 '원거리 촬영'은 연구자가 수행하고 있는 연구주제의 배경에 관한 문헌자료를 고찰하고 기술하는 것을 말한다. 연구의 배경에 관한 선행연구는 선행연구 고찰의 과정 및 기술의 단계에서 비교적 가볍고 짧게 다루어지는 것이 좋다.

둘째, '중간 보기', 즉 '중거리 촬영'은 연구자의 연구주제와 어느 정도 관련성이 인정되는 선행연구들을 고찰하고 그 결과를 기술

하는 것이다. 이 기법은 '넓게 보기(원거리 촬영)'와 '줌인(클로즈
업)'의 중간 단계의 위치에 놓여 있다. 비록 정밀한 수준의 고찰과
비판적인 평가가 필요한 것은 아니지만, 연구자는 이러한 유형의
연구들을 고찰한 결과가 자신의 연구에 어느 정도의 영향을 미쳤는
지를 독자들에게 알릴 수 있을 만큼의 정보를 기술하여야 한다.

셋째, '줌인', 즉 '클로즈업'은 연구자의 연구주제와 밀접한 관련
이 있는 선행연구들을 비판적인 시각에서 고찰하고 그 결과를 기술
하는 것을 말한다. 대개 연구자의 연구주제와 관련된 좁은 범위의
논제에 관한 일련의 선행연구들이 다루어진다. 이러한 연구들은 단
순히 요약되어 인용되는 것이 아니다. 연구자는 특정 현상에 대하
여 이미 무엇이 알려져 있고, 특정 선행연구의 결론이 얼마나 타당
하고 신뢰할 수 있으며, 자신의 연구는 선행연구의 제한점을 어떻
게 극복하고 해당 학문분야에 어느 정도 기여할 수 있는가에 대한
독자들의 이해수준을 높이기 위하여 선행연구들을 비판적인 시각에
서 평가하여야 한다(Rudestam & Newton, 2007, p. 69).

아래 <사례 6.4>는 노인의 성인식에 관한 탐색적 연구(조임현,
2011)를 구성하는 이론적 배경의 소제목 모음이다. 여기에서는 선
행연구 고찰의 초점이 '일반적인 성(性)의 개념'으로부터 '노년기의
성'으로, 다시 '노인의 성생활에 관한 선행연구'로 단계적으로 시야의 폭
이 좁아지는 대신 고찰의 강도는 점차 더 높아지는 모습을 볼 수 있다.

위 <사례 6.4>의 기술방식을 시각적으로 표현하면 아래 <그림 6.5>와 같다. 이 그림은 문헌고찰의 대상이 점차 좁혀지는 대신에 고찰의 강도는 더 깊어지고 있음을 짐작게 한다.

〈그림 6.5〉 역삼각형 방식의 기술(노년기 성에 대한 인식)

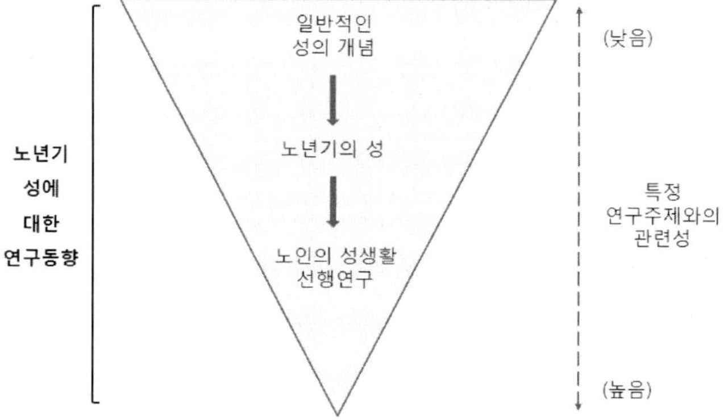

다음 <사례 6.5>는 생태체계적 관점에서 노인의 생활만족도에 영향을 미치는 요인을 탐구한 논문의 일부분이다(장명숙·박경숙, 2012). 이 사례에서는 노인의 생활만족도와 관련 있는 이론적 배경을 '일반적→구체적'의 접근방식에 따라 기술하고 있다.

◇ 사례 6.5: 노인의 생활만족도 및 영향요인에 대한 이론적 고찰

　Ⅱ. 이론적 배경
　　1. 노인의 생활만족도 개념
　　2. 생태체계적 관점과 생활만족도
　　3. 개인체계, 미시체계, 중간체계, 거시체계 요인과 노인의 생활만족도
　　　가. 개인체계요인과 노인의 생활만족도
　　　나. 미시체계요인과 노인의 생활만족도
　　　다. 중간체계요인과 노인의 생활만족도
　　　라. 거시체계요인과 노인의 생활만족도

자료: 장명숙, 박경숙, 2012, pp. 235-245; 원문의 본문(text)은 생략하고 소제목만을 제시하였음.

위의 사례는 전형적인 깔때기 방법(즉, 멀리서→가까이, 단계적으로 확대하기)의 기술을 하고 있는 예이다. 먼저 일반적인 '노인의 생활만족도의 개념'에 대하여 폭넓게 설명한 다음에 '생태체계적 관점에서 본 노인의 생활만족도'로 탐구의 범위를 좁혔으며, 결국에는 '생태체계의 하위요인별 노인의 생활만족도 및 영향요인'으로 끝맺음을 하고 있다. 이와 같은 문헌고찰 및 기술방식의 논리구조는 다음과 같이 시각적으로 표현할 수 있다(<그림 6.6>).

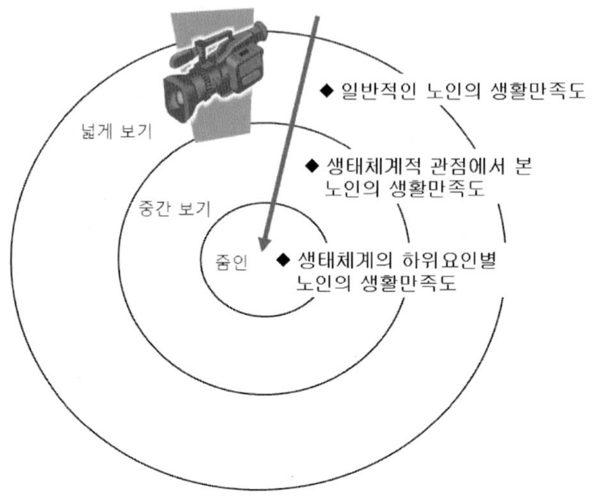

2) 조각보 방식(patch working)

조각보 방식은 조각을 합하여 전체를 짜 맞추는 방식(patch working)이다. 이것은 이론적 배경의 전체 모습을 미리 염두에 두고 그것을 구성하는 요소(strand)를 찾아내어 조립하는 기법이다. 연구자는 누구나 선행연구를 고찰하고 그 결과를 정리하면서 부지불식간에 이 방식을 사용한다고 보아야 한다.

일반적으로 연구자는 연구주제와 관련된 주요 개념과 이론 지식을 이론적 고찰의 장에 빠짐없이 넣고자 할 것이다. 만약 핵심적인 개념이나 이론 및 실천에 관한 지식 그리고 기념비적인 선행연구가 누락된다면 그것은 불완전한 이론적 고찰이라는 지적으로부터 자유스럽지 못하게 된다. 대개 연구제목이나 연구목적을 보면 이론적 고찰에 포함시켜야 할 내용이 자명해지는 경우가 많다.

문헌고찰의 결과를 정리하는 일은 종종 퀼트(quilt)에 비유된다. 즉, 조각을 합하여 전체를 짜 맞추는 방식으로 선행연구 고찰의 결과를 정리하는 작업은 헝겊조각(patch)을 이어붙이는(piece together) 행위와 유사하다(<그림 6.7>).

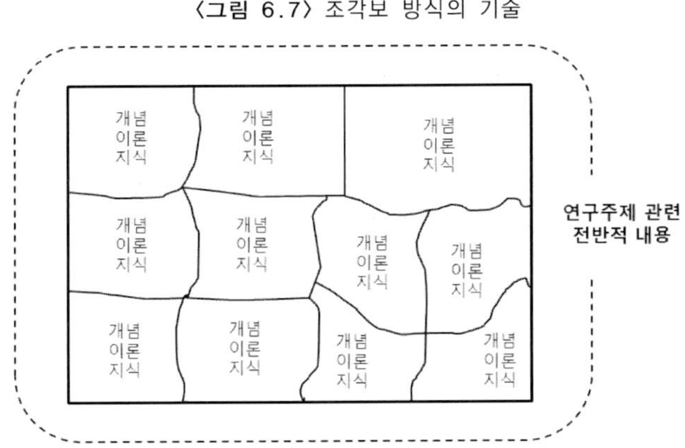

<그림 6.7> 조각보 방식의 기술

아래 <사례 6.6>은 조각보 방식으로 이론적 고찰의 결과를 기술한 선행연구(논문 제목: 노인복지관의 직무순환제도가 종사자의 조직몰입에 미치는 영향: 직무만족의 매개효과 검증을 중심으로)의 예이다. 논문의 제목을 보면, 이 논문의 이론적 배경에서 노인복지관에 대한 간략한 설명 외에 직무순환, 직무만족, 조직몰입의 개념, 이론, 영향요인, 그리고 이 변수들 간의 인과관계 등을 상세히 다루어야 할 것으로 보인다.

◇ 사례 6.6: 노인복지관 종사자의 직무순환, 직무만족, 조직몰입 간의 인과관계

〈논문 제목〉 노인복지관의 직무순환제도가 종사자의 조직몰입에 미치는 영향: 직무만족의 매개효과 검증을 중심으로

Ⅱ. 이론적 배경 및 선행연구의 고찰
   1. 노인복지관 현황
   2. 직무순환
      1) 개념
      2) 직무순환의 목적
      3) 직무순환의 장단점
   3. 직무만족
      1) 개념
      2) 영향요인
   4. 조직몰입
      1) 개념 및 배경이론
      2) 영향요인
   5. 직무순환, 직무만족, 조직몰입 사이의 관계
      1) 직무순환이 직무만족에 미치는 영향
      2) 직무만족이 조직몰입에 미치는 영향
      3) 직무순환이 조직몰입에 미치는 영향
      4) 직무순환과 조직몰입 사이에서의 직무만족의 매개효과

자료: 김경호, 2012, pp. 30–41; 원문의 본문(text)은 생략하고 소제목(목차)만을 정리하였음.

독자의 이해를 돕기 위해 위 <사례 6.6>에 제시된 문헌고찰 결과의 기술방식을 조각보 방식으로 정리하면 <그림 6.8>의 내용으로 도식화된다. 이 논문의 제목은 노인복지관 현황, 직무순환, 직무만족, 조직몰입의 내용과 더불어 이 세 변수 간의 인과관계에 관한 경험적 증거를 정리할 필요가 있음을 암시하고 있다.

〈그림 6.8〉 조각보 방식의 기술(직무순환, 직무만족, 조직몰입의 관계)

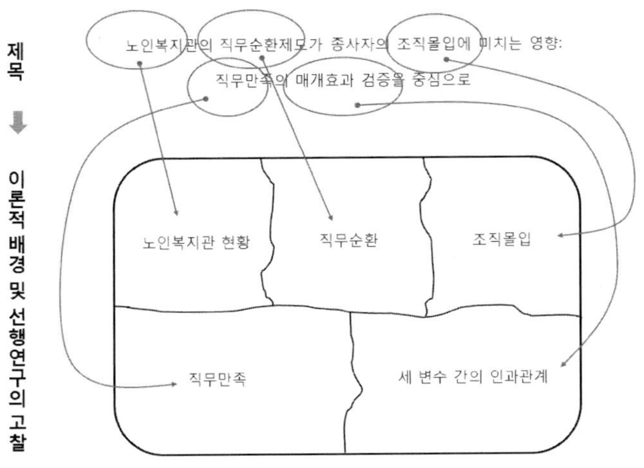

아래 <사례 6.7>은 중학생의 인터넷 중독, 인터넷 윤리, 사이버 비행 사이 관계를 규명한 연구(김경호, 차은진, 2012b)의 이론적 배경 가운데서 일부를 발췌한 것이다. 저자들은 이 세 변수들 사이 인과관계에 대하여 전반적으로 설명하는 방식을 취하고 있는데, 구체적으로 보면 각 변수들의 직접적인 인과관계와 더불어 세 변수 사이 매개효과를 일목요연하게 정리하고 있다.

◇ 사례 6.7: 주요 변수들 사이 인과관계 및 매개효과 정리

3. 인터넷 중독, 사이버 비행, 인터넷 윤리 사이 관계
　가. 인터넷 중독이 사이버 비행에 미치는 영향
　나. 인터넷 중독이 인터넷 윤리에 미치는 영향
　다. 인터넷 윤리가 사이버 비행에 미치는 영향
　라. 인터넷 중독과 사이버 비행 사이에서의 인터넷 윤리의 매개효과

자료: 김경호, 차은진, 2012b, pp. 375-379; 원문의 소제목만을 정리하였음.

위 연구는 이론의 안내를 받아 아래와 같은 연구모형을 상정하고 있으며, 이와 관련된 4개의 연구가설을 설정하고 있다. 따라서 이 연구의 이론적 배경 장에는 각 연구가설에 대한 경험적 근거가 제시되어 있다. 이처럼 이론적 배경의 장과 연구방법론의 장 사이에는 유기적인 관련성이 존재하는 것이 보통이다.

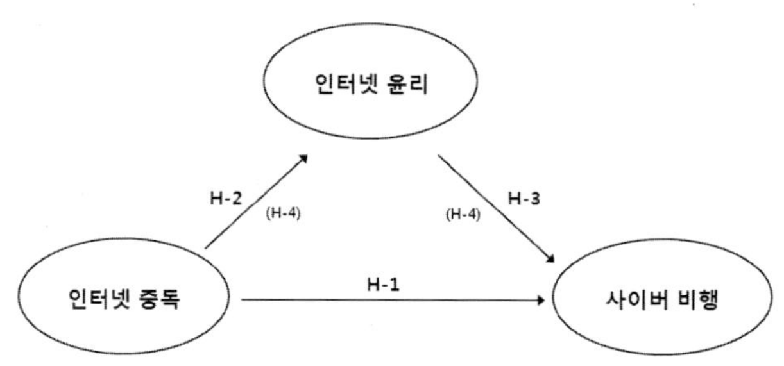

<그림 6.9>는 <사례 6.7>의 조각보 기술방식을 시각적으로 설명하는 그림이다. 이를 보면, 연구자들이 세 개 변수들이 구성하는 4개의 인과관계를 설명하고 있음이 분명해진다. 한마디로 말해, 인터넷 중독, 인터넷 윤리, 사이버 비행 사이에는 인과관계가 존재하는데, 이를 조목조목 빠짐없이 설명하는 과업은 네 조각의 작은 헝겊을 잇대 하나의 큰 조각보를 만드는 과정에 비유된다.

〈그림 6.9〉 조각보 방식의 기술(인터넷 중독, 인터넷
윤리, 사이버 비행)

인터넷 중독, 인터넷 윤리, 사이버 비행 간의 인과관계

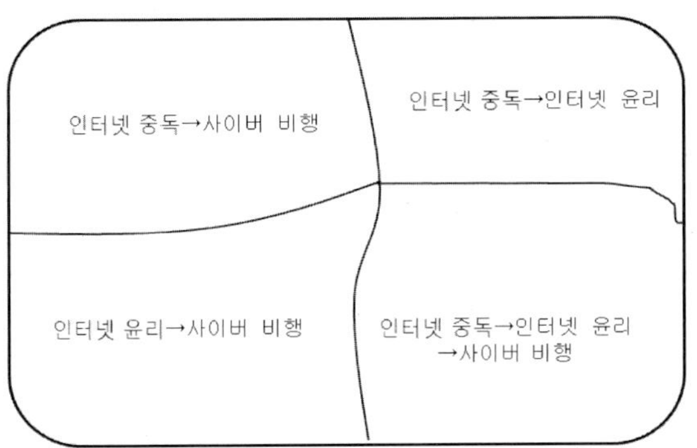

3) 공통부분 찾아내기(finding intersections)

연구자의 연구와 선행연구들 사이에 어느 정도 밀접한 관련성이 있는가에 따라 선행연구의 범주는 '매우 관련 있는 선행연구', '약간 관련 있는 선행연구', '배경이 되는 선행연구'로 나뉜다. 예를 들면, Rudestam & Newton (2007, pp. 68-70)은 세 개의 원이 교차하는 벤다이어그램을 사용하여 문헌고찰의 결과를 기술하는 원리를 설명하였다(<그림 6.10>).

벤다이어그램에 있는 세 개 원은 연구자가 자신이 수행하는 연구에서 다루려고 하는 변수들을 가리킨다. 이 벤다이어그램에는 '다른 원과 전혀 겹치지 않는 영역', '두 개의 원이 서로 겹치는 영역', '세 개의 원이 모두 겹치는 영역'이 있는데, 이들은 각각 '배경이 되는 선행연구', '약간 관련 있는 선행연구', '매우 관련 있는 선행연구'를 의미한다.

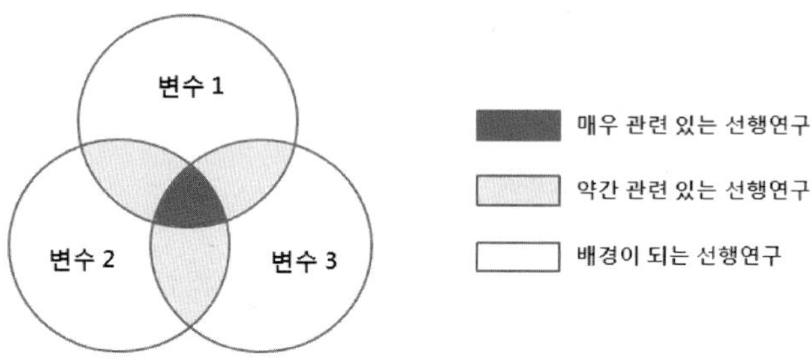

〈그림 6.10〉 공통부분 찾아내기 방식의 논리구조

자료: Rudestam & Newton, 2007, p. 70.

'배경이 되는 선행연구'는 연구자가 다루고자 하는 여러 변수 가운데 오직 하나의 변수만을 포함하고 있는 연구이다. 그 연구에 포함된 다른 변수들은 연구자의 연구주제와는 별 관련이 없는 것들이다. 이러한 유형의 연구는 정밀한 고찰의 대상으로 삼기에는 그 수가 너무 많을 뿐만 아니라, 내용상으로도 연구자의 연구주제와는 직접적인 관련이 없는 경우가 대부분이다. 문헌고찰의 결과를 기술할 때 이러한 유형의 연구에 대해서는 매우 간략한 언급이 필요하다.

'약간 관련 있는 선행연구'는 연구자가 다루고자 하는 변수를 몇 개 정도(예: 2개) 포함하고 있는 연구를 말한다. 연구자는 이러한 유형의 연구에 대해서는 어느 정도 수준의 자세한 고찰을 하되 그 결과를 비교적 짤막하게 기술하여야 한다. 비유적으로 말하면, 연구자는 선행연구에 대하여 중거리 촬영(medium shot)을 하여야 한다.

'매우 관련 있는 선행연구'는 연구자가 다루고자 하는 중요한 변수(variable)와 구성체(construct)를 모두 포함하고 있는 선행연구이므로 이에 대하여 연구자는 매우 높은 수준의 정밀한 고찰을 하여야 한다. 비유적으로 말하면, 연구자는 선행연구를 클로즈업(close-up) 시켜야 한다. 이 단계에서 연구자는 단 하나의 선행연구에 관한 내용으로 여러 개의 단락을 만들 정도로 깊은 고찰을 하는 경우도 있다.

<사례 6.8>은 노인요양시설의 서비스 품질이 서비스 만족과 의사결정에 미치는 영향에 대한 연구(김인, 신학진, 2009)의 이론적 배경 가운데서 일부를 발췌한 것이다. 저자들은 선행연구에 나타난 시설만족을 결정하는 변인 가운데 공통적인 요인만을 추출하여 자신들의 연구에 활용하고 있음을 밝히고 있다.

◇ 사례 6.8: 선행연구에 나타난 공통적인 시설만족요인

(…전략…) 한편 국내에서도 시설에 거주하는 이용자들의 만족도를 조사하기 위한 많은 연구가 있었고, 시설에 거주하는 노인들의 시설만족을 조사하기 위해서 시설공간, 시설운영, 프로그램, 지역사회라는 4가지 요인과 16개의 측정지표를 사용하였다(손명숙, 2006). 무료양로시설에 거주하는 이용자의 시설생활만족을 측정하기 위해서 4가지 구분요인으로 일상생활서비스, 의료서비스, 시설환경서비스, 그리고 지역사회와의 교류로 구성했다(박선영, 2007). 거주만족도를 노인복지시설 생활노인이 시설에서 제공되는 총체적인 서비스에 대해 주관적으로 느끼는 만족정도라고 정의하고 노인요양시설에 입소한 시설생활노인의 거주만족도 실태 및 영향요인을 개인요인, 직원요인, 시설요인으로 구분하기도 했다(황인옥, 2007). <표 1>은 이상의 연구를 정리한 것이다. <u>본 논문에서는 이상의 연구에서 시설만족을 결정하는 요인으로 손명숙(2006), 박선영(2007), Chou(2002), Perry(2006)의 연구에 공통적으로 나타난 시설만족요인을 중심으로 시설에서 제공하는 서비스에 대한 만족을 측정하기 위해서 프로그램 서비스, 지역사회교류, 일상생활서비스, 전반적인 서비스에 대한 만족 등을 포함한다.</u>

자료: 김인, 신학진, 2009, p. 582; 밑줄은 저자가 추가한 것임.

이론적 배경의 장은 이론에 대한 소개 · 정리 · 논의와 더불어 선

행연구를 비판적 시각에서 고찰하는 자리이다. 위 <사례 6.8>의 경우, 밑줄 친 부분은 "지금까지 설명한 선행연구 고찰의 결과를 종합하면, 손명숙(2006), 박선영(2007), Chou(2002), Perry(2006)의 연구에 공통적으로 나타난 시설만족요인은 프로그램 서비스, 지역 사회교류, 일상생활서비스, 전반적인 서비스에 대한 만족 등이다"의 의미이다. 연구자는 자신의 연구와 직간접으로 관련이 있는 선행연구만을 이론적 배경의 자리에서 다루어야 하는 만큼, 이러한 표현은 연구자가 자신이 언급한 공통적인 시설만족요인을 앞으로 자신의 연구에서 직접 활용할 것이라는 점을 암시하고 있다.

4) 이론적 접근법(theoretical approach)에 따라 정리하기

'이론적 접근법 중심의 기술방식'라 함은 '이론적 접근법에 따라 분류된 인용문(citations grouped by approach)'을 일정한 순서에 따라 문헌고찰의 장에 배열하는 것을 말한다. 다시 말해, 선행연구들을 이론적 접근법별로 유형 분류한 다음에 그 결과를 문헌고찰의 장에 포함시키는 기술방식이다. 특히 선행연구의 검색 및 고찰의 범위가 광범위한 경우에는 이 기술방식이 다른 방식보다 더 유용하다(Weissberg & Buker, 1990, p. 45). 구체적으로 보면, 이 기술방식은 여러 가지 이론적 접근법의 비교와 대조(comparison and contrast) 또는 관련된 여러 이론이나 연구의 특성을 설명하는 방식을 사용한다(Ridley, 2008, p. 83). 이것은 먼저 특정 이론적 접근법에 관한 설명이 제시되고, 이어서 다른 이론적 접근법에 관한 설명이 이어지며, 그다음에는 또 다른 이론적 접근법에 관한 설명이 연달아 이어지는 방식이다<그림 6.11>.

<그림 6.11> 이론적 접근법 중심의 기술방식

이론적 접근법 A ＋ 이론적 접근법 B ＋ … ＋ 이론적 접근법 N

아래 <사례 6.9>는 이혼 위기에 있는 부부에 대한 치료 개입을 탐구한 선행연구(박태영, 김태한, 김혜선, 2009)에서 일부를 발췌한 것이다. 여기에서는 이론적 접근법에 따라 문헌고찰의 결과를 기술하고 있다.

◇ 사례 6.9: 이혼 위기에 놓인 부부에 대한 치료 개입의 이론적 배경

　　본 연구에서 치료자는 Bowen의 가족체계 치료모델, MRI의 상호작용적 가족치료 모델, 가족발달이론의 이론적 배경을 토대로 가지고 있었다. <u>Bowen의 가족치료모델</u>에서는 부모 특히 어머니와 자녀 사이의 미분화된 정서적 관계를 중시하였으며, 이러한 관계는 가족투사 과정을 통해서 전수되었다고 보았다. 따라서 치료목표를 미분화된 가족자아집합체로부터 분화되는 것에 두었다(Friedman, 1991; Papero, 1995; Goldenberg & Goldenberg, 2001). 이러한 미분화로 구성되는 삼각관계는 일시적으로 불안이나 스트레스 감소에 도움을 줄 수 있으나 가족의 정서체계는 더욱 혼란스러운 증상을 나타나게 된다고 주장하였다(Goldenberg & Goldenberg, 2001). 원가족에서 형성된 관계의 패턴은 세대를 넘어 전수된다고 보고 있기 때문에 가족구성원들과 세대 간 상호관계에 초점을 둔다(Harvey & Bray, 1991; Lawson, 1999). <u>MRI의 상호작용적 가족치료모델</u>에서는 가족의 문제는 문제를 해결하려는 가족의 시도에 의해서 오히려 유지되고 있다고 보고, 클라이언트가 제시하고 있는 불평을 해결하는 데 목적을 둔다(Shoham et al., 1995). MRI 모델은 '문제'란 오랫동안 그 문제를 변화시키려고 계속해 온 바람직하지 못한 행동들로 이루어진 것으로 본다. 그러한 문제행동들이 지속되는 것은 일차적으로 사람들이 그 문제행동들을 변화시키려고 행하여 왔던 방법, 즉, 사람들의 '시도된 해결'에 있다고 본다(Watzlawick et al., 1974). 또한 사람들이 자신들의

문제를 감소시키려고 시도해 온 해결책이 종종 문제를 유지시키거나 혹은 그 문제를 더욱 악화시키기까지 한다(Goldenberg & Goldenberg, 2001). 따라서 치료자의 일차적인 임무는 새로운 또는 다른 행동을 기존의 행동과 대체하거나, 본래의 문제행동을 '하찮은 문제'로 재평가하는 것에 의하여 클라이언트에게 지금까지 시도해 온 해결책을 소개하는 것이다(Weakland, 1993).

가족발달이론은 서로 다른 분야의 학자들에 의해서 각각 다르게 이해되었다. 그러나 가족발달적 개념틀은 가족생활주기의 각 단계별로 구성원들의 다양한 역할과 발달과업이 어떻게 수행되는지를 보고자 하였다. 가족이 각 단계의 과업을 성공적으로 수행할 수 있도록 다른 과업에서도 성공할 것이라 가정한다(유영주 등, 2007). 생활주기는 가족치료를 발달이론에 접목시킨 것이며 구조적이고 전략적인 접근법에 대한 설명적인 배경이 되기 위하여 사회학으로부터 빌려 온 모델이다(Nichols & Schwartz, 2002). 가족생활주기에서는 인간이 태어나서 죽기까지 일정한 발달단계와 단계마다 과업을 가지는 것처럼 가족 또한 발달단계와 과업을 가지게 된다. 모든 가족은 이러한 가족생활주기의 단계를 반드시 거치게 되며, 각 단계에서 다음 단계로 넘어갈 때 적응상의 문제가 발생하게 된다. 이러한 적응상의 문제가 심각할 경우 가족은 엄청난 스트레스를 받게 된다. 따라서 가족생활주기상의 이러한 위기가 가족문제의 근원이 될 수도 있다(Carter & McGoldrick, 1989). 가족치료자는 클라이언트의 가족문제를 사정할 경우 반드시 그 가족이 처해 있는 가족생활주기의 문제점에 관하여 먼저 사정할 필요가 있다(박태영, 2003).

(…후략…)

자료: 박태영, 김태한, 김혜선, 2009, pp. 93-114; 밑줄은 저자가 추가한 것임.

위 사례에서 이혼위기 부부에 대한 치료 개입의 이론은 세 가지 접근법이 있는데, Bowen의 가족체계 치료모델, MRI의 상호작용적 가족치료모델, 가족발달이론이 그것이다. 위에 제시된 문헌고찰 방식의 논리구조는 다음과 같이 시각적으로 표현할 수 있다(<그림 6.12>).

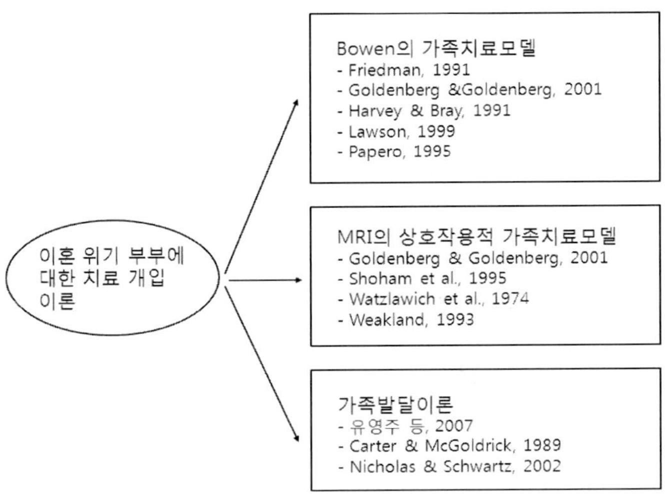

다음 <사례 6.10>은 사회복지사의 직무만족도를 탐구한 여러 선행연구들을 이론적 접근법을 기준으로 일목요연하게 분류한 결과를 기술하는 내용이다. 이를 보면, 사회복지분야의 영역에서 사회복지사의 직무만족은 구조상황적 접근, 상호작용적 접근, 성향적 접근이라는 세 가지 이론적 접근법에 따라 연구가 수행되었음을 알 수 있다.

◇ 사례 6.10: 사회복지사의 직무만족에 관한 접근법 중심의 분류

2. 이론적 접근에 따른 분석
 직무만족에 대한 이론이 많음에도 불구하고 사회복지분야의 직무만족에 관한 연구는 이론적 근거를 뚜렷이 밝히고 있는 경우는 많지 않다. 그러나 직무만족에 대한 체계적인 연구발전을 위해 현재까지 이루어진 연구의 이론적 근거를 찾아보는 것은 필요하다. 본 연구에서는 구조·상황적 접근, 상호작용적 접근. 성향적 접근으로 나누어 이론적 접근에 대한 분석을 시도하였으며, 구분을 위한 이론적 모형을 도식화하면 아래 〈표 4〉와 같다(〈표 4〉 생략).

1) 구조·상황적 접근(Structural and Situational Approach)

직무만족의 결정요인을 확인하는 데 관심을 갖는 대부분의 연구들은 구조·상황적 접근법을 취해 왔다. 구조·상황적 접근은 개인들의 직무만족은 객관적인 조직환경과 직무특성들의 직접적인 산물이라고 간주한다. 이는 모든 사람들이 동일한 욕구나 기대를 가지고 있다는 암묵적인 가정을 하고 있는데, 동일조직과 작업환경에서 직무를 수행하는 조직구성원들 간의 직무만족의 차이가 존재하는 것을 설명하지 못하는 한계를 안고 있다(고종욱, 1999). 그러나 본 연구에서 이 접근을 따르고 있는 논문은 모두 22편, 전체의 약 71%로 수적으로 압도적이다. 이것은 여전히 경제적 보상이나 객관적 근무여건이 직무만족에 결정론적인 영향을 미치고 있다는 가정이 지배적이라는 사실을 말해 준다. 대표적인 것으로 물리적 근무환경의 하나인 기관유형을 생활시설, 이용시설, 공공기관으로 나누어 직무만족에 대한 결정수준을 보고한 엄기욱·박인아(2007)의 연구가 있고, 황미경(2007)은 허즈버그의 2요인 이론과 슈퍼비전의 중요성을 강조한 스키드모어(Skidmore, 1990)의 주장에 근거해 행정적 슈퍼비전과 조직환경의 직무만족에 대한 영향을 연구가설로 세우고 이를 입증하였다. 문영주(2007)는 아담스(Adams, 1965)의 형평이론에 근거해 조직 내부의 공정성의 정도가 직무만족에 미치는 영향을 파악하였다. 김소정(2008)은 켄터(Kanter, 1982)의 구조적 접근을 근거로 근로자의 직무만족에 성(gender)이 미치는 차이를 보여 주었다. (…중략…) 이들은 모두 조직의 내적, 외적 특징이나 환경, 직무특성 등의 고정적 요인에 의해 직무만족이 결정된다고 보았다는 공통점을 갖고 있다.

2) 상호작용적 접근(Interactional Approach)

상호작용적 접근은 조직의 객관적 조건이나 직무특성에 의해 직무만족이 선험적으로 결정된다는 상황론적 접근의 경직성을 극복하고 객관적 상황과 함께 개인의 가치체계(work values)도 고려한 보다 유연하고 현실론적인 접근으로 직무만족을 설명하려는 관점이다. 최인섭·초의수(2001)는 사회복지전담공무원을 대상으로 고유한 직무특성과 함께 개인의 가치관, 성취감, 도전욕구 등의 심리요인이 직무만족의 결정요인으로 작용함을 증명하였다. 주상현 외(2003)는 직무요인, 조직요인, 지역사회요인, 가치요인을 모두 독립변수로 하고 이들의 직무만족에 대한 영향 정도를 파악하였다. 동기이론과 스트레스 이론에 근거하여 개인의 직무만족은 조직과 직무 등 개인이 통제할 수 없는 객관적 외부요인과 사회복지전문직으로서의 스스로에 대한 책임감과 존엄성, 가치관 등이 복합적으로 작용할 것이라는 가설을 증명하였다. 김새로미 외(2008)의 연구에서도 사회복지사들은 자신이 소속한 기관이 사회적으로 위임된 역할을 책임성 있게 잘 수행하고 있다고 인식할 때 직무만족도가 높아질 수 있다는 가설을 세우고 이를 증명하였다. 이것은 동일한 직무와 개인적 조건하에서도 사회적 책임성이라는 가치를 인식하는 정도와 무게는 개인마다 다르게 나타날 수 있다는 것을 전제로 직무와 가치기준의 상호작용을 인정한 연구이다.

3) 성향적 접근법(Dispositional Approach)

<u>스토와(Staw et al., 1985) 그의 동료들로부터[원문대로]</u>11) 시작된 성향적 접근법은 이미 '80년 중반부터 주목을 받아 왔으나(고종욱, 1999), 국내에서는 최근 들어 학자들의 관심을 끌고 있다(Corpanzo et al., 1993; Furnam et al., 1996; Judge, T. A. et al., 2002; 김충수·안준용, 2007; 이두이·구연배, 2008; 박신우, 2002). 본 연구에서는 윤혜미(1996)의 연구에서 개인의 성격유형에 따라 직무스트레스와 그에 대한 대처행동이 달라지고 이것이 직무만족이나 이직의도에 미치는 영향에 차이가 있음을 보여 주었다. 정무성·남석훈(2007)의 연구에서는 집단의 특징이 곧 자신의 특징이고 집단의 이익이 곧 자신의 이익이 된다고 생각하는 사회정체성이론(social identity theory)에 기반을 두고 조직동일시의 직무만족에 대한 영향에 초점을 맞추었다. (…중략…) 한편, 논란이 되어 왔던 성격특성의 직무만족에 대한 직접효과냐 간접효과냐에 대한 부분은(박제일·이정현, 2005; 김권수, 2009) 본 연구에서도 여전히 서로 상이한 결과를 나타내고 있어(윤혜미, 1996; 정무성·남석훈, 2007) 향후 재검증과 논의가 더 필요하다 하겠다.

이상에서 직무만족은 상황적·구조적 요인 외에 종사자들의 가치관이나 성향에 적잖은 영향을 받게 됨을 확인할 수 있었다. 특히 최근의 조직연구에서 만성적으로 거의 모든 직무에 불만을 나타내는 사람이 많고 이것은 조직이나 직무에서만 유래되는 것이 아니라 개인성격과 상호작용한다는 연구결과가 지지를 얻게 됨에 따라 각 분야별로 어떤 성격유형이 해당기관 종사자로서 높은 직무만족 수준을 유지하게 하는가에 대한 연구들이 활발하다(최영택·권경득, 2008; 김권수, 2009). 사회복지조직에도 적합한 성격유형에 대한 경험연구가 축적된다면 인적자원관리에 긴요한 정보로 활용될 수 있을 것이다.

자료: 강현주, 조상미, 2010, pp. 315-319. 원문에는 밑줄이 없으나 설명의 편의를 위해 추가하였음.

---

11) '스토와(Staw et al., 1985) 그의 동료들로부터'는 '스토와 그의 동료들(Staw et al., 1985)로부터'의 오류로 보인다. 이것을 명확하게 하기 위해 '원문대로'를 사용하였다. 참고로 영어 문헌에서는 이 경우에 'sic'를 사용한다.

<사례 6.11>은 노인자살을 설명하는 네 개의 이론적 관점(정신심리학적 관점, 스트레스-대처 모형, 사회문화적 관점, 생태체계적 관점)을 기술하는 예이다. 이론적 접근법에 따라 선행연구 결과를 분류하고 있는 이 논문의 저자는 향후 이 개념적 틀을 사용하여 자신의 연구방법을 설계할 것으로 기대된다.

◇ 사례 6.11: 노인자살을 설명하는 이론적 관점

노인자살을 설명하는 이론적 관점은 크게 네 가지로 구분할 수 있다. 첫 번째 관점은 개인의 우울증을 비롯한 정신질환에 초점을 맞춘 정신·심리학적인 관점이다. 이 관점을 바탕으로 노인자살의 가장 큰 위험요인은 무기력감과 절망감으로 특징되는 우울증상이라고 밝히는 경험적 연구들이 있다(박봉길·전석균, 2006; 엄태완, 2007; 최연희·김수연, 2008). 그러나 정신·심리학적 관점은 노인자살을 개인적·미시적 요인 중심으로 단편적으로 이해하는 한계를 지닌다. 둘째, 생물학적 설명을 기반으로 한 스트레스-취약(stress-diathesis) 모델 또는 스트레스-대처(stress-coping) 모형으로 노인자살 현상을 설명하고자 시도한다. 자살을 포함한 부적응행동은 스트레스 자극이 개인의 대처 능력을 넘어설 때 발생할 경향이 높은데, 특히 노년기에 겪게 되는 각종 상실감으로 인한 스트레스에 견디는 힘이 적어 자살할 가능성이 높다는 것이다(김효창·손영미, 2006). 셋째, 사회문화적 관점에서 자살현상을 설명할 수 있다. 사회통합과 규제 정도가 개인의 자살에 영향을 미칠 수 있다고 보며 노인자살은 대부분 아노미적 자살 또는 이기적 자살유형에 해당한다고 본다(김형수, 2000). 최근 고령인구의 증가, 경제위기와 소득불평등 심화, 핵가족화를 비롯한 가족 구조와 기능의 변화, 도시화로 인한 지역사회의 변화, 그리고 가치관의 급속한 변화 등으로 인한 노인의 사회적 소외가 심각한 상황에서 이기적 자살과 아노미적 자살을 바탕으로 한 사회통합이론은 노인의 자살 급증을 어느 정도 설명하는 이론이라 할 수 있겠다. 또 다른 사회학적 관점인 교환이론에서는 교환관계에서 불평등한 위치에 처한 노인에게 자살이 일어날 수 있다고 설명한다(김형수, 2000). 넷째, 생태체계적 관점에 따라 노인자살을 이해하고자 할 수 있다. 개인심리적 접근, 생물학적 접근, 사회문화적 접근 등 각각의 개별적인 개념 체계로 노인자살 행동을 충분히 설명할 수 없기 때문이다. 노년기가 인간의 공통적인 발달단계임을 인식하고, 노인 개인을

5) 연구방법론별로 정리하기

연구방법론에 따라 선행연구를 분류하고 고찰하고 정리하는 방식도 널리 사용되고 있다. 이것은 연구모형, 자료수집 방법, 자료분석방법 등의 관점에서 선행연구에 사용된 연구방법을 유형 분류하고 그 결과를 병렬식으로 정리하는 것이다(<그림 6.13>).

〈그림 6.13〉 연구방법론
중심의 기술방식

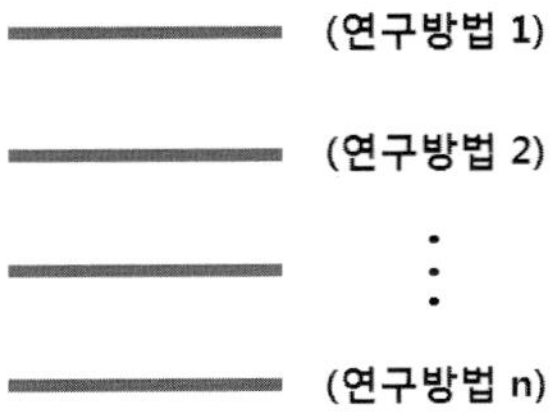

(연구방법 1)

(연구방법 2)

:

(연구방법 n)

아래 <사례 6.12>는 우리나라의 인터넷중독 관련 연구동향을 고찰한 선행연구(권재환, 2008)의 일부이다. 이 연구의 연구자는 자료분석방법과 측정도구를 기준으로 선행연구 고찰의 결과를 체계적으로 기술하고 있다.

　　위 사례에서는 인터넷중독에 관한 선행연구를 연구방법과 측정도구를 기준으로 분류하고 있는데, 이와 같은 연구방법론 중심의 기술방식의 논리구조를 간략히 정리하면 다음과 같다(<그림 6.14>).

<그림 6.14> 연구방법론 중심의 기술방식(예: 인터넷중독 선행연구)

인터넷중독의 연구방법
- 변량분석 계열의 통계분석방법
- 회귀분석 계열의 통계분석방법
- 교차분석, 군집분석, 판별분석 등
- 구조방정식 모형

인터넷중독의 측정도구
- 등간척도
- 서열척도
- 명목척도

<사례 6.13>은 연구의 접근방법에 따라 선행연구를 분류하여 고찰하는 방식을 취한 예이다(김영미, 조상미, 2011). 이 연구에서는 조직문화를 인식하는 접근법에 따라 선행연구를 구분하여 정리하고 있다.

◇ 사례 6.13: 조직문화의 연구접근법

앞 절에서 언급한 문화순수주의자들과 문화응용주의자들의 인식론적 차이는 지식에 접근하는 방법론에 있어서도 차이를 초래하게 한다.
Smircich(1983)는 조직문화를 크게 변수로 보는 관점과 조직문화를 조직의 근원적 은유(root metaphor)로 보는 관점 두 가지로 구분하고 있다. 조직문화를 변수로 보는 관점은 조직문화를 조직이 보유하고 있는 것으로 보는 시각으로서 조직문화를 관리의 대상으로 받아들이는 반면, 후자는 조직현상 그 자체를 조직문화로 보아 조직문화의 실체를 이해하고자 하는 입장을 취하고 있다. Schultz & Hatch(1996)는 이를 다시 기능주의적 접근과 해석주의적 접근으로 분류하였는데, 이러한 접근방식의 차이가 연구방법론에 있어서의 차이를 만드는 것으로 보인다. 조직을 독립된 객관적인 실체로 파악하는 기능주의적인 접근방식은 1차 자료를 이용한 양적 방법을 많이 사용하여 얻고자 하는 지식에 대해 논리실증주의적인 접근을 시도하였다. 반면, 조직을 주관적인 지각들이 합의를 도출해 내는 과정에서 이루어 내는 사회적 구성물로 보는 해석주의적 접근방식에서는 관찰을 통한 상징물의 의미에 대한 파악, 내부인과의 대화를 통한 심층인터뷰, 참여자 관찰과 같은 정성적 연구방법을 위 사례에서 연구자들은 조직문화를 바라보는 두 개의 시각을 설명하고 있는데, 조직문화를 바라보는 인식론적 차이가 방법론적 차이를 야기하는 원인임을 밝히고 있다.

6) 선행연구의 장점이나 결점에 따라 정리하기

문헌고찰의 결과를 정리함에 있어서 유사한 장점이나 결점을 갖고 있는 선행연구들을 한데 모아 체계적으로 정리하는 방식도 유용하다(<그림 6.15>).

<그림 6.15> 장점 또는 결점 중심의 기술방식

<사례 6.14>는 선행연구의 장점이나 결점에 따라 문헌고찰의 결과를 정리하는 방식을 사용하는 예이다. 이 연구는 학술지에 게재된 논문의 통계적 오류를 종합적으로 정리하고 분류하는 방식을 취하고 있다.

◇ 사례 6.14: 학술지에 게재된 논문의 통계적 오류

2000년부터 2006년까지의 대한치과보철학회지의 총 399편의 논문 중 통계처리기법을 사용한 한글판 212편과 영문판 80편의 전체 292편의 논문에서 통계적 오류항목을 크게 3가지 범주로, 즉 1) 통계 프로그램의 불명시, 2) 통계방법의 부적절한 기술, 3) 통계 용어의 오용 등으로 나누어 점검하였다. 영문판과 한글판을 비교하여 살펴보고자 전체 대한치과보철학회지 한글판과 영문판에서의 통계적 오류 비율을 95% 신뢰구간으로 모수 추정하였으며, 전체 대한치과보철학회지의 한글판과 영문판에서 통계적 오류의 비율의 차이를 95% 신뢰구간으로 추정하고, Chi-square test로 Yates' correction for continuity를 하여 유의수준 0.05에서 통계 검정한 결과는 다음과 같으며 Table Ⅳ로 정리하였다. (…후략…)

자료: 박동규, 최용근, 김영수, 신상완, 2009, p. 276; 밑줄은 저자가 추가한 것임.

위 사례의 경우, 통계적 오류의 관점에서 선행연구의 결점을 파악하고 있다. 이와 같은 문헌고찰의 기술방식을 시각적으로 표현하면 다음과 같다(<그림 6.16>).

〈그림 6.16〉 장점 또는 결점 중심의
기술방식(예: 논문의 통계적 오류)

《논문의 통계적 오류》 (조사대상 논문 292편)

- 통계 프로그램의 불명시

- 통계방법의 부적절한 기술

- 통계 용어의 오용

<사례 6.15>는 선행연구의 괴리를 보고하는 예이다. 이러한 기술방식도 선행연구를 장점이나 결점에 따라 정리하는 방식의 범주에 넣을 수 있을 것이다. 이 사례는 노인자살을 탐구한 여러 선행

연구가 방법론상의 한계점을 지니고 있다는 점을 밝히고 있다.

7) 주제별 또는 논제별로 정리하기

선행연구의 주제 또는 논제 중심으로 고찰결과를 정리하는 방식도 널리 사용되는 유용한 기법이다. 이 방식은 넓게 보면 이론적 접근법에 따른 분류방식의 하나로 볼 수 있지만, 이를 별도로 구분하여 독자적인 기술방식으로 간주할 수도 있다(<그림 6.17>).

<그림 6.17> 주제 또는 논제
중심으로 기술하는 방식

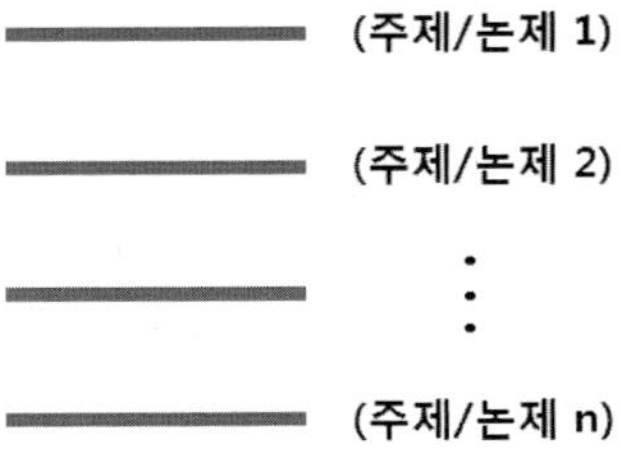

———————————— (주제/논제 1)

———————————— (주제/논제 2)

⋮

———————————— (주제/논제 n)

아래 <사례 6.16>은 인터넷중독과 관련 있는 국내의 선행연구를 고찰하고 그 결과를 정리한 예이다. 연구자는 주요학술지별로 인터넷중독 관련 연구논문의 연도별 산출실적을 보고하고 있다.

◇ 사례 6.16: 국내 인터넷중독 연구동향에 관한 선행연구 고찰

1. 연도별 학술지 게재 논문 분석결과
인터넷중독 관련 연구논문의 게재 학술지별로 연도별 추이를 살펴보면 〈표 1〉과 같다. 인터넷중독 관련 논문의 수는 총 173편이 게재되었다. 먼저 학술지별로 살펴보면, '청소년학연구'가 21편의 논문으로 가장 많이 게재되었고, 그다음으로 '상담학연구' 19편, '한국청소년연구'와 '청소년상담연구'가 각각 10편, '아동간호학회' 9편, '한국심리학회지: 임상'과 '교육심리연구'가 각각 8편,

‘한국심리학회지: 건강’과 ‘컴퓨터교육학회’가 각각 6편, ‘한국심리학회지: 발달’, ‘대한가정학회지’가 각각 5편씩을 발표하였다. 그 밖에 다양한 영역별 학회지에서 인터넷중독에 대한 연구가 게재된 것으로 나타났다.

학술지 게재논문 추이를 연도별로 살펴보면, 2000년에 1편을 시작으로 하여 점점 증가하는 추세를 보이다가, 2004년과 2005년에는 각각 36편, 37편으로 정점을 이루었다. 그러나 2006년 23편, 2007년 31편으로 약간 줄기는 하였으나 여전히 인터넷중독에 대한 연구가 매우 활발하게 이루어지고 있는 것을 볼 수 있다.

자료: 권재환, 2008, pp. 143-145.

위 사례에서 연구자는 인터넷중독의 연구경향을 학술지별로, 그리고 연도별로 요약하여 정리하고 있다. 이와 같은 문헌고찰 기술 방식으로 시각적으로 표현하면 다음과 같다(<그림 6.18>).

<그림 6.18> 주제 또는 논제 중심의 기술방식
(예: 인터넷중독 연구경향)

《인터넷중독 연구 동향》

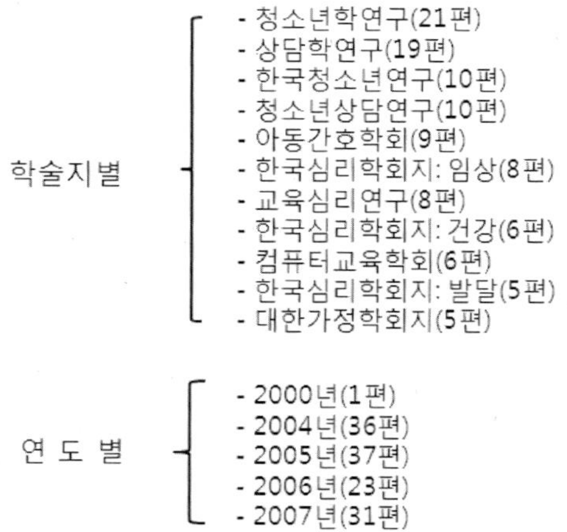

아래 <사례 6.17>은 청소년의 인터넷중독과 관련된 변인들을 세 가지 범주로 구분한 후 자세한 내용을 기술하는 형식을 취하고 있다.

◇ 사례 6.17: 청소년 인터넷중독과 관련된 변인들

청소년 인터넷중독과 관련된 변인들

전체 분석대상 논문들 중 청소년 인터넷중독과 관련된 변인들에 관한 연구들은 65%로서, 가장 많은 비중을 차지하는 것으로 나타났다. 이들은 다시 세 가지 하위유형으로 요약되었다(〈그림 1〉 참조).

첫 번째 유형은 인터넷중독과 상관이 있는 변인들에 대한 것으로서, 관련 변인에 대한 연구들 중 65.6%가 여기에 포함된다. 이 연구들은 인터넷중독 이라는 현상과 관련이 있어 보이는 변인들과 인터넷중독과의 상관관계를 구하거나, 인터넷중독 집단과 비중독 집단 간의 차이를 검토하는 방법으로 이루어졌다. 이들 변인을 논문 예와 함께 살펴보면, 학교생활과 가정생활 등의 사회적 적응(이혜진, 2002), 자기효능감(윤숙진, 2005), 자기통제(김종원, 2002), 충동성(이대환, 2005), 친구관계(서주현·유안진, 2001), 스트레스 대처방식(이진영, 2002), 가족의 심리적 환경(김정화, 2002), 사회적 지지(김병석·정은희, 2004), 의사소통 능력(박시혜, 2002), (…중략…).

첫 번째 유형에 비해 두 번째 유형과 세 번째 유형은 변인 간 상관관계를 분석하는 방법보다 더 적극적으로 변인들 간의 인과관계를 규명하고자 하였다는 점에서 차이가 있다. 두 번째 유형은 인터넷중독에 영향을 미치는 변인에 관한 연구로서, 19.4%가 여기에 포함된다. 이 연구들은 앞서 특정 변인들과 인터넷중독 경향 간에 인과적 관계가 있는지를 밝히고 있다. 이 변인들을 개인적 변인과 환경적 변인으로 나누어 살펴보면 〈표 2〉와 같다. 예를 들어, 김유정(2002)은 온라인 우울, 충동성, 공격성, 자기개념 불일치가 인터넷 게임중독에 어떠한 영향을 미치는지를 중독집단과 비중독집단 간 비교 및 구조방정식 모형을 검증함으로써 살펴보았는데, (…중략…).

세 번째 유형은 인터넷중독의 영향을 받는 변인에 관한 연구로서, 인터넷에 중독적으로 몰입한 결과 어떤 부작용이 발생하게 되는지에 대한 부분을 다루고 있다. 보다 구체적으로 살펴보면, 이 연구들에서는 인터넷을 과도하게 사용하거나 중독적으로 몰두함으로 인해 시력저하 등 건강악화(정인선, 2005), 사회적 적응(조정민, 2005), 문제해결능력과 의사소통 문제(안정임·김동규, 2000), 충동성(주상근, 2003), 내성(안정임·김동규, 2000), …후략….

자료: 박승민, 김창대, 천명재, 2005, pp. 6-7; 밑줄은 저자가 추가한 것임.

위 사례에서 연구자는 청소년의 인터넷중독에 관한 선행연구를
관련 변인 중심으로 고찰하고 그 결과를 기술하고 있다. 이와 같은
주제 또는 논제 중심의 고찰 및 기술방식을 시각적으로 정리하면
다음과 같다(<그림 6.19>).

<그림 6.19> 주제/논제 중심의 기술방식(예: 청소년
인터넷중독 관련 변인)

청소년의 인터넷중독에 관한 선행연구

- 인터넷중독과 상관이 있는 변인에 관한 연구
: 이혜진(2002), 윤숙진(2005), 김종원(2002), 이대환(2005), 서주현·유안진
(2001), 이진영(2002), ····

- 인터넷중독에 영향을 미치는 변인에 관한 연구
: 김유정(2002), ····

- 인터넷중독의 영향을 받는 변인에 관한 연구
: 정인선(2005), 조정민(2005), 안정임·김동규(2000), ····

8) 연도순으로 정리하기

선행연구를 연도순으로 정리하는 방식은 접근법의 유형에 따른 분
류방식 가운데 하나이기도 하지만 별도의 기법으로 치부되기도 한다.
'연도순의 기술방식'은 '연도순으로 배열된 인용문(citations ordered
chronologically)'을 문헌고찰의 장에 포함시키는 것을 말한다. 즉,
가장 오래된 선행연구를 맨 먼저 인용하고, 그다음으로 연도가 오
래된 선행연구들을 순서대로 인용하며, 가장 최근의 선행연구는 맨
나중에 인용한다(<그림 6.20>).

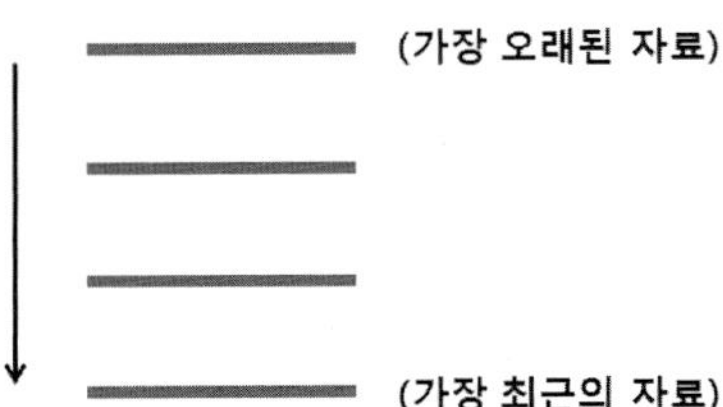

〈그림 6.20〉 연도별로 기술하는 방식

<사례 6.18>은 고령화사회에 진입한 우리 사회에서의 노인학대 문제를 다루고 있는 연구(박진희, 윤가현, 2001)에서 일부를 발췌한 것이다. 1990년 이후 각종 학대문제가 사회문제로 등장하게 된 배경을 연도별로 설명하고 있다.

◇ 사례 6.18: 노인학대 문제의 연혁적 배경

　가족학대는 아동학대, 부녀자 또는 아내학대, 노인학대 등의 분야로 구분되는데, 그중에서도 노인학대(elder abuse)의 분야는 다른 분야에 비하여 우리 문화권은 물론 거의 반세기 전에 고령화사회로 변모한 서구에서도 대중이나 전문가들의 관심을 늦게 받기 시작하였다. 다시 말하면, 서구사회에서는 1960년대부터 주로 아동들을 상대로 한 신체적 학대에 관심이 싹텄으며, 1970년대부터는 특히 남성이 배우자나 자녀 등을 상대로 하는 가정폭력, 그리고 1980년대부터는 가족이나 친척 또는 인척관계가 아닌 남성이 남녀 아동들을 상대로 한 성학대(sexual abuse)가 우선적으로 사회적 관심을 받았던 반면, 노인학대는 노인들의 인구가 갑자기 늘어난 1990년대에 들어와서야 겨우 관심을 받기 시작했다(Kemp, 1997; Vinto, 1999).

　아동이나 성인여성들을 상대로 한 학대에 대한 관심에 비하여 노인학대의 영향에 관한 관심이 학문적이든지 그렇지 않든지 별로 높지 못했던 이유를 명확하게 제시하기는 쉽지 않지만, 아마도 노년기가 발달단계에서 마지막에 해당되는 것 때문에 노인학대에 대한 중요성이나 심각성을 간과했는지도 모른다. 즉, 노년기에 학대를 받고 있는 노인들이 존재하더라도 그들의 미래는 더 이상 존재하지 않는다고 인식해 버린다면, 노인학대의 부정적인 영향 자체가 별로 중요하지 않다는 태도가 형성될 수 있다. 이러한 인식이나 태도는 의도적인 것이 아니라고 하더라도 노인을 경시하는 사회 문화적 풍토에서 비롯된 것으로 짐작할 수 있다(Kemp, 1997).

자료: 박진희, 윤가현, 2001, pp. 113-114; 밑줄은 저자가 추가한 것임.

자명한 일이지만, 위 사례에서 연구자가 사용하고 있는 문헌고찰의 기술방식을 시각적으로 정리하면 다음과 같다(<그림 6.21>).

〈그림 6.21〉 연도순의 기술방식(노인학대)

학대 문제의 대두 과정

- 1960년대: 아동학대(신체적 학대)
- 1970년대: 가정폭력
- 1980년대: 아동학대(성학대)
- 1990년대: 노인학대

<사례 6.19>는 사회복지학 연구방법의 변천과정을 설명하는 예이다. 구체적으로, 이 사례는 1970년대 이후 2000년대에 이르기까지 사회복지학 연구에서 사용된 경험적 연구방법과 비경험적 연구방법의 비율을 비교하여 정리하고 있다.

9) 여러 가지 견해, 이론, 방법을 비교하고 대조하기

선행연구 속의 다양한 견해(viewpoint), 이론(theory), 방법(method)을 비교·대조하여 그 결과를 기술하는 방식이 있다. 이것은 이론적 접근법에 따른 기술방식이나 주제별/논제별 정리 방식과 일맥상통하나, 여러 가지 접근법을 서로 비교하고 대조한다는 점에서 다른 방식과 차별화된다.

비교와 대조의 출발점은 여러 대상들 사이의 공통점이나 유사점을 찾아내는 일이다. 예를 들면, 주요 개념의 정의, 자료수집의 방법, 분석결과의 해석 등에서 공통의 관심 사안이 무엇인지 파악하는 것이 비교와 대조의 첫 단계이다. 더 나아가 복수의 대상들 사이에 서로 다르거나 차이가 나는 점이 무엇인지 밝히는 것이 다음 단계이다. 비교와 대조는 다양한 수준에서 이루어지는데, 예를 들면, 존재론(ontology), 인식론(epistemology), 도덕(morality), 정치(politics), 해석(interpretation), 자료(data), 방법론(methodology), 가치론(axiology), 수사(rhetoric) 등의 수준에서 비교와 대조가 가능하다(Hart, 1998, pp. 131-132). <그림 6.22>는 비교와 대조의 기본 논리를 설명하는 개념도이다.

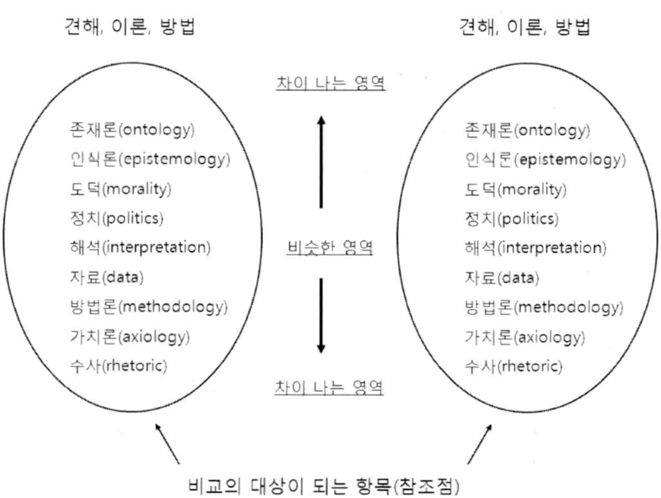

〈그림 6.22〉 비교와 대조의 기본 논리

<사례 6.20>은 기부행위와 관련된 두 가지 개념인 자선과 박애를 서로 비교하고 대조하는 예이다. 이 사례에서 필자는 용어의 정의와 행동의 동기라는 두 가지 차원에서 두 개념을 비교한 다음에

나름의 결론을 제시하고 있다.

◇ 사례 6.20: 자선과 박애의 비교

기부행위(giving behavior)는 자선(charity)과 박애(philanthropy)와 관련이 깊은 개념이다(김유나, 2002; 김주원, 2005; 정호영, 2006). 그래서 기부행위를 자선적 기부(charitable donation)와 박애적 기부(philanthropic donation)로 구분하는 견해도 있다(김주원, 2005, p. 19).
자선은 형제애를 의미하는 라틴어 caritas(혹은 carus)로부터 연유하였고, 박애는 그리스어 philo(사랑)과 anthropos(인류)의 합성어에서 유래하였다(정호영, 2006, p. 7). 자선과 박애는 모두 주는 자와 받는 자 사이의 관계를 전제로 하고 있으며, 주는 자와 받는 자 사이에 지위의 차이가 존재한다고 간주한다. 또한 자선과 박애는 부유한 자가 가난한 자에게 직접 행동하거나 또는 양자 사이에 어떤 조직이 매개자로 행동함으로써 이루어진다는 공통점이 있다.
자선과 박애는 행동의 동기에 있어서 서로 구별된다. 자선은 가난한 사람에 대한 관대함이나 주변 사람들에 대한 관용과 동정심 등과 같은 개인적인 차원의 관심과 자비심에 근거한 행위를 뜻한다(김주원, 2005, p. 19). 자선은 박애보다 기부된 금품이 보다 불행한 자를 위해 사용되어야 한다는 의미가 더 강하다. 자선은 소규모로 이루어지는 기부로서, 지역사회의 생활이나 종교생활의 일부로 이루어진다(정호영, 2006).
반면에, 박애는 개인적인 차원보다는 인류라는 집합적 차원에서 이루어지는 행동이며, 교환가치를 가지고 있는 것의 일방적인 전달, 즉 대가 없는 전달을 의미한다. 일반적으로 박애는 사회서비스의 발전을 위하여 대규모 기관이나 조직화된 기구에 금전을 기부하는 것을 의미한다(김유나, 2002). 박애적 기부는 사회복지 이외의 목적을 위해 이루어지기도 하는데, 대표적인 예가 박물관, 오케스트라, 극장, 대학 등을 지원하기 위한 기부행동이다(정호영, 2006).
결론적으로 기부행위는 자선적인 기부와 박애적인 기부를 모두 포함한다. 즉, 동기가 자선적이든 박애적이든 간에 개인 및 기관에 대해 물질과 시간을 대가 없이 무상으로 증여하는 행위는 기부행위라고 정의할 수 있다.

자료: 김영기, 2012, pp. 8–9. 밑줄은 저자가 추가한 것임.

자선과 박애를 비교하고 있는 위 사례의 논리구조를 도식화하면 다음 <그림 6.23>과 같다. 두 개념의 어원, 행위자 간의 역학관계, 행동의 동기 등 측면에서 양자 간의 유사점과 차이점을 비교하고 있다.

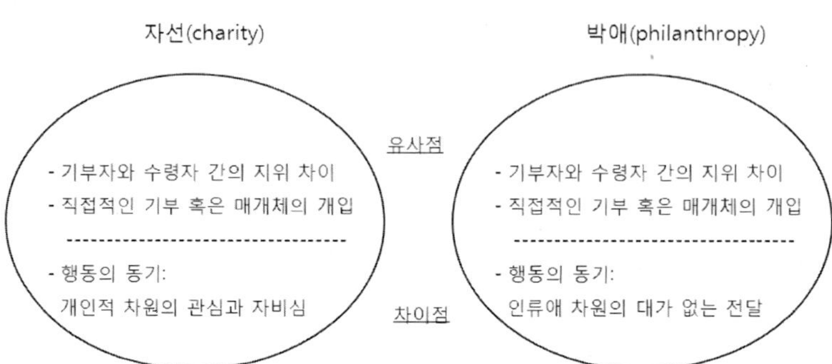

〈그림 6.23〉 비교와 대조의 기술방식(예: 자선과 박애)

<사례 6.21>은 성생활을 하고 있는 노인집단과 그렇지 않은 노인집단의 삶의 만족도를 비교하는 예이다. 즉, 이 사례는 전자가 후자보다 삶의 만족도가 높다는 사실을 조목조목 제시하는 기술방식을 사용하고 있다. 또한 이 사례는 성생활 여부라는 분석기준에 따라 남녀 노인 간에 비교되는 자아성취감의 차이에도 주목하고 있다.

◇ 사례 6.21: 성생활 여부에 따른 노인집단의 삶의 만족도 비교

슈워츠, 신더와 패터슨(Schwartz, Synder and Peterson, 1984)이 주장한 바에 의하면, 긍정적인 자존심은 일생을 통해서 유능감을 갖게 해 주는 심리적인 기초이고, 따라서 노인들의 자존심을 고양시키는 것이 노인들을 삶에 대하여 만족스럽고 효과적으로 기능할 수 있게 한다고 했다. 그러므로 성공적인 노화를 위하여, 노인의 삶의 만족도를 높이기 위한 방법으로 성생활은 무시될 수 없는 요소임을 확인할 수 있었다(강미영, 2007 재인용). 이와 같이 노인의 성생활은 삶의 만족도에 영향을 미치고 있는바, 현재 '성생활을 하고 있는 노인'이 '그렇지 않은 노인'보다 삶의 만족도가 높게 나타났고, 성생활에 중요한 의미를 두는 노인일수록 자아성취감이 높게 나타났다. 특히 남자

노인에게 있어 성생활은 자아존중감을 높이는 데 커다란 역할을 하며 노인의 삶의 만족도를 높이기 위해 무시될 수 없는 요소임을 보고하였다(이창은, 2000). 남녀 노인 모두에게서 성생활 만족도와 삶의 만족도가 높은 상관관계를 보이고, 전체적으로 남자노인의 성생활 만족도가 삶의 만족도에 많은 영향을 미치는 것으로 보고하고 있다(차용식, 2006). 노인들의 자아존중감과 삶의 만족도와의 관계연구에서 일반적 특성에 노인의 성생활 특성을 추가하여 노인의 삶의 만족도가 자녀로부터 받는 한 달 용돈, 건강상태, 동거유형, 현 생활만족도, 배우자와의 관계 외에 성생활에도 영향을 받는 것으로 나타나 성생활이 노인의 삶의 만족도에 영향을 주는 주요 요인임을 보고하였다(성경원, 2004). 노인들의 성생활 인식은 생활만족도에 영향을 주고 있음을 보고하였고(박용석, 2006), 남녀 노인 모두 성생활의 중요도에 있어 성생활이 중요하다고 응답한 집단이 그렇지 않다고 응답한 집단에 비해 높은 것으로 나타났으며 남성노인의 경우 현재 성생활을 유지하고 있는 집단이 삶의 만족도가 높았지만, 여성노인의 경우 성생활 유지 여부에 따른 삶의 만족도에 유의한 차이가 없어 남성노인과는 매우 다른 양상을 보였다. (…후략…)

자료: 나동석, 김영대, 2011, pp. 189-190. 밑줄은 저자가 추가한 것임.

위 사례처럼 여러 선행연구의 연구결과를 조목조목 비교하여 기술하는 방식도 넓은 의미의 비교와 대조에 속한다. 이 사례의 경우 문헌고찰의 결과를 기술하는 논리구조는 다음과 같이 도식화할 수 있다(<그림 6.24>).

<그림 6.24> 비교와 대조의 기술방식(예: 성생활
여부와 삶의 만족도 차이)

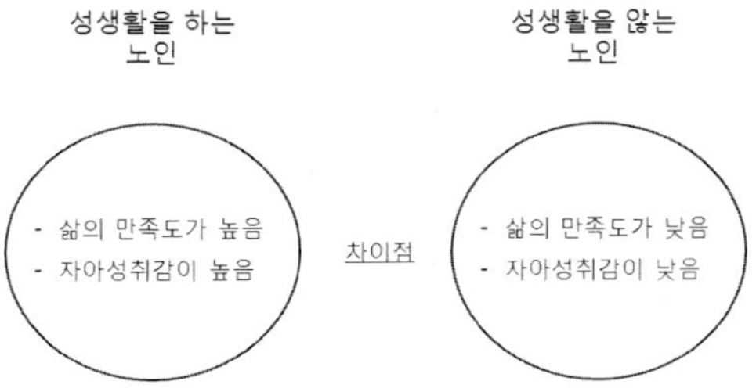

아래 <사례 6.22>는 중·노년층을 대상으로 음주행위와 우울의 관계를 탐구한 여러 선행연구의 연구결과를 서로 비교하여 제시하는 기술방식을 채택하고 있는 예이다.

최근 중·노년층을 대상으로 실시된 음주행위와 우울의 관계에 대한 연구들은 다양하고도 상반된 결과들을 보고해 왔다. 먼저, 임상적 진단기준인 알코올 남용이나 알코올 의존을 측정도구로 사용한 의료기관 기반의 연구들의 경우 알코올 남용 혹은 알코올 의존이 우울증을 심화시키거나 우울증 회복을 지체하는 요인인 것으로 보고하였으나(Muller, Lavori and Keller, 1994; Cook, Winokur, Garvey and Beach, 1991), 일부 연구는 알코올 남용이나 알코올 의존이 우울증에 아무런 연관이 없다고 보고했다(Melartin, Rytsala, Leskela, Lestela-Mielonen, Sokero and Isometsa, 2002).

문제음주(problem drinking)의 경우 비교적 일관되게 우울증과의 정적인 상관관계가 보고되었다. 문제음주와 우울증의 관계를 분석한 출판 논문 35편을 대상으로 이들 연구를 심층 비평한 Sullivan과 동료들의 연구(2005)에서는 문제음주가 우울증을 악화시키는 경향이 있었다고 보고했다.

(…중략…)

음주량에 초점을 둔 과음행위와 우울 정도를 측정한 연구들은 상반된 결과들을 보고해 왔다. 일부 연구는 과음행위가 우울을 야기한다는, 정적 상관관계를 보고한 반면(Paljarvi, Koskenvuo, Kauhanen, Sillanmaki, and Makela, 2009), 일부 연구는 두 요소 사이에 아무런 관계가 없는 것으로 보고했다(Wang and Patten, 2001; Graham and Schmidt, 1999). 심지어 일부 연구의 경우 과음행위가 우울증을 개선하는 것으로 나타나기도 했다(Schutte et al., 1995).

아울러 음주 빈도, 일정기간 동안 사용한 총 음주량, 일일 평균소비량 및 폭음 등 다양한 형태의 음주행위들과 우울증의 관계를 조사한 Graham과 동료들(2007)의 연구에서는 음주행위별로 우울과의 관련성이 상이하게 나타났다. 즉, 과음행위와 폭음행위는 우울과 정적인 관련이 있는 것으로 나타났으나 이외의 문제음주 등의 측정방법들은 관련성이 없는 것으로 나타났다. 따라서 이러한 연구결과는 음주의 다양한 측정방식들과 우울의 관련성을 비교해 검증할 필요성이 있음을 제안한 결과라 할 수 있다.

　　한편 <u>음주행위와 우울의 관계는 성별에 따라 상이하게 나타나는 것으로</u>
<u>다수의 연구들을 통해 입증되었다.</u> 인과관계의 순서 차원에서 검토해 볼 때,
남성의 경우 음주문제가 우울증에 선행하는 경향이 높았던 것에 비해 여성의
경우 우울증이 음주문제에 선행한 경향이 있었다(Moscato, Russell, Bromet,
Egri, and Mudar, 1997; Schutte et al., 1995, 1997; Brennan, Moos,
and Kim, 1993). 이러한 연구결과는 우울과 음주문제 간 관계의 본질이 성
별에 따라 다르다는 점을 입증하는 결과라 할 수 있다. 그러나 일부 연구는
여성들의 경우 과음행위가 오히려 비교적 낮은 수준의 우울과 관련이 있음을
보고했으며, 남성은 더 높은 수준의 우울증을 가질수록 적게 알코올을 소비하
는 것으로 나타나는 등 성별에 따른 관계의 형태 역시 다양하게 보고되어 왔
다(Schutte et al., 1995).

　　종합해 볼 때 음주행위와 우울의 관계에서 성별 차이가 지속적으로 보고
된 반면 관련성의 형태나 정도에 있어서는 여전히 논란의 여지가 있다. 따라
서 성별에 따라 음주행위와 우울의 관계를 조사하는 것이 여전히 중요한 문
제이며, 이러한 연구결과는 음주와 우울 간의 관계 정립에 있어 성별에 따라
병인학적 모델의 제한적 적용 가능성을 제기한다는 점에서 의미가 있다 할
수 있겠다.

　　결론적으로 음주행위와 우울의 관계는 구체적으로 어떤 음주행위가 측정되었는가에
따라 다양한 결과로 나타난 것으로 보이며, 같은 음주행위를 측정했다 할지라
도 상이한 결과들로 나타나기도 했다. 또한 성별에 따라 인과관계의 순서가
상이하게 나타나기도 했다. 따라서 중·노년기 음주행위와 우울 간 관계의
본질은 음주행위의 다양한 차원의 분석을 통해 논의될 필요가 있으며 성별에
따른 논의도 필요하다 할 수 있겠다.

자료: 백옥미, 2011, pp. 13-14. 밑줄은 저자가 추가한 것임.

　　위 사례는 알코올 남용이 우울에 미치는 영향, 과음행위와 우울
간의 관계, 그리고 성별에 따른 음주행위와 우울 사이의 관계를 비
교와 대조의 기술방식으로 제시하고 있다. 이 사례의 논리 구조를
도식화하면 다음과 같다<그림 6.25>.

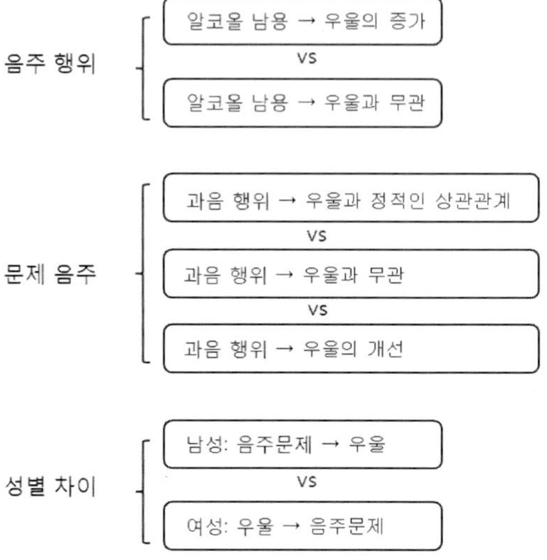

〈그림 6.25〉 비교와 대조의 기술방식(예: 음주행위와 우울)

10) 서로 다른 의견을 갖고 있는 학자들을 대조하기

선행연구를 고찰한 결과, 특정 사안에 대한 학자들의 의견이 몇 개의 범주로 나뉘는 경우가 있을 수 있다. 이때 특정 분류기준, 예를 들면 학자들의 논점에 따라 선행연구 고찰의 결과를 정리하는 방식도 이론적 배경의 장(chapter)을 작성할 때 널리 쓰이는 기법 가운데 하나이다. 물론 이 분류기준은 고찰대상 선행연구들을 빠짐없이 포함시켜야 할 뿐만 아니라 어느 특정 선행연구가 두 개 이상의 범주에 중복적으로 분류되지 않아야 한다는 점에서 포괄성과 배타성을 갖춘 기준이어야 한다(<그림 6.26>).

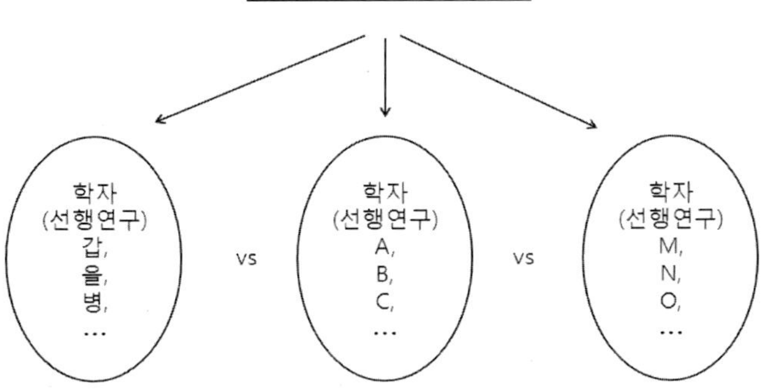

<사례 6.23>은 사회복지조직의 조직문화에 대한 연구경향을 분석한 논문인데, 조직문화의 유형화에 대한 학자들의 입장 차이를 영리조직, 행정조직, 사회복지조직으로 나누어 정리하고 있다.

◇ 사례 6.23: 조직문화의 유형화를 기준으로 한 학자들의 논문 분류

조직문화 연구에서 매우 두드러지는 특징 중의 하나가 유형화를 통한 분석이다. 조직문화를 연구하는 많은 학자들은 조직문화의 특성을 규명하기 위해, 조직문화와 조직효과성과의 관계를 증명하기 위해 다양한 차원의 조직문화를 유형화시키는 작업을 해왔다. 영리조직에서는 전체 20편 중 절반 이상인 11편의 논문이 유형화를 사용하였고, 행정조직에서는 전체 21편 중 16편이 유형화를 사용하였으며, 사회복지조직에서는 12편 모두 유형화를 사용하였다(〈표 8〉).
(〈표 8〉은 생략함)
유형화 이론들 중에서도 조직문화 연구자들에게서 가장 주류를 이루고 있는 유형은 Quinn의 경쟁가치모형이었다. 2000년대 이전에는 영리조직에서도 유형화 모델을 활용한 논문이 대부분이었고 그중에서도 Quinn의 경쟁가치모형이 주류를 이루고 있었으나(문형구·장용선, 2008), 2000년대 이후부터는 점차 유형화 사용 비중이 줄어들었고, Quinn의 모형 외에도 다양한 모델의 유형화를 활용하고 있는 것으로 파악되었다.

　　각 분야별 유형화 사용 경향을 살펴보면 다음과 같다(〈표 9〉). 영리조직에서는 김영조(2000)를 비롯한 5편의 연구에서 Quinn의 경쟁가치모형을 사용하였고, 그 밖의 연구에서 Hofstede(1980)의 개인 중심－집단 중심 문화, Wallach(1983)의 관료적－혁신적－지원적 문화, Kluckhohn & Strodtbeck(1961)의 결과 중시－속성중시 문화, Miller & Friesin(1982)의 창업적－보수적 문화, Hofstede(1998)의 관리적－생산적－전문적 문화 유형 등이 다양하게 사용되었다.

　　(〈표 9〉는 생략함)

　　행정조직의 경우, Quinn의 경쟁가치모형의 사용이 유형화 연구의 주류를 이루고 있다. 김호정(2002)의 연구를 비롯한 12편의 논문이 Quinn의 모형을 사용하였으며, 오수길·채종헌(2003), 정동재·박재완(2002)의 연구논문에서는 문화유형을 개인주의－운명주의－계층주의－평등주의 문화로 분류한 Grid－group이론을 활용하였다. 황창연(2003)은 Hofstede(1980)의 개인 중심－집단 중심 문화 유형과 Greenstein(1970)의 권위주의－민주주의 문화 두 가지 유형을 혼합하여 연구의 분석틀로 사용하였다.

　　행정조직과 유사하게 사회복지조직에서도 Quinn의 경쟁가치모형은 연구자들에게서 가장 선호되고 있는 모델이다. 강흥구(2001)의 연구를 비롯하여 총 12편 중 11편이 경쟁가치모형을 사용하였고, 임성옥(2008)의 연구만이 서규현(1989)이 개발한 자율적－협동적－관료적－성취적 문화 유형을 사용하였다.

자료: 김영미, 조상미, 2011, pp. 72-73. 밑줄은 저자가 추가한 것임.

　　위 사례는 여러 학자들의 견해에 따라 조직문화의 유형화를 분류하고 있는데, 구체적으로 조직의 유형을 영리조직, 행정조직, 사회복지조직으로 나누어 각 유형별로 유형화의 정도를 설명하고 있다. 이 문헌고찰의 특징은 조직문화를 바라보는 여러 학자들의 논점 또는 시각의 차이이다. 따라서 이 사례의 논리구조는 <그림 6.27>과 같이 시각적으로 정리할 수 있다.

〈그림 6.27〉 학자들의 의견을 대조하는 방식(예: 조직문화의 유형화)

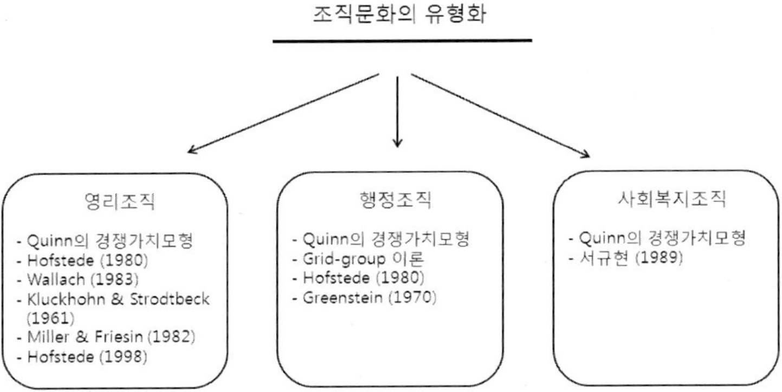

참고문헌

강미자(2012). "보육교사의 역할스트레스가 정서적 고갈에 미치는 영향". 박사학위논문, 호남대학교.

강종수(2008). "경력정체감이 사회복지사 직무태도 및 경력변경의도에 미치는 영향 연구". 『사회복지정책』, 33, 159-184.

강철희·김미옥(2003). "한국 사회복지학 연구방법론에 대한 분석과 고찰: 질적 연구방법의 유용성 제고를 위한 논의". 『한국사회복지학』, 55, 55-81.

강현주·조상미(2010). "사회복지 종사자의 직무만족에 관한 연구경향 분석". 『한국사회복지행정학』, 12(1), 301-335.

고효정·정금희·박경민·김혜영(1997). "여성건강 간호연구의 최근 동향". 『여성건강간호학회지』, 3(2), 205-214.

권중돈·김유진·엄태영(2011). "노년기 자살행동 경험의 의미와 과정에 관한 근거이론 연구". 『노인복지연구』, 52, 419-446.

김경호(2007). 『사회복지조사연구』. 광주: 호남대학교출판부.

______(2011). "요양보호사 양성교육이 효도에 대한 태도에 미치는 영향: 공식돌봄 인력의 효 의식 제고를 위한 제언". 『보건사회연구』, 31(2), 304-342.

______(2012). "노인복지관의 직무순환제도가 종사자의 조직몰입에 미치는 영향: 직무만족의 매개효과 검증을 중심으로". 『한국사회복지행정학』, 14(1), 27-60.

김경호·방희명(2010). "클라이언트 폭력이 사회복지사의 직무만족에 미치는 영향". 『한국사회복지행정학』, 12(3), 41-74.

김경호·차은진(2012a). 『학위논문 프로포절』. 서울: 나눔의집.

___________(2012b). "중학생의 인터넷 중독이 사이버 비행에 미치는 영향: 인터넷 윤리의 매개효과 검증". 『보건사회연구』, 32(2), 364-401.

김동배·손의성(2005). "한국노인의 우울 관련변인에 관한 메타분석". 『한국노년학』, 25(4), 167-187.

김동훈·김현정(2001). "국내 광고효과 연구결과의 메타분석". 『마케팅연구』, 16(3), 45-73.

김보영·조성민(2002). "간질아동 부모의 스트레스에 관한 비교 연구". 『소아과』, 45(10), 1251-1262.

김미주(2000). "생명의료윤리에 관한 간호연구 분석". 『생명윤리』, 1(2), 113-121.

김사헌(1999). "우리나라 관광학술지의 연구논문 성향 분석: 「관광학연구」誌의 성과를 중심으로". 『관광학연구』, 23(1), 189-211.

_____(2001). "학술지형 소논문 작성 형식에 대한 비판적 고찰". 『한국관광학회지』, 25(1), 351-361.

김상균·최일섭·최성재·조흥식·김혜란(2005). 『사회복지개론』. 서울: 나남출판.

김수영(2004). "가정의학 연구를 위한 문헌 고찰 방법". 『가정의학회지』, 25(11) 별책, S428-S438.

김영기(2012). "노인복지시설에 대한 기부자의 기부지속의사 결정요인에 관한 연구". 박사학위논문, 호남대학교.

김영미·조상미(2011). "사회복지조직의 조직문화 연구경향 분석: 영리·행정조직과의 비교를 중심으로". 『한국사회복지행정학』, 13(2), 55-90.

김영종(1999). 『사회복지조사방법론』. 서울: 학지사.

김윤아·이형하·김혜선(2008). "미혼 양육모의 양육체험". 『청소년복지연구』, 10(1), 1-20.

김인·신학진(2009). "노인요양시설의 서비스 품질이 서비스 만족과 의사결정에 미치는 영향". 『한국노년학』, 29(2), 579-591.

김정화·임난영·소희영·강경숙·민혜숙·박금화 외(2007). "뇌졸중

환자에게 적용한 운동중재에 관한 논문분석". 『재활간호학회지』, 10(2), 116-124.

김종훈·류진화(2002). "전자우편 설문조사 반응에 관한 문헌적 고찰". 『조사연구』, 3(2), 91-122.

김항규(1998). 『행정철학』. 서울: 대영문화사.

김혜선(2007). "노년기 유배우자의 성생활 인식, 성생활 실태와 부부 관계와의 관계성 연구". 『노인복지연구』, 38, 311-338.

나동석·김영대(2011). "노인의 성생활과 성태도가 삶의 만족도에 미치는 영향". 『노인복지연구』, 52, 185-204.

나장함(2008). "질적 메타분석에 대한 고찰: 교육과정 연구에서의 적용 가능성 탐색". 『교육과정연구』, 26(4), 229-252.

노현희(2003). "비영리조직의 이사회 활동에 관한 탐색적 연구". 『한국행정학보』, 37(3), 357-377.

노길희·허준수(2008). "시설거주노인과 재가노인의 성만족에 영향을 미치는 요인에 관한 연구". 『정신보건과 사회사업』, 29, 32-65.

류영수(2007). "기술영향평가의 메타평가에 관한 이론적 고찰". 『행정문제논집』, 22(1), 1-26.

문수백(2003). 『학위논문 작성을 위한 연구방법의 실제』. 서울: 학지사.

박남희·이해정(2002). "청소년 건강행위에 대한 국내연구동향". 『지역사회간호학회지』, 13(1), 98-114.

박용규(2005). "연구결과의 해석". 『가정의학회지』, 26(4) 별책, S476-S478.

박재윤(1994). "교육시설에 관한 문헌연구 방법: 미국 ERIC 자료 활용방법을 중심으로". 『한국교육시설학회지』, 1(1), 33-40.

박중순(2010). "사회복지학 전공 대학생의 노인복지분야 종사의사에 관한 연구". 박사학위논문, 호남대학교.

배성직, Clark, G.(2004). "우리나라 전환교육 평가 연구들의 경향과 과제". 『특수교육저널: 이론과 실천』, 5(3), 265-284.

백성희(2007). "간호학생의 노인에 대한 태도와 긍정적 태도 변화를 위한 노인유사체험의 적용에 관한 연구". 『한국간호교육학회지』, 13(1), 5-12.

백옥미(2011). "중·노년층의 음주행위와 우울의 관계에 대한 종단연구: 미국 중·노년층을 중심으로". 『노인복지연구』, 52, 7-32.

소위영·최대혁(2009). "한국성인 여성의 혈압수준에 따른 체력의 차이". 『한국노년학』, 29(1), 135-147.

송병국(1999). "청소년학 연구방법론의 동향과 과제". 『청소년학연구』, 6(1), 1-21.

양경미·김순례·박재순(2004). "국내 노인간호연구 분석(1997년부터 2003년까지)". 『지역사회간호학회지』, 15(3), 419-436.

양유석(1997). "메타분석에 대한 탐색적 접근". 『마케팅연구』, 12(1), 99-122.

오성삼(2002). 『메타분석의 이론과 실제』. 서울: 건국대학교출판부.

우국희(2008). "노인학대 유형으로서 자기방임에 대한 탐색적 연구: 전문가 관점을 중심으로". 『노인복지연구』, 40, 195-224.

유수정·김신미·이윤정(2004). "노인유사체험이 간호사의 노인에 대한 태도에 미치는 영향". 『대한간호학회지』, 34(6), 974-982.

유연수·이양희(2001). "사회적 고립아동의 사회기술훈련 효과에 관한 메타분석". 『아동학회지』, 22(4), 51-68.

이상균(2000). "사회복지실천 프로그램에 대한 메타분석: 집단프로그램의 효과크기를 중심으로". 『한국사회복지학』, 40, 131-156.

이성용(2006). "가족주의와 효". 『한국인구학』, 29(2), 215-240.

이숙영·이윤주(2002). "메타분석을 통한 부모교육 프로그램의 효과 연구". 『한국심리학회지: 상담 및 심리치료』, 14(3), 637-653.

이숙희·박영숙(1998). "여성건강에 관한 간호연구 분석: 1988-1997". 『여성건강간호학회지』, 4(1), 105-120.

이윤경·김미혜(2008). "노인학대 유형화 및 유형결정요인 연구". 『한국노년학』, 28(4), 1165-1178.

이은희·김경호(2008). "사회복지사의 소진에 영향을 미치는 요인에 관한 연구". 『사회연구』, 16, 167-193.

이준우·서문진희(2009). "노인장기요양보험 재가서비스의 문제점과 개선방안". 『한국노년학』, 29(1), 149-175.

이환범·이수창·임중한(2005). "지역사회 노인여가복지시설 이용자 만족도에 미치는 영향요인 분석".『한국행정학보』, 39(3), 137-158.

임준태·김상호(2008). "변혁적 리더십이 경찰공무원의 임파워먼트에 미치는 영향".『한국행정논집』, 20(3), 951-974.

장명숙·박경숙(2012). "노인의 생활만족도에 영향을 미치는 요인: 생태체계적 관점에서".『보건사회연구』, 32(2), 232-266.

전요섭(2002). "중년기 외도의 심리분석과 목회상담적 지원".『한국개혁신학』, 12, 339-367.

조임현(2011). "노인의 성 인식에 관한 탐색적 연구".『노인복지연구』, 52, 391-418.

조희숙·김춘배·이희원·정헌재(2004). "건강신념 모형을 적용한 한국인 건강관련행동 연구에 대한 메타분석".『한국심리학회지: 건강』, 9(1), 69-84.

최성재(2005).『사회복지조사방법론』. 서울: 나남출판.

최재봉(2009). "완성을 위한 손길".『좋은 생각』, 12월호, 80-80.

한혜경(2006). "노인복지종사자의 노인학대 신고 및 서비스 전달체계 적합성 인식에 관한 내용분석".『한국노년학』, 26(4), 767-783.

허만용(2008). "Hunter & Schmidt의 메타분석을 적용한 시장지향과 성과의 관계: 목표와 문화의 조절효과".『한국정책과학학회보』, 12(1), 45-70.

황상재·박석철(2004). "국내 인터넷 연구의 메타분석: 연구주제와 방법을 중심으로".『한국방송학보』, 18(2), 68-92.

Anderson, B. (2003). Social science gateways. *Behavioral & Social Sciences Librarian*, 21(2), 85-89.

Aveyard, H. (2010). *Doing a literature review in health and social care: A practical guide*. New York, NY: McGraw-Hill.

Barak, A., Hen, L., Boniel-Nissim, M. & Shapira, N. (2008). A comprehensive review and a meta-analysis of the effectiveness of Internet-based psychotherapeutic interventions. *Journal of Technology in Human Services, 26*(2/4), 109-160.

Bell, J. (2005). *Doing your research project: A guide for first-time researchers in education, health and social science*(4th ed.), Maidenhead: Open University Press.

Bem, D. J. (1995). Writing a review article for psychological bulletin. *Psychological Bulletin, 118*(2), 172-177.

Blaszczynski C. & Scott, J. C. (2003). The researcher's challenge: Building a credible literature review using electronic databases. *Information Technology, Learning, and Performance Journal, 21*(2), 1-8.

Blaxter, L., Hughes, C. & Tight, M. (2006). *How to research*(3rd ed.), Buckingham: Open University Press.

Blummer, B. A. (2007). A literature review of academic library web page studies. *Journal of Web Librarianship, 1*(1), 45-64.

Boote, D. N. & Beile, p. (2005). Scholars before researchers: On the centrality of the dissertation literature review in research preparation. *Educational Researcher, 34*(6), 3-15.

Booth, W. C., Colomb, G. G. and Williams, J. M. (2008). *The craft of research*, Chicago: The University of Chicago Press.

Boxen, J. L. (2008). Library 2.0: A review of the literature. *The Reference Librarian, 49*(1), 21-34.

Bowditch, J. L. & Buono, A. F. (2005). How to read a research-oriented journal article, in Bowditch, J. L. & Buono, A. F. (eds.), *A primer on organizational behavior*(6th ed.). New York: John Wiley & Sons, Inc.

Brierley, J. A. (1999). Accountants' job satisfaction: A meta-analysis. *British Accounting Review, 31*, 63-84.

Bruce, C. S. (1994). Research students' early experiences of the dissertation literature review. *Studies in Higher Education, 19*(2), 217-229.

Carnwell, R. & Daly, W. (2001). Strategies for the construction of a critical review of the literature. *Nurse Education in Practice, 1*,

57-63.

Cary, M. & Carlson, R. A. (1999). External support and the development of problem-solving routines. *Journal of Experimental Psychology: Learning, Memory, and Cognition, 25*(4), 1053-1070.

___________________. (2001). Distributing working memory resources during problem solving. *Journal of Experimental Psychology: Learning, Memory, and Cognition, 27*(3), 836-848.

Cleveland, W. S. & McGill, R. (1984). Graphical perception: Theory, experimentation, and application to the development of graphical methods. *Journal of the American Statistical Association, 79*, 531-554.

Cormack, D. & Benton, D. (2000). Asking the research question. In Cormack, D. (ed.), *The research process in nursing*(4th ed.). Oxford: Blackwell Publishing.

Crowl, A., Ahn, S. & Baker, J. (2008). A meta-analysis of development outcomes for children of same-sex and heterosexual parents. *Journal of GLBT Family Studies, 4*(3), 385-407.

Csada, R. D., James, p. C. & Espie, R. H. (1996). The 'file drawer problem' of non-significant results: Does it apply to biological research?, *Nordic Society Oikos, 76*, 591-593.

Damer, T. E. (2009). *Attacking faulty reasoning*(6th ed.), Belmont, CA: Wadsworth Cengage Learning.

Davies, p. (2000). The relevance of systematic reviews to educational policy and practice. *Oxford Review of Education, 26*, 365-378.

Derntl, M. (2009). Basics of research paper writing and publishing. Retrieved January 30, 2012, from http://gruppe.wst.univie.ac.at/~derntl/papers/meth-se.pdf

Dickersin, K. & Min, Y. I. (1993). Publication bias: The problem that won't go away. *Annals New York Academy of Sciences, 703*, 135-146

Dye, G. A. (2000). Graphic organizers to the rescue! Helping students link-and remember-information. *Teaching Exceptional Children, 32*(3),

72-76.

Ehninger, D. & Brockreide, W. (1963). *Decision by debate*. New York: Dodd, Mead & Company.

Eriksson, T. & Ortega, J. (2006). The adoption of job rotation: Testing the theories. *Industrial & Labor Relations Review*, *59*(4), 652-666.

Evans, S. E., Davies, C. & DiLillo, D. (2008). Exposure to domestic violence: A meta-analysis of child and adolescent outcomes. *Aggression and Violent Behavior*, *13*, 131-140.

Feak, C. B. & Swales, J. M. (2009). *Telling a research story: Writing a literature review*. Ann Arbor, MI: The University of Michigan Press.

Fisher, A. (1993). *The logic of real arguments*. Cambridge: Cambridge University Press.

________. (2004). *Critical thinking: An introduction*, Cambridge: Cambridge University Press.

Fitz-Gibbon, C. T. (1984). Meta-analysis: An application. *British Educational Research Journal*, *10*(2), 135-144.

Foos, p. W., Mora, J. J. & Tkacz, S. (1994). Student study techniques and the generation effect. *Journal of Educational Psychology*, *86*(4), 567-576.

Garrard, J. (2007). *Health sciences literature review made easy: The matrix method*(2nd. ed.). Boston: Jones and Bartlett Publishers.

Gilbert, N. & Specht, H. (1974). Dimensions of social welfare policy. Englewood Cliffs, NJ: Prentice Hall.

Glass, G. V. (1976). Primary, secondary, and meta-analysis of research. *Educational Research*, *5*, 3-8.

Hahn, S., Zeller, A., Needham, I., Kok, G., Dassen, T. & Halfens, R. J. G. (2008). Patient and visitor violence in general hospitals: A systematic review of the literature. *Aggression and Violent Behavior*, *13*, 431-441.

Hart, C. (2001). *Doing a literature review: Releasing the social science research imagination.* London: Sage Publications.

Hartley, J. (2002). Note taking in nonacademic settings: A review. *Applied Journal of Educational Research, 45*(1), 1-17.

Hess, R. (2004). How to write an effective discussion. *Respiratory Care, 49*(10), 1238-1241.

Hofstee, E. (2006). *Constructing a good dissertation: A practical guide to finishing a masters, MBA or PhD on schedule.* Sandton: Exactica.

Hubbard, D. J. & Pratt, T. C. (2002). A meta-analysis of the predictors of delinquency among girls. *Journal of Offender Rehabilitation, 34*(3), 1-13.

Iecovich, E. (2001). Resource dependencies of old age homes: Definitions and measurements. *Administration in Social Work, 25*(2), 21-37.

Kiewra, K. A., Benton, S. L., Kim, S., Risch, N. & Christensen, M. (1995). Effects of note-taking format and study technique on recall and relational performance. *Contemporary Educational Psychology, 20,* 172-187.

Kim, H. and Stoner, M. (2008). Burnout and turnover intention among social workers: Effects of role stress, job autonomy and social support. *Administration in Social Work, 32*(3), 5-25.

Kok, G., van den Borne, B. & Mullen, p. D. (1997). Effectiveness of health education and health promotion: Meta-analyses of effect studies and determinants of effectiveness. *Patient Education and Counseling, 30,* 19-27.

Kumar, R. (1996). *Research methodology: A step by step guide for beginners.* London: Sage Publications.

Levy, Y. and Ellis, T. J. (2006). A systems approach to conduct an effective literature review in support of information systems research. *Informing Science Journal, 9,* 181-212.

Locke, L. F., Spirduso, W. W. & Silverman, S. J. (2007). *Proposals that work: A guide for planning dissertations and grant proposals*(5th ed.). Thousand Oaks: Sage Publications Ltd.

Lundahl, B. & Yaffe, J. (2007). Use of meta-analysis in social work and allied disciplines. *Journal of Social Service Research*, *33*(3), 1-11.

Machi, L. A. & McEvoy, B. T. (2009). *The literature review*. Thousand Oaks: Corwin Press.

Mak, W. W. S., Poon, C. Y. M., Pun, L. Y. K. & Cheung, S. F. (2007). Meta-analysis of stigma and mental health. *Social Science & Medicine*, *65*, 245-261.

Mansbach, A. & Bachner, Y. G. (2009). Self-reported likelihood of whistleblowing by social work students. *Social Work Education*, *28*(1), 18-28.

McCullar, R. L. (1995). Improving the image of numbers. *Journal of Accountancy*, August, 37-40.

McGill, R., Tukey, J. W. & Larsen, W. A. (1978). Variations of box plots. *The American Statistician*, *32*, 12-16.

McKillup, S. (2006). *Statistics explained: An introductory guide for life scientists*. Cambridge: Cambridge University Press.

McVicar, A. (2003). Workplace stress in nursing: A literature review. *Journal of Advanced Nursing*, *44*(6), 633-642.

Mistiaen, p. , Duijnhouwer, E. & Ettema, T. (1999). The construction of a research model on post-discharge problems based on a review of the literature 1990-1995. *Social Work in Health Care*, *29*(4), 33-67.

Møller, A. p. & Jennions, M. D. (2001). Testing and adjusting for publication bias. *TRENDS in Ecology & Evolution*, *16*(10), 580-586.

Murray, R. (2006). *How to write a thesis*(2nd ed.). New York: Open University Press.

Nolan, T. V., Jarema, K. A. & Austin, J. (1999). An objective review of the Journal of Organizational Behavior Management: 1987-1997. *Journal of Organizational Behavior Management*, *19*(3), 83-114.

Nunan, D. (1992). *Research methods in language learning*. Cambridge:

Cambridge University Press.

Onwuegbuzie, A. J. & Leech, N. L. (2005). On becoming a pragmatic researcher: The importance of combining quantitative and qualitative research methodologies. *International Journal of Social Research Methodology, 8*(5), 375-387.

Oshima, A. & Hogue, A. (1999). *Writing academic English*(3rd ed.). New York: Longman.

Pan, M. L. (2003). *Preparing literature reviews: Qualitative and quantitative approaches*. Los Angeles: Pyrczak Publishing.

Penhale, B. (2008). Elder abuse in the United Kingdom. *Journal of Elder Abuse & Neglect, 20*(2), 151-168.

Petrina, S. (2009). Thesis & dissertation proposal guide for graduate students. Retrieved January 16, 2011, from http://www.cust.educ.ubc.ca/wcourses/ EDUC500/

Petticrew, M. & Roberts, H. (2006). *Systematic reviews in the social sciences: A practical guide*. Malden, MA: Blackwell Publishing.

Phillips, p. M. & Pugh, D. S. (2005). *How to get a PhD: A handbook for students and their supervisors*(4th ed.). Buckingham: Open University Press.

Piolat, A., Olive, T. & Kellogg, R. T. (2004). Cognitive effort of note taking. *Applied Cognitive Psychology, 18*, 1-22.

Reece, B. (2006). E-government literature review. *Journal of E-Government, 3*(1), 69-110.

Rickards, J. p. , Fajen, B. R., Sullivan, J. F. & Gillespie, G. (1997). Signaling, note-taking, and field independence-dependence in text comprehension and recall. *Journal of Educational Psychology, 89*, 508-517.

Ridley, D. (2008). *The literature review: A step by step guide for students*. Los Angeles: Sage Publications.

Riketta, M. (2005). Organizational identification: A meta-analysis. *Journal of Vocational Behavior, 66*, 358-384.

Robey, D., Boudreau, M-C. & Rose, G. M. (2000). Information technology and organizational learning: A review and assessment of research. *Accounting, Management & Information Technologies*, *10*(2), 125-155.

Rosenthal, R. (1979). The 'file drawer problem' and tolerance for null results. *Psychological Bulletin*, *86*, 638-641

Rosenthal, R. (1997). Some issues in the replication of social science research. *Labour Economics*, *4*, 121-123.

Rudestam, K. E. & Newton, R. R. (2007). *Surviving your dissertation: A comprehensive guide to content and process*(3rd ed.). Thousand Oaks: Sage Publications.

Rugg, G. & Petre, M. (2004). *The unwritten rules of PhD research*. Berkshire: Open University Press.

Sanchez, R. p. , Lorch, E. p. & Lorch, R. F. (2001). Effects of headings on text processing strategies. *Contemporary Educational Psychology*, *26*(3), 418-428.

Shaw, J. (1995). A schema approach to the formal literature review in engineering theses. *System*, *23*(3), 325-335.

Shelby, L. B. & Vaske, J. J. (2008). Understanding meta-analysis: A review of the methodological literature. *Leisure Sciences*, *30*, 96-110.

Simon, H. A. (1976). *Administrative behavior: A study of decision-making processes in administrative organization*. New York: The Free Press.

Song, F., Eastwood, A., Gilbody, S. & Duley, L. (1999). The role of electronic journals in reducing publication bias. *Medical Informatics and the Internet Medicine*, *24*, 223-229.

Song, F., Eastwood, A. J., Gilbody, S., Duley, L. & Sutton, A. J. (2000). Publication and related biases. *Health Technology Assessment*, *4*, 1-115.

Sorenson, O. & Fleming, L. (2004). Science and the diffusion of knowledge. *Research Policy*, *33*(10), 1615-1634.

Stahl, N. A., King, J. R. & Henk, W. A. (1991). Enhancing students' note taking through training and evaluation. *Journal of Reading*,

34(8), 614-622.

Swales, J. M. and Feak, C. B. (2000). *English in today's research world: A writing guide.* Ann Arbor, MI: The University of Michigan Press.

Swales, J. M. & Feak, C. B. (2009). *Abstracts and the writing of abstracts.* Ann Arbor, MI: The University of Michigan Press.

Thomas, G. (1997). What's the use of theory? *Harvard Educational Review*, *67*(1), 75-104.

Tice, p. p. , Whittenburg, J. A., Baker, G. L. & Lemmey, D. E. (2001). The real controversy about child sexual abuse research: Contradictory findings and critical issues not addressed by Rind, Tromovitch, and Bauserman in Their 1998 outcomes meta-analysis. *Journal of Child Sexual Abuse*, *9*(3), 157-182.

Toulmin, S. (1999). *The uses of argument.* Cambridge: Cambridge University Press.

Van Meter, p. , Yokoi, L. & Pressley, M. (1994). College students' theory of note taking derived from their perceptions of note～ taking. *Contemporary Educational Psychology*, *29*, 447-461.

Walker, D. F., McGovern, S. K., Poey, E. L. & Otis, K. E. (2004). Treatment effectiveness for male adolescent sexual offenders: A meta-analysis and review. *Journal of Child Sexual Abuse*, *13*(3/4), 281-293.

Walliman, N. (2005). *Your research project: A step-by-step guide for the first time researcher*(2nd ed.). London: Sage Publications.

Webster, J. & Watson, R. T. (2002). Analyzing the past to prepare for the future: Writing a literature review. *MIS Quarterly*, *26*(2), 13-23.

Weissberg, R. & Buker, S. (1990). *Writing up research: Experimental research report writing for students of English.* Englewood Cliffs, NJ: Prentice Hall Regents.

Wellin, C. (2007). Narrative interviewing: Process and benefits in teaching about aging and the life course. *Gerontology & Geriatrics Education, 28*(1), 79-99.

Wellington, J., Bathmaker, A., Hunt, C., McCulloch, G. & Sikes, p. (2005). *Succeeding with your doctorate.* Los Angeles, CA: Sage Publications.

Wong, L. (2002). *Paragraph essentials: A writing guide.* Boston: Houghton Mifflin Company.

김경호

한양대학교 행정학과에서 행정학사, 미국 미시간 주립대학교(Michigan State University)에서 행정학 석사, 영국 버밍엄 대학교(University of Birmingham)에서 정책학 박사 학위를 취득하였다. 20여 년간의 중앙부처 근무 경력(보건복지부 등)이 있으며, 2004년부터 호남대학교 사회복지학과 부교수로 재직하고 있다. 학문적 관심분야는 사회복지정책, 사회복지행정, 연구방법론 등이다.

SOCIAL WELFARE
LITERATURE REVIEW

사회복지 문헌고찰

초 판 인 쇄 | 2012년 11월 30일
초 판 발 행 | 2012년 11월 30일

지 은 이 | 김경호
펴 낸 이 | 채종준
펴 낸 곳 | 한국학술정보㈜
주   소 | 경기도 파주시 문발동 파주출판문화정보산업단지 513-5
전   화 | 031) 908-3181(대표)
팩   스 | 031) 908-3189
홈 페 이 지 | http://ebook.kstudy.com
E - m a i l | 출판사업부 publish@kstudy.com
등   록 | 제일산-115호(2000. 6. 19)

ISBN   978-89-268-3931-7 93330 (Paper Book)
         978-89-268-3932-4 95330 (e-Book)

 한국학술정보(주)의 학술 분야 출판 브랜드입니다.